KB144884

한반도
2022

비핵화·평화정착 로드맵

한반도 2022

비핵화·평화정착 로드맵

2019년 9월 11일 초판 1쇄 발행
2020년 9월 2일 초판 2쇄 발행

엮은이 윤영관
지은이 김홍규·신범철·윤덕룡·윤영관·이근·차두현·최강

펴낸이 윤철호·고하영
펴낸곳 (주)사회평론아카데미
편집 김천희
디자인 김진운
마케팅 최민규
등록번호 2013-000247(2013년 8월 23일)
전화 02-326-0333
팩스 02-326-1626
주소 03993 서울특별시 마포구 월드컵북로6길 56
ISBN 979-11-89946-27-2 93340

한반도 2022

2022

비핵화·평화정착 로드맵

윤영관 편 | 김흥규·신범철·윤덕룡·윤영관·이근·차두현·최강 지음

사회평론아카데미

차례

Ⅰ 　한반도 안보환경의 변화와
　비핵화·평화정착의 과제

윤영관

요약 ···

- **트럼프 등장 이후의 국제정치와 동북아**
  - 트럼프 대통령은 당선 이후에 '미국 우선주의(America First)'를 앞세우면서 민주적 거버넌스, 인권, 자유무역, 다자주의에 기반한 2차 세계대전 이후의 자유주의 국제질서를 약화시키고 있다.
  - 그 후 미중관계에서는 협력과 경쟁 중 경쟁 측면이 강화되고 있다. 특히 2018년 이후에 미국 행정부가 중국을 도전세력으로 규정하고 압박하면서 양국 간의 전략 경쟁이 치열해졌다. 즉, 중국의 '일대일로' 전략과 미국의 '인도-태평양' 전략이 부딪치고 있다.
  - 미중의 전략 경쟁은 한반도에서도 진행 중이다. 미국은 동아시아에서의 세력 균형 추구를 위해, 중국은 지역 패권 확립의 맥락에서 한반도에서 경쟁하고 있다. 그러나 북핵 문제에 관한 한 미국의 '최대 압박(maximum pressure)' 전략에 중국이 동참하여 큰 틀에서 협조가 이루어지고 있다.

- **2017년의 한반도: '최대 압박'과 군사적 긴장**
  - 트럼프 행정부는 2017년 초에 북한의 핵미사일 개발을 가장 시급한 안보 위협으로 규정하고 '최대 압박' 정책을 들고 나왔다. 이를 위해 유엔 안보리 결의를 통한 강력한 대북 경제제재, 그리고 전략자산 배치 등의 군사적 압박을 수시로 가해왔다.

- **2018년의 국면 전환: 대화 및 협상의 전개**
  - 이 같은 상황에서 한국 정부는 평창 올림픽을 활용하여 남북의 고위당국자 간 대화를 시도했고, 2018년 3월에 김정은 위원장이 한국 측 특사단에 최초로 비핵화 의지를 밝히고 남북 및 북미 간의 정상회담 의사를 밝혔다.
  - 이로써 3차에 걸친 남북정상회담이 개최되어 2018년 4월 「판문점선언」, 9월 「평양공동선언」과 「판문점선언군사분야이행합의서」를 채택했다. 북미 간에는 2018년 6월에 싱가포르에서 최초의 정상회담이 열렸고 4개 조항의 합의문이 채택되었다. 그러나 2019년 2월의 하노이 회담에서는 양측이 합의문 작성에 실패했다.
  - 싱가포르 정상회담 이후에 수차의 북미 간 고위급 접촉이 있었다. 전반적으로 미국은 '선 비핵화 후 보상'의 기존 입장을 고수했고 북한은 이에 크게 반발했다. 하노이 회담 직전에 미국은 동시병행 조치의 수용 가능성을 암시하여 양측 입장이 다소 접근했다. 그러나 하노이 회담에서 북한은 영변 핵시설의 해체 대신 실질적인 모든 제재 해제를 요구했다. 미국은 이를 거부하면서 선 비핵화라는 기존 입장으로 회귀했다. 그 후 팽팽한 기 싸움이 전개되었다.

- **목표와 도전 과제들**

  - 중장기 목표: 남북의 군사대결 구도를 해소하고 항구적 평화공존 구조를 정착시켜야 한다. 이를 달성하기 위해 아래와 같은 단기적 도전 과제들을 해결해 나가야 한다.
  - 비핵화: (1) 비핵화 방식에 대해 미국은 선 비핵화를, 북한은 동시행동 원칙을 주장하고 있다. 이러한 양측의 입장 차이를 해소해야 한다. (2) 비핵화의 조건으로 북한 측이 내세운 '군사 위협의 제거와 안전보장' 문제를 구체적으로 어떻게 다룰 것인가? (3) 북한의 핵개발이 너무 진전되었기에 성공적인 검증을 위해서는 북한 측의 자발적 협조가 불가피한데 이를 어떻게 이끌어낼 것인가? (4) 미국이 ICBM 해체 등 적당한 비핵화의 대가로 북한의 일부 핵 보유를 묵인할 가능성에 대한 우려가 존재한다.
  - 재래식 전력 분야에서의 군사적 긴장 해소: 우발적 요인으로 시작되어 통제 불능 상태로 확대되는 재래식 전쟁 위험을 막을 항구적 장치를 구축해야 한다. 2018년 9월 「판문점선언군사분야이행합의서」의 채택은 의미 있는 진전이었다. 그러나 그것의 충실한 이행이 관건이다.
  - 북미관계 개선, 한미동맹 조정, 신동북아 국제질서 형성: 북한의 안보 불안감을 해소하기 위해 북미 간 적대관계의 해소를 위한 후속조치가 필요하다. 비핵화 이후 북미관계의 개선과 남북의 평화 공존으로 진입하는 경우에 동맹의 역할과 기능의 조정이 필요하다. 또한 이러한 상황에서는 주변국과 새로운 관계를 설정하고 국제질서의 새 틀을 짜나가야 한다.
  - 남북 통합의 가속화: 이의 핵심은 경제협력이다. 비핵화와 경제제재 해제의 진전 상황이 본격적인 경협 전개의 타이밍을 결정하는 중요 변수이다. 북한이 원하는 경제 발전의 목표와 방식, 내용을 반영하면서도 현실성 있고 합리적인 발전모델의 개발이 필요하다.
  - 남남 갈등의 극복: 위에서 언급한 도전 과제들을 효과적으로 극복해나가는 데 필요한 전제조건이 내부의 국론 통합이다. 이를 위한 정치인들의 노력과 함께 초당적 상설협의시스템의 적극적 운용이 필요하다.

- **본서의 목표와 구성**

  - 목표: 미국의 트럼프 행정부 1기가 끝나는 2020년 말까지를 단기, 그리고 한국의 문재인 정부 임기가 끝나는 해인 2022년의 말까지를 중기로 잡아 그 기간 동안에 '비핵화와 평화체제'라는 국가 목표를 실현하기 위해 필요한 구체적인 과제들을 살펴보고 그 이행을 위한 로드맵을 그려보고자 한다. 각 이행 과제들의 연계성을 고려하여 각 필진들이 각자 맡은 분야의 과제들과 이행 방법을 제안하도록 시도했다.
  - 구성: 본서의 목차 참조.

1. 트럼프 등장 이후의 국제정치와 동북아

가. 트럼프 대통령의 당선 이후 국제질서의 변화

2016년 11월 미국 대선에서 도널드 트럼프(Donald Trump)가 당선된 것은 국제정치사에서 중요한 분기점으로 기록될 것이다. 미국은 2차 세계대전 이후 70여 년간 자유주의 국제질서를 구축하고 주도해오면서 팍스-아메리카나의 지도자적 위치를 차지해왔다. 자유주의 국제질서는 정치적으로는 민주주의와 자유 및 인권을 존중하고 경제적으로는 자유무역과 다자주의적 틀을 기반으로 했다. 그러나 트럼프 대통령은 당선 이후에 '미국 우선주의(America First)'를 표방하고 미국의 이익, 특히 경제적 이익을 앞세우면서 기존의 자유주의 질서를 약화시키고 있다.

예를 들어, 정치적으로는 나토(NATO)와 같은 기존의 동맹과의 관계에 의문을 제기하면서 방위비 지출 문제로 갈등을 야기했고 권위주의 국가 지도자들과는 오히려 관계가 개선되는 양상을 보였다. 그리고 경제 및 기타 글로벌 이슈에 대한 다자협약에서 탈퇴하는 조치를 취했다. 예를 들어, 세계무역기구(WTO)는 약화시키고 환태평양경제동반자협정(TPP), 그리고 파리기후변화협약(2017. 6. 1.)이나 유네스코(2017. 10. 11.)와 같은 다자기구에서도 탈퇴했다. 또한 한국과의 한미자유무역협정, 캐나다, 멕시코와의 북미자유무역협정(NAFTA)를 개정하여 미국의 경제적 이익을 더 크게 반영하려고 노력했다.

트럼프 대통령은 대선 후보 시절부터 중국의 무역흑자 및 관행에 대해 강하게 비판해왔다. 그는 2018년 들어서서 실제로 중국을 상대로 무역전쟁을 시작했고, 2019년 5월 현재 양국 간의 무역협상이 타결되지 못하고 있다. 중국 다음에는 EU와 일본 등에도 압력을 행사하여 새로운 무역협정을 추진하려 하고 있다. 이와 같은 '미국 우선주의' 모토 하에 미국이 일방주의와 보호무역주의를 거침없이 추구함으로써 세계 질서가 크게 흔들리고 있다.

그 결과 벌써부터 '트럼프 이후(post-Trump)' 시대에 과연 세계질서가 트럼프 이전의 자유주의로 회귀할 수 있을지에 대한 의문이 제기되고 있다. 미국뿐만 아니라 영국도 브렉시트(Brexit)로 큰 혼란을 겪고 있고, 유럽 및 세계 도처에서 극단적 정치세력이 힘을 얻고 있다. 결국 이 같은 반세계화 운동이 벌어지게 된 정치경제의 구조적인 원인이 해소되지 않은 채로 남아 있는 한 트럼프 대통령 이후에도 과거와 같은 자유주의 질서로의 회복은 힘들 것이다. 이처럼 세계정치경제는 큰 혼란기로 접어들었다.

나. 미중관계의 악화

트럼프 이전의 과거 미중관계는 대체적으로 협력과 경쟁, 포용(enagagement)과 견제(hedging)의 양 측면이 공존하는 이중성을 띠고 있었다. 그러나 트럼프 이후에 협력보다는 경쟁 측면이 두드러지게 강화되고 있다. 이는 중국을 과거처럼 협력 파트너가 아니라 도전세력으로 간주하는 것이 주류 시각으로 미국 내에 확산되기 시작한 데 기인한다. 예를 들어, 트럼프 행정부의 「국가안보전략보고서(National Security Strategy of the U.S.A.)」에서는 중국을 미국 주도의 기존 질서에 대한 도전세력으로 규정하고 적극적으로 대응할 것을 명시했다. 2018년 10월 4일에 허드슨 연구소(Hudson Institute)에서 행한 마이크 펜스(Mike Pence) 부통령의 중국에 관한 연설도 중국에 대한 신냉전선언으로 간주되고 있다. 이러한 흐름은 남중국해 분쟁, 관세전쟁 발발, 그리고 대만 문제를 놓고 벌어지는 갈등의 심화로 나타나고 있다.

이는 아시아-태평양 지역 정세에서의 전략 경쟁의 심화를 야기할 것이다. 예를 들어, 미중 간에 전략적 경쟁이 심화되면 최근에 중일 정상회담(2018. 10. 26.)으로 중일 간에 정치적 분위기가 다소 개선되었음에도 불구하고 장기적으로는 미일동맹을 최우선으로 하는 일본과 중국의 관계도 더 벌어질 가능성이 높다. 특히 중일 간에 동중국해 분쟁이 걸려 있고 남중국해가 일본의 중요 무역수송로이기 때문이기도 하다. 한편 동남아 국가들은 점차적으로 중국의 영향권에 흡수되는 경향을 보여준다. 남중국해 분쟁에서 미국의 오바마 행정부가 보여준 미온적인 대응 방식에 대한 실망과 경제력을 앞세운 중국의 적극적 외교 공세도 그 원인이다.

오바마 행정부는 2008년 세계 금융위기 이후에 중국이 공세 외교로 전환함에 따라 '아시아로의 회귀(Pivot to Asia)', '재균형(Rebalancing)'이라는 전략으로 대응했다. 그런데 중국의 시진핑(習近平) 주석은 여기에 또다시 일대일로(一帶一路) 전략으로 맞대응했다. 그는 2013년에 카자흐스탄을 방문할 당시에 일대일로 구상을 밝히고 육로와 해상로로 유라시아 대륙을 연결하는 방대한 프로젝트를 시작했다. 이는 유라시아 대륙을 중국 주도로 통합하려는 중국의 세계 전략이라고 볼 수 있다. 이러한 중국의 전략에 미국은 다시 '인도-태평양(Indo-Pacific)'이라는 전략 개념으로 대응하고 나섰다. 예를 들어, 마이크 폼페이오(Mike Pompeo) 국무장관은 2018년 7월 30일의 연설에서 '자유롭고 개방적인 인도-태평양 전략(Free and Open Indo-Pacific Strategy)'을 발표했다. 이는 아시아태평양 지역의 포용을 위한 트럼프 행정부 나름의 전략적 구상이라고 할 수 있다. 그러나 그 구체적인 내용은 아직 채워지지 않고 있으며 트럼프 대통령 자신이 얼마나 이러한 전략 개념을 중시하고 있는지도 미지수이다.

다. 미중 경쟁의 심화와 한반도 정세

미국은 한미동맹과 미일동맹을 동아시아 전략, 즉 동아시아에서의 세력균형 추구의 발판으로 활용해왔다. 냉전 종결 이후에도 이러한 전략은 지속되고 있고, 이제 그 견제의 대상으로 중국이 더욱더 집중을 받고 있다. 그런데 중국은 동아시아 지역의 패권적 지위 확보를 위해 한반도에서의 영향력을 강화하고자 노력하고 있다. 그 단적인 사례가 사드 배치를 놓고 보여준 2017년 중국의 경제 보복이다. 이는 사드 배치 그 자체가 중국의 군사전략에 갖는 부정적 영향이 크기 때문이기보다는 중국의 영향권에서 한국이 어떻게 행동해야 할 것인가를 압박하기 위한 경고 차원의 길들이기 성격이 농후하다. 이처럼 미중 간의 경쟁은 한반도에서도 갈수록 강화되는 양상을 보이고 있다.

　　미중 간의 한반도를 둘러싼 전략 경쟁은 북한의 비핵화와 한반도의 평화 정착을 위한 외교적 노력의 경우에도 투영되고 있다. 트럼프 대통령의 등장 이전에 중국 정부는 북핵 및 미사일 개발에 대한 국제 제재 결의에 참여해왔음에도 불구하고 사실상 대북 경제제재의 실천에 있어서는 미온적이었다. 이는 핵 문제의 해결보다 한국이나 미국의 영향력 북상을 막아주는 완충국가로서의 북한의 전략적 가치에 우선 순위를 두었기 때문이다.

　　그러나 2017년 트럼프 대통령의 북한에 대한 '최대 압박(maximum pressure)' 전략이 시작된 이후에 중국 정부는 북한의 대중국 주요 수출 상품(석탄 및 철광석, 수산물, 의류 등)에 대한 규제에 적극적으로 임하기 시작했다. 이는 상당히 중요한 정책 변화였고, 이것이 북한의 김정은 위원장이 2018년에 비핵화를 선언하고 적극적 외교에 나서게 된데 적지 않은 원인을 제공한 것으로 보인다. 2018년 이후에 비핵화를 놓고 북미, 남북 간의 대화가 진행되는 상황에서도 중국이 경제제재를 어느 정도 수준에서 유지해나갈 것인지가 북한의 비핵화를 위한 국제외교의 중요 변수가 될 것이다. 그런데 중국의 대북 경제제재 관련 협력 여부는 세계무대에서 전개되는 다양한 분야에서의 미중 경쟁에 의해 영향을 받을 가능성이 크다.

한편 비핵화의 방법론과 관련해서도 중국은 한반도 비핵화 논의와 평화협정 논의를 동시에 시작하자는 '쌍궤병행(雙軌竝行)' 제안을 했다. 뿐만 아니라 2018년 6월 12일 싱가포르 북미정상회담 직전부터 2019년 초에 이르기까지 총 네 번에 걸쳐 북중정상회담을 가졌다. 이는 현재 미국 주도로 진행되는 비핵화 협상과 관련하여 중국이 얼마나 민감하게 반응하고 있는지를 보여주는 사례이다. 앞으로도 비핵화 및 평화 정착과 관련된 여러 사안들, 특히 종전선언, 평화협정에의 참여 문제 등을 놓고 중국은 지속적으로 직간접적인 영향력을 행사하려고 할 것이다.

2. 2017년의 한반도: '최대 압박'과 군사적 긴장

가. 트럼프 행정부의 대북 경제 압박

트럼프 행정부는 2017년 집권 이후에 북한의 핵과 미사일 개발을 가장 시급한 최대의 안보 위협으로 규정하고 '최대의 압박과 관여

(maximum pressure and engagement)' 정책으로 대응해왔다. 그 가장 중요한 수단이 경제제재였다. 미국은 이를 이행함에 있어 중국으로부터 최대한 협력을 이끌어내기 위해 설득과 외교적 압박을 전개했다. 북한 수출의 90%가 중국으로 가는 것이었기 때문이다. 이를 통해 북한의 '완전하고 검증 가능하며 불가역적인 비핵화(CVID)' 또는 '최종적이고 완전하게 검증된 비핵화(Final and Fully Verified Denuclearization)' 를 추진하고 있다.

대북 경제제재는 양자 제재 이외에도 유엔 안보리 결의를 통해 강화되었다. 유엔안보리제재결의안 2321호(2016. 11. 30.)로 북한산 철광과 석탄의 수입을 금지했고, 유엔제재결의안 2371호, 2375호, 2397호로 압박을 더욱 강화했다(의류, 수산물, 노동자 수출, 원유 수입 등). 이러한 압박으로 2017년에 북한의 수출은 37.2% 감소했고 경제성장률은 마이너스 3.5%를 기록했다(한국은행). 2018년 1~11월 북한의 대중 수출은 88.6% 감소했고 북중 교역액은 전년 동기 대비 52.9% 감소한 것으로 알려졌다(『중국해관총서』). 이로 인해 초래된 경제적 어려움은 김정은 정권의 통치 기반을 약화시킬 것으로 예측되었다. 이것이 2018년 초 이후에 북한이 적극적 국제 외교를 추진하고 나선 중요한 원인으로 추정된다. 최근 한국의 언론 매체들은 북한이 무역의 급락으로 인한 외화 부족으로 인해 경제위기에 처할 수 있음을 지적했다(『경향신문』, 2019. 1. 31.).

나. 트럼프 행정부의 대북 군사 압박

트럼프 행정부는 2017년에 외교적 수단을 통한 비핵화에 실패하는 경우에 군사력을 사용하겠다고 공개적으로 선언하고 북한을 압박해왔다. 이러한 강력한 의지를 과시하기 위해 수시로 전략자산을 한반도 주변에 집중 배치했다. 예를 들어, 2017년 4월과 11월 두 번에 걸쳐 3개 항모전단을 한반도 근해에 배치했고 북한에 B1B 폭격기를 수차례 근접 비행시켰다. 또한 백악관은 북한의 특정 지역을 1회에 걸쳐 타격하여 북한의 핵무장 의지를 약화시키겠다는 '코피전략(bloody-nose strike)'을 진지하게 고려했다. 이 같은 압박 전략으로 한반도의 군사적 긴장은 최고조에 달했고, 미국의 일부 전문가들은 2017년 말에 전쟁 가능성을 40%(Joel Wit), 50%(Richard Haass) 등으로 추정했다.

3. 2018년의 국면 전환: 대화 및 협상의 전개

가. 한국 정부의 평창 올림픽 평화외교와 남북정상회담

이 같은 상황에서 한국 정부는 고조된 군사적 긴장을 해소하기 위해 평창 동계올림픽을 적극적으로 활용했다. 2017년 5월 9일에 당선된 문재인 대통령은 같은 해 7월 6일에 신베를린선언을 통해 이러한 뜻을 발표했고, 미국에는 올림픽이 끝날 때까지 한미연합훈련을 연기할 것을 제안했다. 북한 당국은 이러한 올림픽 외교에 적극적으로 호응하면서 김영남, 김여정, 김영철 등 고위급 인사들이 서울을 방문했다. 결국 김정은 위원장은 2018년 3월 5일에 한국 측 방북 특사단에 최초로 완전한 비핵화의 의지를 밝히고 이 문제를 미국과 논의하기를 희망한다는 의사를 밝혔다.

당시 방북 특사단이 전한 북한의 입장은 다음과 같았다. 첫째, '군사적 위협이 제거되고 안전이 보장될 경우' 비핵화를 하겠다. 둘째, 비핵화와 북미관계의 정상화를 논의하기 위한 솔직한 북미 대화를 희망한다. 셋째, 대화가 지속되는 동안 핵미사일 실험을 하지 않겠다. 넷째, 4월에 이전과 유사한 수준의 한미합동군사훈련이 실시되더라도 이해하겠다. 다섯째, 4월에 판문점 평화의 집에서 남북정상회담을 개최하자.

나. 남북정상회담

○ 1차 문재인-김정은 남북정상회담(2018. 4. 27.)

1차 문-김 남북정상회담은 판문점에서 열렸고, 그 결과 판문점선언에 합의했다. 판문점선언은 세 가지 중요사항을 포함하고 있는데, 첫째는 남북관계의 발전에 관한 것이었다. 양측은 남북관계의 발전을 위해 기존의 남북 간 합의 이행, 남북 연락사무소 개설, 이산가족 상봉, 10·4 합의 추진(동해선, 경의선 철도도로의 연결)에 합의했다. 둘째는 군사적 긴장 완화에 관한 것이었다. 이를 위해 적대행위 중단, 비무장지대의 평화지대화, NLL의 평화수역화, 군사당국자 회담에 합의했다. 셋째는 평화체제 구축에 관한 것이었다. 완전한 비핵화, 종전선언 후 평화협정 전환, 무력사용 금지, 불가침, 군사적 신뢰 구축 후 단계적 군축을 이행하기로 했다.

○ 2차 문재인-김정은 남북정상회담(2018. 5. 26.)

한편 북미 간에 합의한 6·12 북미정상회담을 준비하는 과정에서 양측의 입장 차이가 커졌다. 그 와중에 북측의 격앙된 메시지에 대응하여 트럼프 대통령이 북미정상회담 취소 결정을 내렸다. 북측은 이에 대한 대응 논의 차원에서 급작스럽게 남측에 정상회담을 요청했고 이를 남측이 수용하여 실무형 정상회담이 개최되었다. 회담 직후에 문재인 대통령은 "김위원장이 한반도의 완전한 비핵화 의지가 확고하다는 점을 어제 다시 한 번 분명하게 피력했다"면서 "김위원장은 비핵화 의지가 불분명한 것이 아니라 자신들이 비핵화할 경우에 미국이 적대관계를 종식하고 체제 안전을 보장할 것이라는 점을 신뢰할 수 있는지 걱정하는 것으로 보인다"고 전했다. 문대통령은 또한 5월 22일 한미정상회담에서 "북한이 비핵화를 할 경우 적대관계를 확실히 종식시킬 뿐 아니라 경제적 번영까지 돕겠다"고 한 트럼프 대통령의 의사를 분명히 전달했다고 설명했다.

○ 3차 문재인-김정은 남북정상회담(2018. 9. 19.)
남북 정상은 3차 정상회담을 평양에서 갖고 평양공동선언과 「판문점선언군사분야이행합의서」를 발표했다. 1차 문–김 정상회담에서 큰 방향과 원칙을 제시했다면, 3차 정상회담에서는 이를 이행하기 위한 좀 더 구체적인 실천사항들에 합의했다. 무엇보다 남북 간의 군사적 긴장 완화를 위한 구체적 방안들을 제시했다는 데 의미가 있다.

(1) 평양공동선언
평양공동선언의 내용은 첫째로 비무장지대를 비롯한 대치 지역에서의 군사적 적대관계를 종식하자는 것이었다. 그리고 「판문점선언군사분야이행합의서」를 평양공동선언 부속합의서로 채택하고 남북군사공동위원회를 가동하기로 했다. 둘째, 경제, 환경, 보건 의료 분야의 협력을 이행하기로 했다. 이를 위해서 동·서해선 철도 및 도로연결 착공식, 조건이 마련되는 대로 개성공단과 금강산관광 사업 정상화, 서해경제공동특구 및 동해관광공동특구 조성 문제를 논의하자는 데 합의했다. 셋째, 남북 간의 이산가족상설면회소를 개소하고 화상 상봉과 영상편지 교환을 추진하기로 했다. 넷째, 문화, 예술, 스포츠의 교류 협력 증진에 합의했다. 다섯째, 비핵화 분야에서의 협력에 합의했다. 북은 동창리 엔진시험장과 미사일 발사대를 유관국 전문가들의 참관하에 영구 폐기하기로 했다. 북은 또한 미국 측의 상응 조치가 있는 경우에 영변 핵시설을 영구적으로 폐기할 용의가 있음을 밝혔다. 남과 북이 비핵화에 상호 협력하기로 한 합의도 눈길을 끄는데, 이는 북이 비핵화와 관련하여 남측을 당사자로 인정했다는 의미를 부여할 수 있기 때문이다. 마지막으로 김정은 위원장이 조속한 시일 내에 서울을 방문하기로 합의했다.

(2) 「판문점선언군사분야이행합의서」
이러저러한 논란이 있었음에도 불구하고 3차 문재인-김정은 정상회담을 통해 「판문점선언군사분야이행합의서」가 만들어진 것은 한반도 평화 구축의 기반을 닦았다는 점에서 중요한 의미가 있다고 할 수 있다. 그 내용은 첫째, 지상과 해상, 공중을 비롯한 모든 공간에서 일체의 적대행위를 중단하고 대규모 군사훈련, 무력 증강 등의 문제를 남북군사공동위에서 협의하기로 했으며, 단계적 군축에 합의한 판문점선언의 구현을 위한 대책을 계속 협의하기로 했다. 둘째, 2018년 11월 1일부터 군사분계선 일대에서 군사연습을 중지하기로 했다. 즉, 지상 군사분계선 5km 이내에서 포병사격훈련을 중단하고 연대급 이상의 야외기동훈련을 중단하기로 했다. 또한 서해와 동해 해상에서 포사격 및 해상기동훈련을 중지하기로 했다. 공중에서는 군사분계선 동서부 지역 상공 비행금지구역에서 사격 및 전술훈련을 금지하기로 합의했다. 셋째, 2018년 11월 1일부터 군사분계선 상공에 비행금지구역을 설정하기로 했다. 넷째, 지상, 해상, 공중에서의 우발적 무력충돌 상황이 발생하는 것을 막기 위해 수정된 절차를 실시하기로 했다(해상 5단계, 공중 4단계로). 다섯째, 우발적 충돌 방지를 위해 상시 연락체계를 가동하고 모든 군사적 문제를 평화적으로 협의하여 해결하기로 했다. 여섯째, 비무장지대를 평화지대로 만들기로 했는데, 이를 위해 비무장지대 안의 감시초소(GP)를 전부 철수하기 위한 시범적 조치로 상호 1km 이내의 근접초소들을 완전히 철수하기로 했다. 또한 판문점 공동경비구역을 비무장화하고, 비무장지대 내에서 공동유해 발굴작업을 하며, 역사유적을 공동조사 및 발굴하기로 했다. 일곱째, 서해 북방한계선 일대를 평화수역으로 만들어 우발적 군사충돌을 방지하고 안전한 어로 활동을 보장하기 위한 군사적 대책을 취하기로 합의했다. 여덟째, 교류 협력 및 접촉 왕래를 활성화하기 위한 군사적 보장 대책을 강구하기로 했다. 아홉째, 상호 군사적 신뢰 구축을 위한 다양한 조치를 강구하기로 했다. 예를 들어, 직통전화를 설치하고 남북군사공동위원회를 가동하기로 합의했다.

다. 북미정상회담

○ 6·12 북미정상회담 합의

우여곡절 끝에 2018년 6월 12일 싱가포르에서 역사적인 북미 간의 첫 정상회담이 열렸다. 여기에서는 네 가지 사항이 합의되었다. 첫째, 북미 양국의 평화 번영을 위한 새로운 북미관계를 수립하기로 했다. 둘째, 지속적이고 안정적인 한반도 평화레짐을 건설하기로 했다. 셋째, 북한은 4·27 판문점선언을 재확인하고 완전한 한반도 비핵화를 실현하기로 했다. 넷째, 북미 양국은 미군 유해 송환에 합의했다. 이와 같은 싱가포르 합의는 비핵화 문제에 관한 구체적인 일정이나 방법 등을 포함하지 않았다고 하여 적지 않은 비판을 받았다. 특히 정상회담 이전에 실무자 간의 협상이 충분히 이루어지지 못했다는 점도 지적을 받았다. 그러나 70년간의 북미 간 적대관계를 고려할 때 양국 정상이 만났다는 사실 그 자체만으로도 큰 의미가 있었다고 할 수 있다.

○ 트럼프 대통령의 기자회견

트럼프 대통령은 북미정상회담 직후에 기자회견을 통해 자신의 생각을 개진했는데, 여기에는 한국의 입장에서 주목할 만한 몇 가지 중요 내용이 포함되어 있다. 비핵화 관련 부분에 구체적인 내용이 없음을 지적하는 기자들의 질문에 대해 트럼프 대통령은 북한이 "핵심적인 검증"을 꼭 받을 것이며 비핵화는 "매우 빠르고 실질적으로 진행될 것"이라고 단언했다. 이어서 그는 김정은은 "재능 있는(talented)" 사람이고 북한과 "아주 좋은(very good)" 관계를 맺을 것이라고 말했다. 비핵화의 비용에 관해서는 미국이 아닌 한국과 일본이 지불할 것이라고 말했다. 무엇보다 중요한 발언은 그가 "비용이 많이 들고 도발적인(provocative) 전쟁 연습(war games)"을 곧 중단한다는 것이었는데, 이에 따라 한미연합군사훈련이 중단되었다. 그는 또한 미래의 언젠가 미군을 한국에서 철수하고자 한다고 밝혀서 관련 당사국들의 정책결정자들과 전문가들에게 논란거리를 제공했다.

라. 북미정상회담 이후 비핵화 협상

싱가포르 북미정상회담 이후에 북미 간에는 수차의 고위급 접촉이 있었다. 전반적으로 미국은 '선 비핵화 후 보상'의 기존 입장을 고수하고 북한은 이에 크게 반발하는 모양새였다. 예를 들어, 3차 북미고위급 협상(2018. 7. 5~7. 7.)에 대해 폼페이오 국무장관은 생산적 회담이었다고 평한 데 비해 북한 외무성은 미국 측이 "깡패 같은 자세"로 나왔다고 비난했다. 특히 북한의 종전선언 요구와 미국의 포괄적인 핵능력 리스트 제출 요구가 서로 맞부딪치면서 교착상태에 빠졌다. 트럼프 대통령은 4차 협상을 위한 폼페이오 국무장관의 평양 방문을 그 직전에 전격 취소했다(8. 24.). 그러나 3차 남북정상회담과 유엔에서의 한미정상회담 이후에 미국 정부는 4차 협상 재개를 발표했다. 그래서 10월 7일에 폼페이오 국무장관이 4차 방북을 했고, 북미 양측은 풍계리 핵실험장과 동창리 미사일 엔진시험장 폐기 시 외부 참관, 그리고 2차 북미회담 개최에 합의했다.

시간이 흐르면서 북측의 요구는 정전선언으로부터 서서히 선 제재 해제 요구로 옮아갔다. 11월 8일에는 김영철 부위원장의 방미로 북미 고위급회담을 개최하기로 했으나 북측에서 취소를 통보했다. 북미 상호 간의 입장 차이가 여전할 뿐만 아니라 김영철의 방미 시 트럼프 대통령과의 면담이 성사되기 어렵다는 점을 고려한 북한 당국의 결정이었다.

북미 간의 협상이 긍정적인 방향으로 선회하기 시작한 것은 김정은 위원장과 트럼프 대통령 간의 친서 교환 이후인 것으로 추정된다. 트럼프 대통령은 2019년 1월 2일 각료회담에서 김정은 위원장이 친서를 보내온 것을 밝혔고 1월 둘째 주 주말경에 자신의 친서를 김정은 위원장에게 보냈다. 그 후 1월 17~18일에 김영철 부위원장이 워싱턴을 방문해 폼페이오 장관에 이어 18일 트럼프 대통령과 90분간 면담했다. 이 면담에서 2차 북미정상회담과 비핵화 의제에 대해 중요한 논의가 있었던 것으로 보이고 2차 북미정상회담이 2월 말에 열릴 것이라고 발표되었다.

　북미 간의 실질적인 실무협상도 그와 거의 동시에 시작되었다. 즉, 스티브 비건(Steve Biegun) 미국 측 협상 대표와 새로 카운터파트로 임명된 북한 측의 김혁철 대표가 스웨덴에서 2박 3일 동안 북미 간 실무급 회담을 열었다. 트럼프 대통령은 2월 5일에 미국 의회에서 실시된 국정연설에서 2월 27~28일 베트남에서 2차 북미정상회담이 열릴 것이라고 발표했다. 이어서 스티브 비건 대표가 평양을 2박 3일간 방문하여 실무협상을 가진 직후인 2월 8일에 미국 정부는 베트남의 하노이를 2차 북미정상회담 장소로 발표했다.

　이러한 흐름 속에서 엿볼 수 있듯이 1차 싱가포르 북미정상회담 이후에 북미 간의 입장 차이는 서서히 좁혀진 것으로 보인다. 북한 측은 지속적으로 자신들의 비핵화 의지가 진지함을 미국 측에 전달하려고 애썼고 한국 정부도 이러한 의사 전달 과정에서 도움을 주었다. 반면 미국 쪽에서도 기존의 선 비핵화, 선 핵프로그램 신고의 원칙론적 입장에서 우선적으로 할 수 있는 것부터 시작한다는 방향으로 좀 더 유연하고 실용주의적인 입장으로의 선회가 감지되었다.

　그러나 2월 말에 하노이에서 열린 2차 북미정상회담은 합의문의 도출 없이 끝났다. 영변 핵시설 해체와 그에 상응하는 미국의 조치(부분적 제재 해제, 종전선언, 연락사무소 개설 등)를 교환하는 소규모 타결이 이루어져 북한 전체의 비핵화라는 긴 과정의 의미 있는 출발점을 기록하기를 원했던 사람들에게는 적지 않은 실망이었다. 하노이 회담에서 북한 측은 영변 비핵화의 대가로 2016년 이후 실시한 5개의 민생 관련 대북제재의 해제를 요구했다. 이는 사실상 대북제재의 실질적인 전면적 해제를 의미하는 것으로, 미국 입장에서 볼 때는 영변 이외 지역의 비핵화를 추진할 레버리지를 전면 양도하라는 것과 마찬가지였

다. 미국 측은 이를 거부하는 대신 북한 측에 '선 비핵화, 후 제재 해제'
방식의 이른바 대타협(big deal)을 제안했다. 북한 측이나 미국 측이나
상대방이 받아들이기 힘든 요구를 하고 있는 셈이었다. 북한 측은 주민
들에게 다가오는 경제적 어려움에 대비할 것을 요구하고 있고 미국 측
은 서두르지 않겠다는 입장이어서 서로 장기전 태세로 맞서고 있다.

4. 목표와 도전 과제들

가. 목표

앞서 살펴본 트럼프 행정부 등장 이후의 국제정세 변화와 2018년 초
이후의 비핵화 외교 협상의 진전 속에서 우리는 앞으로 어떤 중장기
목표를 추진해 나가야 할 것인가? 그것은 무엇보다도 한반도에서의 남
북 군사대결 구도를 해소하고 항구적인 평화 공존 구도를 정착시키는
것이라고 말할 수 있을 것이다. 이를 위해서 다음과 같은 좀 더 구체적
인 네 가지 목표를 설정해볼 수 있다.

첫째, 북한이 약속한 비핵화를 철저히 이행하는 것이다. 둘째, 재
래식 전력 분야에서 고조된 남북 간의 대치 구조와 긴장을 해소하고
한반도의 비군사화를 추진하는 일이다. 셋째, 한반도의 항구적인 평화
를 보장하기 위한 한미 동맹관계의 조정과 국제안보 구도를 정착시켜
나가는 일이다. 넷째, 남북 통합을 실질적으로 가속화하는 일이다. 그
렇다면 이러한 중장기 목표들을 달성해나가는 데 있어서 현재 우리가
당면하고 있는 구체적인 단기적 도전 과제들은 무엇인가?

나. 도전 과제들

○ 비핵화

(1) 비핵화 방식에 대한 북미 간의 견해 차이 극복

2018년 초에 북한과의 외교 대화가 시작된 이래로 미국은 비핵화에 대한 그들의 종래 입장, 즉 북한이 먼저 모든 핵프로그램을 신고할 것을 요구해왔다. 즉, 북한에 대해 전통적인 비핵화 방식인 신고-검증-해체 방식을 요구한 것이다. 트럼프 대통령의 북한에 대한 정치적 포용에도 불구하고 미국 싱크탱크나 행정부 및 의회의 주류 시각은 과거의 협상 경험을 고려할 때 미국이 북한에 절대로 두 번 다시 속아서는 안 된다는 것이었다. 따라서 북한이 전통적인 비핵화 방식인 신고-검증-해체의 수순을 따라야만 그다음의 보상을 하겠다는 것이 미국 측의 기본 입장이었다.

그러나 북한은 이를 강하게 거부했다. 북미 간의 신뢰가 없는데 북한의 모든 핵프로그램을 신고부터 하라고 요구하는 것은 북한을 타격할 장소의 리스트를 제공하라는 말이나 마찬가지라면서 반발했다. 그러면서 북한은 동시행동 원칙을 주장했고 북미 간 싱가포르 회담 합의문 1항에 따라 종전선언을 먼저 할 것을 요구했다.

앞서 지적한 대로 그동안의 북미 고위급 협상이 비핵화와 관련된 구체적 진전을 이루어내지 못하자, 미국은 2차 북미회담 직전에 스티브 비건 협상 대표의 2019년 1월 말 스탠퍼드 대학 연설에서 '병행적인 행동 대 행동 방식'을 받아들일 수 있다는 좀 더 현실적이고 실용주의적인 접근법으로 방향을 튼 기미를 보였다. 그러나 하노이 2차 정상회담 이후에 미국은 원래의 입장으로 돌아가 다시 북한의 '선 비핵화'

를 주장하고 있다. 이러한 입장 차이를 어떻게 극복하고 실질적인 진전을 이끌어낼 것이냐가 현재 핵심적인 이슈로 남아 있다.

(2) 비핵화의 지역적 범위와 조건의 문제

1990년대 초 이후에 북한과의 비핵화 협상에서는 '북한의 비핵화'가 주요 목표로 설정되었다. 그러나 트럼프 행정부가 등장하고 나서부터 본격적으로 '한반도의 비핵화'로 의제가 변했다. 종래 북한 측은 '한반도의 비핵화'를 논할 때 남한 측에 군 시설에 대한 동시사찰을 요구했으며 핵으로 무장한 미군 전략자산의 한반도 진입 금지도 요구했다. 또한 김정은 위원장은 비핵화의 조건으로 '군사 위협의 제거와 안전보장'을 요구하고 있다. 북한에 대한 안전보장 문제는 비핵화와 평화 정착 문제의 핵심적 사안임에 분명하다.

따라서 미국과 한국, 그리고 국제사회는 북한의 김정은 위원장이 북한이 핵 없이도 안전하게 잘살 수 있다고 확신할 수 있도록 만들어주는 것이 긴요하다. 그러나 북한이 종래의 공식적인 입장, 즉 비핵화 대신에 주한미군 철수, 연합사 해체, 한미동맹의 종결을 요구한다면, 그것은 한국의 국민이 받아들이기 힘든 요구가 될 수 있다. 물론 2000년 김대중-김정일 정상회담 때와 유사하게 2018년 문재인-김정은 정상회담에서도 김정은 위원장이 주한미군 철수를 요구하지 않았다는 보도가 있었다. 어찌 되었든 북한이 이러한 문제들과 관련하여 종래의 입장을 얼마나 강하게 요구할지, 그리고 한국과 미국이 이에 대해 어떻게 대응할지, 북한의 안보 불안감을 해소하면서 동시에 한미동맹의 유지는 어떤 방식으로 추구해나갈 것인지가 중요한 핵심 이슈로 떠오르고 있다.

(3) 검증의 어려움

북한은 서방 측의 검증 능력을 뛰어넘는 고도의 핵개발을 이미 했기 때문에 검증하는 데 상당한 기술적 난관이 예상된다. 예를 들어, 북한의 핵탄두 숫자는 20~60기, 핵시설은 40~100곳(이란의 경우는 12곳), 관련 건물은 400여 개로 추정된다. 이러한 규모는 IAEA 전체 사찰단원 300명(180여 국에 배치) 전원을 동원해서 북한에만 투입해도 모자랄 지경이다. 게다가 핵탄두 확보에는 별도의 전문기술 병력이 필요하다. 비상시에 모든 대량살상무기 확보에 273,000명의 병력이 필요하다고 2014년에 RAND 연구소 보고서에서 밝힌 바 있다(『뉴욕 타임스』, 2018. 5. 6.).

따라서 성공적인 검증을 하기 위해서는 북한 측의 자발적 협조가 필수적이다. 그러나 북한은 과거 1993~1994년과 2007년에도 심도 깊은 사찰과 검증을 반대한 이력이 있다. 이 같은 상황에서 어떻게 북한이 자발적으로 검증에 협력하면서 모든 핵을 포기하고 나서게 만들 것이냐가 최대의 과제로 등장하고 있다. 북한에 핵 포기를 위한 압박을 계속하는 것은 중요하다. 그러나 그것만으로는 문제가 해결될 수는 없다. 어느 단계에 가서는 북한의 자발적 협조 의지를 동원하기 위한 북미관계의 개선, 미국 및 한국과 국제사회의 정치적 노력이 필요할 것이다.

(4) 불완전한 협상 가능성

미국 내의 전문가들은 트럼프 대통령이 미국 본토의 위협에만 몰두하여 북한이 대륙간탄도미사일(ICBM)을 해체하고 핵프로그램 동결과 적당한 감축, 비확산의 대가로 북한의 일부 핵탄두 보유를 묵인할 가능성을 우려하고 있다. 그러한 경우에 한국 및 일본은 북의 핵 위협에 계속 노출될 것이고 양국 국민의 불안감은 가중될 가능성이 높다. 하지만

이러한 불완전한 협상도 비핵화 과정의 진전으로 긍정적으로 평가해
야 한다는 미국 내 일부 여론 및 분위기가 감지된다. 이 경우에 미국은
확장안보(extended deterrence)의 보강책을 제시하면서 한일 양국 정
부를 설득하려고 할 것이다.

　　그러나 이는 한미동맹에 상당한 도전 요인이 될 것이다. 북한은 핵
을 보유하고 있는데 한국은 상응하는 핵무기 없이 미국의 안보 공약에
만 의지해야 할 것이기 때문에 국민의 안보 불안감이 고조될 수 있을
것이다. 더 나아가 일본뿐만 아니라 세계 도처의 미국 동맹국들에 미국
이 과연 안보 공약을 지킬 의지가 있는지 의심을 불러일으킬 것이다.
또한 이는 NPT 체제의 심각한 약화를 초래할 가능성이 있다.

○ 재래식 전력 분야에서의 군사적 긴장 해소

한반도에서 전쟁이 일어난다면 그것은 핵 공격에 의한 전쟁이 아니라
아마도 우발적 요인으로 시작되어 통제 불능의 상태로 확대되는 재래
식 전쟁일 가능성이 높다. 2017년 미국이 북한으로부터 비핵화를 유
도해내기 위해 군사적 압박을 가했을 때도 정작 충돌 장소는 한반도가
될 것이 분명했다. 따라서 한국의 입장에서 볼 때 비핵화 못지않게 시
급한 것이 한반도에서의 전쟁 가능성을 제거하는 것이고 이를 위해 재
래식 분야에서의 신뢰 구축, 긴장 완화, 군비 통제를 추진하는 일일 것
이다.

　　그런 의미에서 2018년 9월 평양정상회담에서「판문점선언군사분
야이행합의서」를 채택하여 신뢰 구축 및 긴장 완화, 적대행위 중단을
시작한 것은 의미 있는 발전으로 평가된다. 그러나 이는 남북 간 군사
긴장 완화의 시작에 불과하다. 앞으로 남북 양측이 얼마나 진지하게 합
의사항을 실제로 이행해나감으로써 항구적인 평화를 정착시킬 것이냐

가 관건이다. 과거에 남북기본합의서 등 남북 간의 합의들이 제대로 이행되지 못한 전례가 있기 때문이다.

또 하나의 과제는 재래식 전력 분야에서의 이러한 긴장 완화 조치들을 바라보는 한미 간의 시각에 약간의 편차가 존재한다는 것이다. 미국은 이 문제에 대해 한국처럼 긴박하지 않고 주로 비핵화에만 우선적으로 관심을 집중시키고 있기 때문이다. 한미 당국 간의 이러한 관점의 미묘한 편차가 마찰을 가져오고 있는 측면이 있다. 따라서 어떻게 한미 간의 긴밀한 조율과 협조를 통해 미국의 협력을 충분히 이끌어낼 것이냐가 중요한 과제이다. 한국과 미국이 긴밀한 조율과 협력을 하려면 양국이 한반도의 장기적인 미래에 대해 공동의 비전과 로드맵을 가져야 한다. 그런데 양측 모두 이러한 장기비전을 공유하지 않고 단기적으로 앞에 닥친 이슈들에만 매몰되고 있는 듯한 느낌이다. 이러한 문제를 어떻게 해결할 것인가가 또 하나의 중요한 과제이다.

○ 한반도 평화보장을 위한 동맹 조정과 신국제안보 구도 설정

한반도 평화는 남북관계뿐만 아니라 주변 국제정치 환경의 재조정을 필요로 한다. 이는 북미관계 개선, 한미동맹 조정, 한반도 평화를 위한 동북아 국제질서의 틀 마련이라는 세 가지 사안으로 나누어 생각해볼 수 있다.

(1) 북미관계 개선(단기 과제)

그동안 북한은 일관되게 북한에 대한 안전보장을 요구해왔다. 북한의 안보 불안감을 해소시키는 것이 비핵화의 중요사항임에도 불구하고 미국은 이의 해소를 위한 대북 정치외교적 조치들을 취하지 않고 있다. 예를 들어, 싱가포르 북미회담의 1항에 북미관계의 근본적 개선을

통해 적대관계를 해소하겠다는 의지를 담았음에도 불구하고 미국에서 구체적인 후속 조치가 아직 나오지 않고 있다.

경제제재를 통해 비핵화를 압박하는 것은 지속하더라도 그와 별도 트랙으로 북미 간의 정치적 적대 해소 및 신뢰관계 증진을 위해 취할 수 있는 조치들은 취해야 할 것이다. 예를 들어, 북미 간의 연락사무소 개설, 종전선언, 북한의 스포츠팀이나 공연단 초대, 북한의 경제발전을 위한 북미상설협의체 구성, 국제금융기구의 핵심 인사들과 북한 당국의 대화 지원 등이 그러한 것들이다. 이러한 조치들은 그동안 북미 간에 누적되어온 불신을 점차 제거하고 비핵화 협상을 위한 더욱 우호적인 분위기를 조성할 것이다. 이러한 북미 정치관계의 개선과 관련된 여러 가지 사안들을 어떤 시점에서 어떤 방식으로 시행할 것이냐와 관련하여 한미 간에 긴밀한 협의가 필요할 것이다.

(2) 한미동맹 조정(중장기 과제)

비핵화와 함께 북미관계가 개선되어 외교 관계가 개설되고 남북한 관계가 평화공존 단계로 본격적으로 진입하게 되면 한미동맹의 역할과 기능도 새로운 환경에 맞게 조정되어야 할 것이다. 특히 이러한 전환기적 상황에서는 한국 내부에서 한미동맹 관계의 지속 여부에 대한 논란이 있을 수 있다. 그러나 한반도가 남북 평화공존 시대로 진입한다고 하더라도 지정학적 특수성 때문에 한미동맹의 지속을 요구하는 여론이 다수일 것으로 예측된다. 그 경우에 미군 주둔의 규모, 형식, 역할 문제, 한미연합사와 유엔사의 위상 설정 문제 등을 어떻게 새로운 한반도 상황에 맞게 조정할 것이냐가 중요 사안으로 등장할 것이다. 이에 대해서는 국민 여론의 수렴과 한미 간의 긴밀한 논의가 필수적이다.

그런데 정작 미국의 트럼프 대통령은 모든 것을 미국의 경제적 이익 관점에서 생각하는 경향이 크고 그 맥락에서 수차례에 걸쳐 주한미군을 철수하겠다고 언급했다(『뉴욕 타임스』, 2018. 5. 3.). 이에 대한 진의 파악이 필요하고 대미 전방위 외교를 펼쳐서 일방적인 주한미군 감축이나 철수가 진행되지 않도록 적극 대응할 필요가 있다.

(3) 신동북아 국제질서 구도(안보아키텍처)의 마련(중장기 과제)

앞서 살펴본 것처럼 미중 간의 전략적 경쟁은 한반도에도 강하게 투영되고 있다. 이러한 국제정치 상황 속에서 한반도의 비핵화와 항구적인 평화 구축을 끌어내고 정착시키는 데 도움이 되도록 주변국과의 새로운 관계 설정은 대단히 중요할 것이다. 한편으로는 미국과의 협력을 활용하여 한미동맹의 역할과 기능을 변화시켜가면서 다른 한편으로는 중국의 적극적인 협력을 이끌어내는 것이 필수적이다. 중국은 어떤 형태로든 한반도에서의 일정 지분을 요구하고 나올 것인데 이에 어떤 방식으로 대응할 것이냐 하는 점도 중요한 과제다.

또한 일본 및 러시아의 역할과 관련하여 한 가지 가능성으로 남북한과 미국, 중국이 참여하는 평화협정을 체결한 후에 이에 대해 일본과 러시아가 보장하는 추가적인 협정 체결도 고려할 수 있을 것이다. 2005년에 열린 6자회담의 9·19합의의 내용 중 동북아 다자안보협력에 관한 합의를 참조할 필요가 있을 것이다. 이에 더해 북한의 경제개발에 일본과 러시아가 적극적으로 참여할 수 있을 것이라는 점도 주지시킬 필요가 있을 것이다.

○ 남북 통합의 기속화

남북 통합의 핵심은 역시 경제협력이라고 할 수 있다. 경제협력을 통해 남북 간에 경제공동체를 형성하는 것이 목표일텐데, 이 과제를 구체적으로 어떻게 달성할 것인가가 중요하다. 단기적으로는 북한의 비핵화 프로세스와 이에 상응하는 대북경제제재 해제의 진전 상황이 남북 간의 본격적인 경협 전개의 타이밍을 결정짓는 가장 중요한 변수가 될 것이다.

비핵화가 진전되지 못하여 북한에 대한 국제적 경제제재가 풀리지 않은 상황에서 우리가 유엔 주도의 대북 국제제재 대열에서 이탈하여 남북경협의 속도를 높이는 경우에는 득보다 실이 많을 것이다. 또한 남북경협의 추진 방식과 내용을 어떻게 할 것인가 하는 문제도 더욱 구체적으로 다듬어져야 할 것이다. 특히 북한 당국이 원하는 경제발전의 목표와 방식, 내용을 충분히 반영하면서도 현실성 있고 합리적인 발전모델을 개발할 필요가 있다.

특히 북한이 미국, 일본 등과 외교 관계가 개설될 정도의 새로운 상황이 전개되는 경우에 북한 당국이 과연 자신들의 경제개발계획과 관련하여 한국과의 파트너십을 얼마나 중요시할지도 중요한 고려사항이다. 이러한 점을 고려하면 남북경협이 상당 정도 진행이 되는 것이 진지한 파트너십 구축에 도움이 되겠으나, 앞서 언급한 대로 대북제재의 해제 속도를 추월할 수 없다는 현실적인 문제가 있다. 이와 관련하여 북한 개발, 남북 경제협력을 위한 재원 조달을 어떻게 할 것인가 하는 것도 중요한 고려사항이 될 것이다.

○ 남남 갈등의 극복

위에서 언급한 도전 과제들을 풀어나가는 데 있어서 중요한 것 중의 하나는 한국 내부에서의 국론 통합이다. 현재는 외교, 안보, 대북 문제를 국내정치에서의 당파적 이익을 추구하는 도구로 활용하는 것이 거의 일반화되어 있는 상황이다. 이를 극복하기 위해서는 정치인들 스스로의 노력이 필요하고, 대통령은 야당 지도부와 상설적인 협의 시스템을 구축하여 국론을 통합시켜나가는 노력을 기울여야 할 것이다.

청년 세대는 북한 문제 및 통일 문제에 대해 냉소적인 경향이 강한데, 그 근본적인 이유는 자신들의 일자리 문제이다. 이는 결국 북한 문제는 남한 내부의 정치경제 문제와 분리되기 힘들다는 것을 보여준다. 위에서 언급한 한반도의 상황 변화가 어떻게 이들의 일자리 창출에 도움이 될 것인지를 구체적으로 알리고 설득해야 이들의 적극적인 자세로의 변화가 가능할 것이다.

5. 본서의 목표와 구성

가. 목표

2018년 이후에 진행되고 있는 한반도 정세는 위에서 살펴본 한반도 비핵화와 평화체제 구축을 위한 도전 과제들을 풀어나가는 데 있어서 중요한 기회를 제공하고 있다. 먼저 미국의 트럼프 대통령은 미국의 대통령 중 유일하게 북한의 정권 담당자를 직접 만난 최초의 대통령이다. 이는 그동안 북한을 일방적으로 압박하는 데 중점을 두어왔던 대북 정책의 상당한 변화를 의미하는 것이다. 또한 북한의 김정은 위원장은 2018년 3월에 남측의 특사들 앞에서 최초로 비핵화 의지를 밝혔다. 물론 구체적인 비핵화의 이행 방법과 관련해서는 앞서 살펴본 것처럼 여러 도전 과제들이 남아 있다. 그러나 김정은 위원장이 경제발전에 매진하는 한 제재 해제를 위해 핵을 양보할 가능성이 과거보다 높아진 것은 사실이다. 그리고 한국의 문재인 대통령도 이러한 독특한 정치적 기회를 활용하여 한반도에 항구적인 평화 정착을 추구하겠다는 의지가 강하다.

따라서 비핵화와 평화체제라는 국가 목표를 실제로 실현해나가기 위해 필요한 구체적인 과제들을 살펴보고 어떻게 이행해나가야 할지 로드맵을 그려보고자 하는 것이 본서의 목표이다. 시간적으로는 미국의 트럼프 행정부의 1기 임기가 끝나는 2020년 말까지를 단기, 그리고 한국의 문재인 정부의 임기가 끝나는 2022년 말까지를 중기로 잡아 단·중기로 시행할 과제와 그것의 이행 로드맵을 작성해보기로 했다. 그런데 각 이행 과제들, 예를 들어 비핵화, 평화체제 구축, 남북관계 및 북미관계의 개선, 한미동맹 조정, 남북경협 등은 서로 연계되어 있다. 그래서 이러한 연계성을 고려하면서 각 필진들이 각자 맡은 분야의 과제들과 이행 방법을 제안하도록 시도했다.

이러한 시도를 한 이유는 그동안 대체적으로 각 이슈들 간의 연계를 고려하여 종합적으로 로드맵을 작성한 연구서들이 별로 보이지 않았기 때문이다. 본서의 출간을 통해 정부의 정책결정자들이 그때그때 당면한 눈앞의 과제들을 처리해나가느라 큰 전체 그림을 놓치는 것을 막고 그들이 방향성을 가지고 국정에 임하는 데 조금이라도 도움이 된다면 큰 보람일 것이다. 더 나아가 학계나 연구자, 그리고 일반 독자들에게도 좋은 토론과 연구의 소재가 될 수 있기를 희망한다.

나. 구성

이 장에 이어 다음 2장에서는 차두현 박사가 앞서 언급한 과제별 연계성을 고려하여 2018년 초 이후에 전개되어온 한반도 안보 상황의 변화가 한국의 입장에서 어떠한 기회와 도전 요인들을 제공하고 있는지 분석했다. 그는 SWOT 분석을 통해 단·중기 차원에서 네 가지의 가능성을 제시한 후 가장 이상적이라고 생각되는 이행 구도를 일목요연하게 표로 제시했다. 3장의 각 절별 집필진들도 여기에서 제시된 이행 구도에 공감한다는 전제하에 각자가 맡은 과제에 대해 집필했다.

3장에서는 각 분야별 과제와 추진 방향에 대해서 각 집필진들의 분석이 제시되었는데, 1절은 차두현 박사가 집필했는데, 그는 한반도 비핵화와 관련하여 지향해야 할 최종 목표(end-state)에 대해서 논의한 뒤 이 문제에 대한 미국, 북한, 중국, 한국 네 국가의 접근 방식을 설명한다. 그다음으로 북한 핵 능력 해체의 범위와 수준에 대해 규정한 뒤에 핵을 개발하거나 보유하고 있다가 포기한 우크라이나, 남아프리카, 리비아, 이란 등의 핵 포기 상황과 보상의 성격, 비핵화 과정을 비교했다. 이어서 북한의 단·중기 비핵화 로드맵을 최선책과 차선책으로 구분하여 제시했다.

북미 간에 비핵화 협상이 진전되면 그에 대한 보상의 중요 부분이 평화체제 구축이다. 북한의 김정은 위원장이 북한의 안전이 보장된다는 조건하에 비핵화를 약속했기 때문이다. 따라서 비핵화와 함께 부상되는 중요한 과제가 한반도 평화체제 구축의 문제이다. 평화체제는 그 논의 시기 및 방향에 따라서 한반도의 안보 구도에 큰 영향을 미칠 수 있기 때문에 사전에 철저한 준비가 필요하다. 2절에서 신범철 박사는 그동안의 평화체제의 논의 동향과 주요 쟁점을 짚어보았다. 그리고 비핵화 로드맵에 발맞춘 구체적인 평화체제 구축 방향에 대해서 분석했다. 이 논의에는 특히 종전선언, 평화협정, 유엔사령부, 한미연합사령부, 군사적 신뢰 구축, 동북아 다자안보협력 등 핵심 이슈들의 처리 방향이 포함되어 있다.

북한의 비핵화가 진전되고 한반도 평화체제가 구축되는 과정에서 북미관계와 한미동맹 관계의 조정은 불가피할 것이다. 그동안 북한의 위협에 대비하는 것이 한미동맹의 존재 이유의 전부는 아니지만 가장 중요한 목표였는데 바로 그 위협이 해소될 것이기 때문이다. 그런 의미에서 북미관계, 남북관계, 한미관계는 구조적으로 연동되어 있는바, 최강 박사는 3절에서 그 성격을 논의하고 향후 전망과 주요 문제점들을 살펴보았다. 그다음으로 한미동맹 조정과 관련된 주요 과제들과 추진 원칙과 방안을 제시했다. 그는 북핵 및 북한 문제와는 별개로 미래 동맹에 대한 청사진을 마련하고 현 단계에서 할 수 있는 것들을 이행할 것을 제안했다.

　북한이 비핵화의 대가로 안전보장과 함께 요구하고 있는 것이 북한에 대한 경제제재의 해제이다. 그러나 비핵화와 함께 평화체제가 구축되는 경우에 단순히 제재 해제를 넘어서서 어떻게 북한 경제를 발전시킬 것이냐의 문제가 등장한다. 이 문제, 즉 제재 해제와 북한 경제의 발전에 대해 윤덕룡 박사가 4절에서 방안을 제시하고 있다. 그는 먼저 북한의 경제 상황과 김정은 치하의 경제개발 정책을 설명하고 그동안 제시된 한국 정부의 남북경협프로그램을 한반도신경제지도 구상, 통일경제특구 구상, 동아시아철도공동체 구상을 중심으로 살펴보았다. 그리고 남북경협 문제를 논의하면서 기본 추진 방향, 평화체제 도입이라는 맥락에서 남북경협 및 국제협력 유도 방안을 제시했다. 그는 이어서 비핵화의 진전에 대응해서 어떻게 구체적인 방식으로 대북 경제제재를 완화해야 할지에 대해서도 제안을 내놓았다.

　한반도 평화체제의 구축 과정에서 또 하나의 중요한 주제는 중국의 역할 문제이다. 정전협정의 당사국인 중국의 참여는 한반도 평화체제의 수립에 불가피하기 때문이다. 이와 관련된 문제를 5절에서 김흥규 교수가 살펴보았다. 그는 문재인–시진핑 시기의 한중관계를 되돌아

보고 이어서 시진핑 시기 중국의 대한반도 정책을 어떻게 이해해야 할지 설명했다. 이어서 김교수는 한반도 평화체제에 대한 중국의 입장을 설명하고 중국의 예상되는 단계적 조치를 단기, 중기, 장기 전략을 중심으로 제시했다. 그다음으로 우리의 대중 정책에 대해 유엔사령부 해체 문제에 대한 중국의 의도나 미국의 중거리 미사일 배치 및 이에 대한 중국의 반발 가능성과 미중 전략 경쟁의 심화 가능성에 대한 준비의 필요성을 지적했다. 결론적으로 중국과는 대립 지향보다 전략적 소통과 협력 강화 쪽으로 방향을 설정할 필요성이 있음을 주장했다.

4장에서는 앞서 여러 필자들이 제시한 비핵화 로드맵에 대한 대안적 로드맵은 없는가, 있다면 어떠한 로드맵들을 상정해볼 수 있는가 하는 질문에 대한 답을 모색해보았다. 왜냐하면 앞서 제시한 로드맵이 이런저런 이유로 지지부진하게 되면서 협상 피로 현상이 나타날 가능성을 배제할 수 없기 때문이다. 이 주제를 담당한 이근 교수는 그러한 경우에도 가장 중요한 것은 북한의 완전한 비핵화 이전에 제재가 풀리고 북한이 최소한의 핵 능력을 보유한 상태에서 중국식 권위주의 발전국가가 되는 것을 피하는 것이라고 강조한다. 그는 비핵화 로드맵에 대한 자신의 생각을 제시한 뒤에 대안적 로드맵으로 북한을 싱가포르 수준으로 다원화시키고 비핵화의 길로 유도한 뒤 미국과의 안보 협력을 모색하는 '싱가포르화 로드맵', 그리고 이것에 이르는 과정을 최단기화하는 이른바 '빅뱅(big bang) 로드맵'을 제시하고 있다.

이상 각 필진들의 논의를 읽음으로써 우리가 지금 당면한 비핵화와 평화체제 구축이라는 목표를 향해 나아갈 때 제기되는 과제들, 각 과제들 간의 연결 고리들, 각 과제들을 단·중기라고 하는 시간적 범위 속에서 처리해나갈 구체적인 방안들이 독자들의 머릿속에 입체적으로, 그리고 큰 그림으로 떠오를 수 있기 바란다. 이를 통해 이 책이 정책적 차원에서나 학술적 차원에서 나름대로 의미 있는 기여를 할 수 있기를 기대한다.

참고문헌

White House(2017), *National Security Strategy of the U.S.A.*
https://www.whitehouse.gov/wp-content/uploads/2017/12/NSS-Final-12-18-2017-0905.pdf

Hudson Institute(2018), *Vice President Mike Pence's Remarks on the Administration's Policy Towards China.*
https://www.hudson.org/events/1610-vice-president-mike-pence-s-remarks-on-the-administration-s-policy-towards-china102018

Michael R. Pompeo(2018), *Remarks on 'America's Indo-Pacific Economic Vision.'*
https://www.state.gov/secretary/remarks/2018/07/284722.htm

Daniel W. Drezner(2019), "This Time Is Different", *Foreign Affairs.*

이승열(2019), "북한경제의 현황과 2019년 전망", 국회입법조사처.
http://www.nars.go.kr/brdView.do?cmsCd=CM0018&brd_Seq=24573&src=null&srcTemp=null

한국은행, "남북한의 주요경제지표 비교".
http://www.bok.or.kr/portal/main/contents.do?menuNo=200090

중국해관총서, "(2) Imports and Exports by Country (Region) of Origin/Destination, 11. 2018".
http://english.customs.gov.cn/Statics/5e0f0e9e-7aad-4629-9b50-b9b34393e2b7.html

이주영, "북 경제 위기 가능성, 강력한 시장 안정화와 가격 통제로 누르고 있어", 『경향신문』, 2019. 1. 31.
http://news.khan.co.kr/kh_news/khan_art_view.html?artid=201901311145001&code=910303#csidx5831f49ceaee76e874084ba4709f84c

9월 평양공동선언, http://www1.president.go.kr/articles/4323

판문점선언 이행을 위한 군사분야합의서 전문, 『중앙일보』, 2018. 9. 19.
https://news.joins.com/article/22985975

David E. Sanger and William J. Broad(2018), "Verifying the End of a Nuclear North Korea 'Could Make Iran Look Easy'", *The New York Times*, May 6.
https://www.nytimes.com/2018/05/06/us/politics/nuclear-north-korea-iran-inspections.html

2005년 6자회담 9·19공동선언 전문.
https://www.state.gov/p/eap/regional/c15455.htm

II 한반도 비핵화와 평화체제 구축 여건의 판단

차두현

요약 ··

- 2018년 이후 한반도 비핵화와 평화체제에 있어 '반전'이라고 할 만한 중요한 여건이 형성되었다. 하지만 중요한 것은 이러한 여건의 활용 여부이다.
  - 남북 경제협력의 재개 혹은 남북 교류·협력의 활성화와 같은 특정 사안의 진전에만 초점을 맞추는 것이 아니라, 중·장기적으로 지속 가능한 평화가 한반도에 도래할 수 있도록 하는 것이 중요하다. 이 과정에서 한국의 제대로 된 '촉진자' 역할이 성과를 좌우한다.

- 2018년 한 해 동안 이루어진 한반도를 둘러싼 안보 여건의 변화는 한국의 입장에서는 강점과 약점, 기회와 도전을 동시에 내포한다.

- 단기적 차원에서 한반도 비핵화와 평화체제에 대한 전망을 해보면 네 가지 유형으로 축약할 수 있다.
  ① 원활한 비핵화와 한반도 평화체제의 연계, 그리고 지역 협력 구도의 정착
  ② 초반의 긍정적 상황 전개에도 불구하고 점차 북한과 주변국의 태도 변화가 부정적 여건을 확장시키는 경우
  ③ 초기 진전 이후 한국 내부의 추진 동력 약화로 인해 한국이 배제된 비핵화가 추진되거나 비핵화 자체가 부진에 빠지는 상황
  ④ 현재의 교착 국면을 넘지 못하고 한국의 국내적 정책 추진 동력과 미국 등 주변국의 각 개약진형 한반도 정책이 상호 경쟁하는 상황

- 한국의 입장에서는 가장 바람직한 이행 방향, 즉 전반적인 한반도 비핵화 및 평화체제 구축 요건이 지속적으로 원활하게 진행되는 경우의 수를 유도해야 한다.

- 그러나 이는 쉬운 일이 아니며 이러한 이행 과정이 일거에 조성되는 것에 대한 과도한 기대나 희망적 사고 역시 자제할 필요가 있다.

- 이를 고려하여 본 연구에서는 한반도에서의 제반 상황 진전을 단기와 중기 그리고 중·장기로 구분하고, 상호 연계되어야 할 사안들로 한반도 비핵화 및 평화체제, 미북관계 개선, 남북한 경제협력, 그리고 미중관계 및 지역 안보 구도 등에 대한 이상적인 해법을 제시한다.
  - 단기 및 중기, 장기의 시기 구분에 따라 한국과 미국 및 북한이 교환 가능한 조치들을 발굴한다.
  - 여기에서 단기는 한국의 현 행정부 임기 말까지를 상정한 것이며, 중기는 트럼프 행정부 1기 종료 시까지를 상정한 것이다.
  - 장기는 그 이후의 시점을 염두에 둔 것이다.

1. 2018년의 상황 반전 그리고 그 이후

2018년 한 해는 한반도 비핵화와 평화체제에 있어 중요한 여건의 변화가 이루어진 시기로 평가할 수 있다. 남북한 간에 9년 이상 닫혀 있던 고위급 대화의 통로가 북한의 평창 올림픽 참가를 계기로 다시 열렸으며, 평창 올림픽과 그 직후에 남북한이 각각 특사를 교환했다.

2018년 3월 이후에 전개된 상황의 진전은 2017년 11월까지와 비교할 때 '반전'으로 불리기에 손색이 없었다. 2001년과 2007년에 두 차례 개최된 이후에 좀처럼 재개되지 못하고 있었던 남북 정상 간의 대화가 2018년 한 해에만 세 차례(4월, 5월, 9월) 개최되었으며, 9월의 평양 남북정상회담에서는 남북관계 역사상 최초로 북한 지도자의 서울 답방이 합의되었다. 또한 상호 간의 불신에 의해 대화 자체를 거부하던 미국과 북한 양자가 다시 협상 테이블에 마주앉았으며, 최초의 미북정상회담 역시 실현되었다.

물론 모든 상황이 긍정적인 것만은 아니다. 6월 12일에 싱가포르에서 열린 미북정상회담의 합의는 한반도 비핵화와 평화체제, 그리고 미북관계의 개선과 관련한 원칙들을 담고 있었지만 구체적인 조치는 아직 미흡한 실정이다. 북한은 미북정상회담에 앞서 풍계리 핵실험장을 폐쇄하는 조치를 취했고, 트럼프 대통령은 미북정상회담 과정에서 김정은의 동창리 미사일 엔진실험장 폐쇄 의지를 확인했다고 공언했다. 하지만 이에 대한 신뢰성 있는 검증은 여전히 이루어지지 않고 있다. 한반도 비핵화의 핵심적 요소 중의 하나인 북한의 핵물질 생산 중단과 핵 활동 동결 역시 이루어지지 않고 있다. 이러한 한계는 결국 2019년 2월 말 하노이에서의 미북정상회담이 아무런 합의 없이 끝남으로써 다시 한 번 확인되었다.

그러나 2017년에 주기적으로 '한반도 위기론'이 떠오르던 상황, 트럼프 행정부의 대북 군사옵션 우려가 끊임없이 제기되던 여건에 비해 현재의 한반도 안보 여건이 상당 부분 개선되었음은 부인할 수 없다. 문제는 이제 이러한 여건을 어떻게 비핵화와 평화체제로 자연스럽게 연결시켜 나가느냐이다.

2차 미북정상회담에서 이미 나타난 바 있지만, 미북 간의 협상이 자동적으로 한반도 비핵화와 평화체제 수립의 가속화를 보장하는 것은 아니다. 오히려 어떤 면에서 2차 미북정상회담은 한 번 정도 더 정치적 이벤트를 해도 별 상관이 없다는 트럼프와 김정은의 이해가 맞아떨어진 결과로도 볼 수 있다. 금년 6월 30일 판문점에서의 남미북 정상 회동에도 불구하고 향후 비핵화 협상의 원활한 진전을 낙관하기 힘든 것도 이 때문이다. 트럼프와 김정은으로서는 대화 결렬의 책임을 뒤집어쓸 수 있는 무리한 '빅딜'보다는 대화 모멘텀을 지속하는 수준의 상징성의 재구축이나 '스몰딜' 정도를 대외적으로 과시하는 데 앞으로의 협상국면을 활용할 수도 있다.

즉, 중요한 것은 상황이 반전되었다는 사실이 아니라 이러한 여건을 향후 어떻게 활용할 수 있는가의 여부이다. 혹자는 이러한 여건을 남북 경제협력의 재개 혹은 남북 교류·협력의 활성화와 같은 특정 사안의 진전에만 초점을 맞추기를 원할지도 모른다. 그러나 보다 중요한 것은 전반적인 모양새이며, 중·장기적으로 지속 가능한 평화가 한반도에 도래할 수 있는가 하는 점일 것이다. 또한 이 과정에 따라서 한반도 문제에 있어서 한국의 '중재자/촉진자' 역할 역시 좌우되게 될 것이다.

2. 기회와 도전

2018년 이후 이루어진 한반도를 둘러싼 안보 여건의 변화는 한국의 입장에서는 강점과 약점, 기회와 도전을 동시에 내포하고 있다. 이를 중심으로 한반도 비핵화와 평화체제 구축에 대한 SWOT(Strength, Weakness, Opportunity, Threat) 분석을 해보면 〈표 2-1〉과 같다. 다만 이 경우의 SWOT 분석은 주어진 여건을 중심으로 행위자의 대응 전략을 설정해나가는 일반적인 접근과는 차이가 있다. 대체로 SWOT 분석에서 강점과 약점은 최소한 3년 내외의 중기적 차원까지는 지속 가능한 것으로 가정한다. 그러나 이 SWOT 분석의 경우 한국이 강점이라고 생각할 수 있는 부분들 중에 지속 가능한 강점(경제 등)이 아닌 것들이 많으며, 이중적 해석(정부의 정책 의지)이 가능한 것도 존재한다. 또한 한반도를 둘러싼 주변국들의 이해관계를 고려할 때 기회 요인이 오히려 도전 요인이 될 가능성도 충분하다. 따라서 강점과 약점, 기회와 도전을 각 타이밍별로 적절히 활용하려는 자세가 필요하다.

또한 이 SWOT 분석은 대응 전략의 설정을 위한 것보다는 강점과 약점, 그리고 기회와 도전을 일목요연하게 정리해보려는 목적이 더 강하다. 한반도 비핵화와 평화체제 관련 SWOT 분석에서 암시되는 바는 2018년 상반기 중에 주로 강점과 기회 쪽의 사건·정책이 많았다면 하반기 이후에는 약점과 도전(위협) 역시 부각되었다는 것이다. 대북제재와 '종전선언'을 둘러싼 한미 간의 이견, 비핵화 관련 교환조치에 대한 미북 간 줄다리기 등이 대표적이라고 할 수 있다. 특히 한국의 정책에 대한 북한의 반응과 한반도 비핵화 문제를 바라보는 미국의 접근은 향후에 기회 이상으로 도전 요인으로 작용할 가능성이 크다.

이 중 가장 주목해야 할 점은 북한의 비핵화와 평화체제에 대한

표 2-1 한반도 비핵화와 평화체제 구축 여건에 대한 SWOT 분석

S	W
• 한반도 '평화'에 대한 내부적 공감대 • 남북 화해·협력, 대치 과정 관리의 풍부한 경험 • 정부의 정책적 의지와 경제적 능력 상황 • 재래식 전력 측면에서의 남북 균형 • 한국의 정책에 대한 국제적·지역적 평가(의제 주도 능력)	• 대북정책의 각론에 대한 국내 분열 • 분절적·단절적 대북정책과 정파적 이해 • 정부의 정책 결정의 투명성과 경제적 자원 배분의 우선순위 • 한미동맹의 의존 관행 지속 • '중견국'의 함정
O	T
• 북한의 자체적 체제 전환에 대한 의지(김정은의 전략적 결단) • 변화에 대한 거부감이 없는 트럼프의 대외 전략 • 남북 화해·협력에 대한 중국의 긍정 반응 • 일본과 러시아의 지원 여지 • 갈등적인 지역·세계 세력의 변화에 대한 공통적 우려	• 북한의 기만과 정책 전환에 대한 유혹 • 트럼프의 '미국 우선주의'의 이기적 발현 • 중국의 남북한 카드화(분단관계의 악용) • 일본과 러시아의 자기 몫 챙기기 • 주요국들 간의 헤징(hedging) 욕구 지속

접근법이다. 많은 이들이 2018년의 상황 진전의 주요 동인으로 대북 압박과 제재 못지않게 김정은의 '전략적 결단'을 들고 있다. 즉, 기존의 핵·경제 '병진 노선'을 과감하게 종료하고 경제발전 중심 노선으로 전환하기로 한 결정이 반전을 불러왔다는 것이다. 2018년의 남북한 관계만을 들여다보면 분명 이러한 지적에 수긍할 만한 면들이 적지 않게 발견된다. 무엇보다도 2016년과 2017년 동안 월례행사처럼 반복되던 핵·미사일 발사실험이 중단되었으며, 남북한 간에는 세 차례의 정상회담을 통해 화해·협력과 긴장 완화의 조치들이 합의되었다. 그러나 과연 이러한 '전략적 결단'이 진정으로 존재하는 것인지 그리고 설사 존재한다고 하더라도 우리에게 반드시 유리한 것인지에 대한 차분한 분석·평가가 부족했던 것이 현실이다.

2018년 4월 27일 남북정상회담과 판문점선언을 통해 '완전한 한

반도 비핵화'를 위해 남북이 공동으로 노력하기로 합의했다. 동일한 원칙은 6월 2일 미북정상회담 합의문, 9월 19일 평양공동선언에서 재확인되었다. 그럼에도 불구하고 북한이 2018년 중 대외적으로 발송한 메시지에서 자신들의 경제발전 집중과 비핵화 약속 이행에 대해 확실히 언급한 사례는 존재하지 않는다. 북한의 2018년 중 대외 메시지는 2017년에 비해 별다르게 변모하지 않았다. 북한은 대외적으로 발송된 메시지를 통해 (1) 한반도 비핵화보다는 '민족 공조'와 '자주', '평화' 등을 강조했고, (2) 비핵화 문제를 다루더라도 북한의 이행 의무나 의지에 대해서는 언급하지 않았으며, (3) 미국의 '상응 조치' 미흡이나 대북제재의 지속에 대한 불만을 주기적으로 표출했다.

북한은 기존 우방국들과의 결속 재강화에도 그에 못지않은 관심을 기울였다. 특히 전통적인 지원국인 중국 및 러시아와의 외교적 협력에 노력을 경주했다. 가장 대표적인 것이 미북정상회담이 추진되고 있던 시점이며 폼페이오 국무장관의 1차 방북(2018년 3월 31일~4월 1일) 이전인 3월 25일에 김정은이 전격적으로 베이징을 방문한 일이라고 할 수 있다.[1] 김정은은 시진핑과 가진 최초의 정상회담을 통해 전통적인 북중관계의 복원을 알리는 동시에 미북정상회담에서의 비핵화 협상을 위한 안전밸브를 마련했다. 김정은은 이후에도 두 차례나 더 중국을 방문했는데, 모두 북한의 주요한 대외관계 행보가 이루어진 시기를 전후해서 이루어졌다. 북한과 중국은 1차 남북정상회담 직후인 5월 8일에 다롄에서 2차 정상회담을 가졌으며, 싱가포르 미북정상회담 이후 일주일 만에 3차 정상회담(6월 19일)을 개최했다.

북한이 중국 및 러시아와의 관계 강화에 나선 것은 단순히 대북제

---

1 당시 폼페이오의 극비 평양 방문 사실은 『워싱턴 포스트』의 4월 17일자 기사를 통해 최초로 보도되었고 이후 트럼프 대통령에 의해 확인된 바 있다.

재 국면하에서 잠재적 후원자를 확보하기 위한 노력 이상의 의미를 지닌다. 북한은 발빠른 대중국 및 대러시아 외교 접촉을 통해 미국과 중국, 미국과 러시아 간의 전략적 경쟁관계를 한반도 문제에 끌어들이는 데 성공했다. 중국의 입장에서는 미북 간의 지나치게 긴밀한 관계 접근이 자신들의 전통적 북한 카드를 상실케 할 수 있고, 러시아의 경우에는 급속한 한반도 정세의 변화가 자신들의 국외자적 지위를 초래할 수 있다. 북한은 이러한 시기에 중국과 러시아에 대해 전통적 우방으로서의 우호를 강조함으로써 대미 레버리지뿐만 아니라 대주변국 레버리지도 확장할 수 있는 기반을 마련했던 것이다.

북한의 2018년 행보에 있어 또 하나의 특징은 지역·거점별로 다양한 외교적 움직임을 보였으며 특히 대북제재 기간 중에 훼손된 외교적 입지를 복원하는 데 노력을 집중했다는 점이다. 2018년 중에 이루어진 북한의 외교적 기동은 국제적 고립으로부터의 탈피를 알리는 시발점으로도 볼 수 있다. 물론 아직 2017년의 외교적 타격이 회복된 것은 아니고 대북제재 역시 변함없이 시행되고 있으며 EU의 주요 국가들은 아직 대북제재의 완화·해제를 검토할 단계가 아니라는 입장을 고수하였다. 그러나 2018년 중에 북한 외교는 최소한 각 지역별로 전통적 거점을 집중 관리하는 모습을 보여주었다. 유럽의 스웨덴, 아프리카의 적도기니, 동남아시아의 싱가포르, 베트남, 중남미의 쿠바와 베네수엘라를 대상으로 북한은 활발한 순방외교를 펼쳤으며, 이들 국가의 방문단을 평양에서 맞이하기도 했다. 이를 통해 당장은 아니라고 하더라도 북한은 향후 미북 핵 협상 과정과 연동하여 국제적 발언권의 확장과 대북제재 완화·해제를 향한 기본 포석을 둔 것으로 볼 수 있다.[2]

2   북한이 2018년 중 아프리카 지역에서 가장 활발히 접촉한 적도기니가 2018~2019년에 유엔 안보리 비상임이사국으로 활동하고 있음을 주목할 필요가 있다.

2018년 중의 외교적 기동을 통해 북한이 대외적으로 구축하고자 했던 메시지와 이미지는 크게 세 가지로 볼 수 있다. (1) '완전한 한반도 비핵화'는 북한의 의무에만 국한된 개념이 아니다, (2) 북한은 남북한 및 미북 합의를 지키려고 성실히 노력해왔고 오히려 이를 지키지 않고 있는 것은 미국이다, (3) 현재의 상황 진전을 고려할 때 국제 제재의 지속이나 인권 문제의 거론은 북한에 대한 부당한 압력이다. 북한은 대외적으로 추상적이고 모호한 비핵화 표현을 통해 '완전한 한반도 비핵화'가 북한 핵 능력의 해체와 연결되는 것을 회피했고, 오히려 미국과 한국의 '상응 조치'를 강조했다. 또한 인권 문제 등의 전통적 아킬레스건에 대해서는 인권과 관련하여 떳떳한 국가는 존재하지 않으며 이는 미국도 마찬가지라는 논리를 전개했다.

이와 같이 2018년 중에 북한이 보여준 외교적 행태는 2019년의 비핵화 및 평화체제 구축 여건이 2018년 초반과는 또 다른 양상을 보일 수 있음을 암시한다. 여건에 따라서는 김정은이 전혀 다른 방향의 전략적 결단, 즉 '완전한 한반도 비핵화'에 대한 자신들의 일방적 주장(미국의 대북 군사위협 제거, 미북 핵군축회담 등)을 설파하는 데 외교력을 집중할 수도 있기 때문이다. 따라서 설혹 김정은이 한반도 평화와 비핵화 그리고 자신의 중·장기적 권력기반을 위해 진정으로 '전략적 결단'을 내렸다고 하더라도 이 초심이 유지될 수 있는 여건과 환경을 만드는 것이 우리 대북·대외정책의 중요한 관건이 되어야 한다.

트럼프 행정부라는 기존과는 전혀 다른 접근을 취하는 미국 정부역시 향후의 상황을 낙관할 수만은 없게 만드는 요건이다. 트럼프 대통령은 2018년 중에 한반도 문제의 해결을 동아시아 지역에서의 미북 전략 경쟁에도 활용하겠다는 의지를 은연중에 표출했다. 대표적인 것이 중국의 역할에 대한 기대 부분이다. 트럼프 행정부는 북한에 대한 압력의 행사나 대북제재의 성실한 이행에 대해서는 중국의 적극적 역할을 강조했으나, 동시에 중국이 북중 협력을 통해 평양에 발언권을 높이는 데 대해서는 경계감을 표출한 바 있다. 트럼프 대통령이 2018년 8월 24일 폼페이오 국무장관의 4차 방북 취소 결정을 발표하면서 비핵화 협상이 기대만큼의 성과를 거두지 못한 것을 두고 중국 배후론을 제기한 것이 그 대표적 사례라고 할 수 있다. 이는 중국이 북한에 대한 공동의 압력 행사자가 되는 것은 무방하지만 후원자가 되는 것은 차단하겠다는 의미로 보아야 한다. 더 나아가 트럼프 대통령이 김정은과의 협상과 미북 간의 새로운 관계 형성을 북한을 베이징으로부터 적당히 떼어낼 계기로 활용하려고 할 가능성도 배제할 수 없다.

트럼프의 이러한 접근은 한미동맹 차원에서도 나타나고 있다. 과거 미국 행정부의 전통적 정책 기조는 공화당과 민주당의 행정부 구분 없이 한반도 비핵화와 평화체제 구축 과정이 한미동맹에 부정적 영향을 미쳐서는 안 된다는 것이었다고 할 수 있다. 반면 트럼프 행정부의 경우 북한과의 협상 과정에서 한미연합훈련의 유예를 선제적으로 선언하는 파격을 보였다. 동맹을 신뢰와 중·장기적 이익의 구현 수단으로 보기보다는 물질적인 부담 분담의 대상으로 이해하는 트럼프 행정부(정확히는 트럼프 대통령)의 특성상 한반도 비핵화와 동맹은 충분히 연계가 가능한 카드이다. 물론 중간선거 이후에 민주당이 다수당으로 떠오른 하원의 상황이나 공화당의 주류가 가지고 있는 동맹 중시의 가치를 고려할 때 이를 트럼프가 직접적으로 연계할 가능성은 크지 않다. 다만 현재 협상과정에서 난항을 보이고 있는 한미 방위비 분담 등 동맹 관련 사안과 비핵화·평화체제 구축 과정을 간접적으로 연계하는 것은 가능하다고 보아야 한다. 예를 들어 (1) 한반도 비핵화 과정에서 한국 정부가 희망하는 개성·금강산 등의 경협 재개나 교류 협력 확대를 대북제재의 '예외'로 해주는 대신 방위비 분담을 늘리려는 딜을 하거나, (2) 주한미군의 순환주둔(특히 6~9개월 단위로 순환주둔하는 2사단 내의 1개 여단 병력) 주기를 조정하여 한국 정부를 압박하면서 미국 국내에 대해서는 "한국 정부도 남북의 신뢰 구축 측면에서 이를 원한다"고 주장하는 것이 대표적 대안이다. 이 경우에 한국으로서는 비핵화와 평화체제 과정이 진행된다고 하더라도 미국과 북한 모두에 대해 전략적 레버리지의 약점을 노출할 우려가 있다.

3. 바람직한 이행 방향

2절에서 한 SWOT 분석을 중심으로 단기와 중기적 차원에서(SWOT 분석 자체가 여건의 변화를 상정하므로 장기 차원의 예측은 어렵다) 전망을 해보면 네 가지 유형으로 축약될 수 있다. 첫 번째는 "원활한 비핵화와 한반도 평화체제의 연계, 그리고 지역 협력 구도의 정착(SO)"의 경우이다. 이는 가장 이상적인 상황 전개로, 북한의 전략적 결단과 국제적 고립 지속에 대한 부담이 결합되어 북한이 비핵화 이행 의지를 지속하고 이에 따라 실제로 비핵화 조치를 실행해나가며 이것이 중기적으로도 지속되는 것을 의미한다. 미북관계의 개선에 따라 북일관계의 개선도 심화될 것이며, 지역 국가들 간에 '종전선언' 등의 실행력을 보장하기 위한 보장체제가 형성될 것이다. 한미동맹 역시 미북관계의 변화와 함께 '한반도 방위동맹'으로부터의 탈피를 이룩하되 지역에서의 갈등 개입을 최대한 자제하는 방향으로 변신할 수 있다. 지역 국가들 간에 경쟁보다는 협력에 의한 문제 해결의 공감대가 존재할 것이며, 양자 동맹과 지역 다자안보협력이 병존하는 아키텍처 역시 형성될 것이다. 정부의 대북정책과 관련하여 내부 소통과 합의가 촉진될 것이며, 국민 의견의 결집도 원활하게 이행될 수 있다. 정책을 실행할 만한 한국의 경제적 활력 역시 다소의 부침에도 불구하고 지속될 것이며, 중기적으로는 점차 확장될 한반도 개발 다국 네트워크가 경제적 부담을 분담하므로 지속 가능성이 제고될 것이다.

두 번째는 "초반의 긍정적 상황 전개에도 불구하고 점차 북한과 주변국의 태도 변화가 부정적 여건을 확장시키는 경우(ST)"이다. 한국 정부가 변함없는 정책적 의지를 가지고 비핵화와 남북 화해·협력을 추진하지만 북한이 초기의 일부 약속 이행 이후에는 본격적 비핵화를 유보하거나 지연(또는 과거로 회귀)시키는 경우를 의미한다. 즉, 현재의 모라토리엄에서 일부 동결이 이루어지지만 북한의 핵 신고 자체가 지연되거나 관련 사찰이 원만하게 이루어지지 않는 상황을 상정한 것이다. 미국 역시 종전선언까지는 호응을 하지만 북한이 추가적인 비핵화 조치를 주저하는 데 대해 국내적으로 반발이 커지고 이에 따라 완전히 대북정책을 전환하지도 그렇다고 현재의 방향을 지속하지도 않는 정책을 전개할 것이다. 미국은 이에 대해 주기적으로 대북 압력증대를 택하지만 이에 대한 위험의 감수도 주저하게 될 것이다. 중국이 이 과정 속에서 비핵화보다는 북중관계를 통해 대미 견제에 더 열중하고 러시아가 이에 동조하는 모습을 보임으로써 결국 대북제재의 결속력 역시 약화될 수 있다. 중기적으로 상황이 2017년 11월 이전과 유사하게 회귀하면서 한반도에 주기적 위기론이 등장할 위험이 있다.

세 번째는 "초기 진전 이후 한국 내부의 추진 동력 약화로 인해 한국이 배제된 비핵화가 추진되거나 비핵화 자체가 부진에 빠지는 상황(WO)"이다. 비핵화의 초기 진전에도 불구하고 한국 내부의 대북정책 관련 의견의 분열과 정부의 일방주의적 정책 추진으로 인해 대북정책 추진 동력이 지속적으로 약화될 수 있다. 특히 경제문제와 결합되어 남북관계의 초기 진전에도 불구하고 지속적인 대북 투자나 교류·협력을 실행할 수 있는 현실적 여건이 약화될 수 있다. 이 경우는 북한의 확실한 비핵화 스케줄이 제시되지 않은 상황하에서 종전선언이 지나치게 앞서 추진될 때 발생할 가능성이 크며, 대북정책을 둘러싼 한미 이견설 역시 이러한 상황을 증폭할 수 있다. 미국은 대미 협상의 진전 과정에서 실제적 보상을 한국이 떠맡을 것으로 기대하지만 한국의 부담 능력 역시 의문시될 것이다. 결국 비핵화가 국제적 과정으로 지속되지만 한국의 주도력이 현격히 약화되거나(미북관계의 남북관계 추월), 아니면 한국의 정책 추진 여건의 약화로 비핵화 과정 자체가 좌절되는 상황이 중기적으로 도래할 위험이 있다.

"현재의 교착 국면을 넘지 못하고 한국의 국내적 정책 추진 동력과 미국 등 주변국의 각개약진형 한반도 정책이 상호 경쟁(WT)"하는 네 번째의 경우도 이론적으로는 생각해볼 수 있다. 물론 이는 최악의 상황 진전에 해당하며, 북한이 초기부터 철저히 비핵화와 관련되어 미온적이거나 기만적인 입장을 취할 경우에 발생할 수 있다. 이러한 북한의 태도가 가시화될 경우에 한국의 대북정책에 대한 미국의 불만 역시 촉발될 것이며, 대북정책과 관련된 한미 이상기류 및 미국의 대한 안보공약 약화로까지 연결될 수 있다. 중국은 이 틈새를 파고들어 사드(THAAD) 문제의 조기 해결 등 한미 간의 갈등을 미중 간의 경쟁에 활용하려고 할 것이다. 남북관계 역시 한국 내의 의견 분열과 관련 재원 조달의 한계로 인해 초기부터 난항에 부딪칠 수 있다. 결국 단기적인 측면에서부터 비핵화–평화체제 연계가 실패하는 과정이 최악의 시나리오이다.

이러한 상황의 전개는 북핵 문제에 대한 남북한 및 미중의 정책

표 2-2 한반도 문제와 관련된 각 유관국들의 정책 조합

	대한국		대북한		대미국		대중국	
	선의	악의	선의	악의	선의	악의	선의	악의
한국			KN+	KN-	KU+	KU-	KC+	KC-
북한	NK+	NK-			NU+	NU-	NC+	NC-
미국	UK+	UK-	UN+	UN-			UC+	UC-
중국	CK+	CK-	CN+	CN-	CU+	CU-		

방향을 각 행위자들이 어떻게 인식하는가에 의해서도 영향을 받을 것이다. 〈표 2-2〉는 북한 핵문제에 관한 남북한과 미중의 정책 방향을 이론적으로 표시한 것이다. 여기서 '선의'와 '악의'의 표현은 절대적인 것은 아니다. '선의'란 "대외적으로 공식 표방되거나 그렇게 설명된" 정책 방향을 의미하며, '악의'는 "타방이 그렇게 곡해하거나 의심할 수 있는" 방향이다. '선의'의 정책 방향을 +, 악의의 정책 방향을 -, 그리고 정책의 구사 방향을 알파벳순으로 나열하면 이론적으로 스물네 가지의 정책 방향이 한반도를 둘러싸고 맞물릴 수 있다. 이 중 최고의 조합은 한국의 입장에서는 KN+*NK+*UK+*UN+*CK+*CN+이며, 이는 결과적으로 앞서 이야기한 SO의 결과를 유도할 것이다. 반면 최악의 결과는 KN±*NK-*UK-*UN-*CK-*CN- 의 경우에 발생할 것이다. 이는 한국 자체도 표방된 정책과 다르게 행동하거나 한국은 충분히 선의를 가지고 북한을 대하지만 북한이 이를 악용하려고 하는 상황을 의미한다. 이에 대해 미국과 중국의 악의의 정책이 결합되는 경우의 수(표의 음영 처리된 부분)에서 최악, 즉 앞서 이야기한 WO의 SWOT 조합이 형성된다. 이는 다른 추가 변수와 연결될 수밖에 없다. 예를 들어, 미국과 중국이 한국이 자신들을 악의로 대한다고 의심할 경우에 그들 역시 UK-와 CK-를 추구하게 되며 북한의 행동을 믿을 수 없다고 판단하므

로 UN-와 CN-도 도출될 것이다.

물론 한국의 입장에서는 가장 바람직한 이행 방향, 즉 전반적인 한
반도 비핵화 및 평화체제 구축 요건이 지속적으로 원활하게 진행되는
경우의 수를 유도해내야 한다. 이는 물론 쉬운 일이 아니다. 더욱이 이
러한 이행 과정이 일거에 조성되는 것에 대한 과도한 기대나 희망적
사고 역시 자제할 필요가 있다. 이를 고려하여 본 연구에서는 한반도에
서의 제반 상황의 진전을 단기와 중기 그리고 중·장기로 구분하고 상
호 연계되어야 할 사안들로 한반도 비핵화, 평화체제, 미북관계 개선,
남북한 경제협력, 그리고 미중관계 및 지역 안보 구도 등에 대한 이상
적인 해법을 제시해보고자 한다. 이를 상호 연계하여 상정할 때 가장
이상적인 것은 〈표 2-3〉에 나타난 바와 같은 이행 구도로 보았다. 여기
에서 단기는 한국의 현 행정부 임기 말까지를 상정한 것이며, 중기는
트럼프 행정부 1기 종료 시까지를 상정한 것이다. 그리고 장기는 그 이

표 2-3 한반도 안보 구도 관련 이상적 이행 구도

시점 분야	촉발조치	단기 (2020년 까지)	중기 (2022년까지)	장기 (2022년 이후)
한반도 비핵화	모라토리엄 + 핵 리스트 신고 + α	모라토리엄 유지, 핵 리스트 신고, 동결·불능화, 핵물질·탄두 일부 반출, 검증 방안 합의	핵물질 및 탄두 전량 방출, 철저한 검증 이행	물리적 비핵화 완성, 여타 WMD 능력 제한
평화체제 및 남북관계, 국제제재	종전선언 + 제재 완화	종전선언, 대화 정례화, 상호 인정 제도화, 제재 완화	평화체제 수립 방안 협의 및 평화체제 출범, 대북제재 전면 해제	평화체제 지속 가능성 제고

시점 분야	촉발조치	단기 (2020년 까지)	중기 (2022년까지)	장기 (2022년 이후)
미북관계의 개선 및 한미동맹의 조정(전작권, 연합훈련 포함)	연합훈련 유예	고위급 대화의 정례화, 대표부 설치, 한반도 동맹 탈피의 모색, 연합훈련 유예 및 성격 변화	한반도 동맹 탈피, 연합/합동훈련 성격의 변화, 주한미군 주둔의 조정	지속 가능형 동맹체제로의 전환, 주한미군 장기 주둔체제의 완성
한국 내 사회적 합의의 도출	통일국민협약?	통일국민협약, 통일·북한 관련 교육체계의 정비, 반공 주조 국내법 체계의 변화	통일국민협약의 완성, 국내법 체계 변화의 종결	통일의 형태에 대한 국내적 합의의 완결
남북 경제 및 비경제 협력	'5·24 조치' 폐기 + 제재 준수하에 도로·철도 연결 사업의 착수	'5·24 조치' 폐기, 판문점 선언 합의의 이행, 체육·사회 교류의 지속	남북 경제협력의 심화 및 확대, '한반도 신(新) 경제지도'의 구현	남북 경제 공동체의 형성
역내 안보 구도의 변화	종전선언에 대한 합의의 형성	종전선언에 대한 합의의 형성, 6자회담 체제 복원, 지역 경쟁구도의 완화	역내 다자안보 협의체의 모색, 한미관계·미중 관계 등 양자 관계의 상보적 발전	역내 다자안보 메커니즘, 안정적 지역 안보 아키텍처의 구성
종합적 한반도 안보 구도	모든 행위자가 상황의 비가역성을 확인, 북한 비핵화에 대한 공통된 목표의식, 정책에 대한 상호 신뢰의 형성	기존의 합의를 뛰어넘는 비핵화 조치, 평화체제 다자협의 의제화, 한반도 안보에 대한 지역·국제 보장의 협의	검증을 동반한 비핵화 조치의 심화, 한반도 평화 체제 및 동맹 변환의 개시, 동맹과 지역 안보의 협력 방안 모색	북한 핵문제 완결 및 남북 공동체 구성 미북관계 개선의 완성과 한미 동맹의 변환, 지역 협력 아키텍처의 완성

후의 시점을 염두에 둔 것이다. 이는 일반적인 단기 및 중·장기 구분과 차이가 나는 접근인데, 한국과 미국의 원활한 정책적 협력 및 행정부 교체에 관계없는 공조에 최우선적인 중점을 둔 것이다. 또한 '촉발조치'는 현 시점에서 이러한 이상적 구도가 실현될 수 있도록 초기 과정을 견인할 수 있는 남북한 그리고 미국의 조치를 의미한다.

이는 당연히 가장 이상적인 이행을 상정한 것이며, 향후 제시될 각 부문별 대안들 역시 이러한 과정에 대한 집필진의 공감대를 바탕으로 기술된 것이다. 또한 이는 대체로 다음과 같은 전제조건들을 기본적으로 상정하고 있다.[3]

(1) 한국 정부의 대북·대외정책은 외부로 표상된 것과 내부적인 구상이 일치한다. 즉, 지금까지 표명된 한국의 대북·대외 메시지는 실제적인 한국 정부의 내부 정책 방향을 반영한 것이다.

(2) 북한은 비핵화·평화체제 협상 과정에서 자신들의 이익을 극대화하기 위해 2018년의 노선과는 다른 정책 방향을 취하기도 할 것이다. 그러나 근본적으로 판을 먼저 깨거나 과거의 노선으로 회귀하기에는 한계가 있다.

(3) 이는 무엇보다 북한의 내부 사정 때문인데, 북한은 김정은의 중·장기적 권력기반, 밑으로부터의 불만 해소 등을 위해 실제로 핵 포기까지 선택할 수 있다. 다만 여건에 따라 완전한 핵 포기(기술과 인력까지 포함하는)에는 이르려고 하지 않을 것이다.

(4) 트럼프 행정부는 기존의 미국 행정부와 달리 동맹에 대해 더욱 자국 이기적인 잣대를 들이밀 것이며 북한과의 비핵화 협상 과정

---

3 이에 대해 모든 집필진이 의견의 일치를 본 것은 아니다. 다만 전반적인 맥락에서 공감대를 가지고 있음을 밝혀둔다.

에서도 이를 일부 반영할 것이다. 그러나 의회와의 관계 및 전 세계적인 동맹 네트워크에 대한 부정적 영향을 고려할 때 한미동맹의 변화를 단기적인 차원에서 급속하게 가져가는 것은 피하려고 할 것이다.

(5) 중국은 미중 경쟁 구도를 한반도 문제 해결에도 끌어들이려고 할 것이다. 다만 한반도 비핵화 및 평화체제 구축 과정에서 미국과 정면 승부를 불사하는 선택을 하지는 못할 것이다.

(6) 한국 국내의 정치·경제적 여건은 현재와 크게 달라지지 않을 것이다. 즉, 대북정책과 관련하여 완전한 국론 결집이 이루어지기는 힘들겠지만 동시에 이로 인해 국내 여론이 철저히 분열될 가능성도 크지 않을 것이다.

(7) 단기적인 측면에서 국제적이나 지역적인 여건의 돌변(국제적인 경제위기 등)으로 인해 한반도 문제가 부정적인 영향을 받는 일은 없을 것이다. 또한 설사 이러한 충격이 발생한다고 해도 중기 및 장기적으로는 한반도 문제의 해결 과정이 이를 완충할 능력을 갖출 것이다.

III 한반도 안보 구도의 변환을 위한 분야별 추진 방향

1

한반도 비핵화

차두현

요약

- 한반도 비핵화 및 평화체제 구축과 관련하여 우리가 가장 먼저 설정해야 할 것은 '지향해야 할 최종상황'이며 최우선적인 고려 요소는 한국의 이익이다.

- 이러한 견지에서 북한의 수용성 혹은 등가성 이상으로 한반도의 평화와 한국의 안보 및 전략상의 이익이 중시되어야 한다.

- 이를 감안할 때 '완전한 한반도 비핵화'는 '북한 핵 능력의 완전한 해체'로 해석되는 것이 타당하며 다른 어떤 행위자보다도 한국이 강력히 역설해야 한다.

- 문제는 한반도 평화와 비핵화를 향한 한국과 미국 및 북한, 그리고 중국의 행보가 다분히 동상이몽적이라는 점이다.
  - 미국: 본토 위협의 제거 후 제재를 카드로 한 협상 우위 지속
  - 북한: 모라토리엄·동결 상태에서 제재 완화·해제 추구(가능한 한 일정 핵 능력의 유지)

- 중국: 북한 핵 능력의 해체와 한미동맹 이완을 연동
- 한국: 북한 핵 능력의 해체와 관련된 당사자적 입장을 강조하면서도 지나치게 희망적 사고에 의한 접근을 택할 위험성

• 리비아, 이란, 우크라이나, 남아프리카공화국 등의 사례를 고려할 때, 기존의 미북 간 접근에서 일부 변화가 있는 절충이 이루어져야 한반도 비핵화의 가능성이 제고된다.

- 북한의 핵 능력을 단기간 내에 완전히 제거하려고 하기보다는 중·장기적 프로세스를 통해 제거해나가며 핵 기술 및 인력까지의 완전한 비핵화를 위해 북한 스스로의 동기에 의해 해체하도록 유도하는 방안이 필요하다.
- 북한의 핵보유국 지위 고수와 CVID(또는 FFVD)라는 평행선의 입장에서 양측 모두 공통분모를 넓혀가는 방향으로의 융통성이 필요하다.

• 이와 관련해서 최선과 차선의 로드맵 두 가지가 상정 가능한데, 최선의 로드맵은 북한 핵 능력의 현황에 대한 리스트의 접수에서부터 출발한다.

- 북한의 리스트 제출과 함께 북한의 현행 핵시설 동결을 의무화하고(사찰·검증 일정의 합의) 한국과 미국 역시 이에 상응하는 체제보장 조치를 시행한다.
- 북한은 2019년 내에 이미 보유한 핵물질 및 ICBM 전량을 반출하거나 폐기하고 추가적인 핵물질 생산을 중지하며 영변·동창리 시설의 검증 및 사찰을 거쳐 폐쇄에 돌입한다.
- 북한은 2020년까지 추가 의혹이 제기된 핵시설과 무기체계에 대한 2차 리스트를 제출하고 한국과 미국은 이에 상응하는 2차 체제보장 조치를 시행한다.
- 북한은 2022년까지 합의된 일정 수준의 핵탄두를 제외한 전량을 반출·폐기하고 IRBM을 폐기한다.

• 차선의 로드맵은 북한이 2019년 내에 현행 핵 활동을 전면 동결하는 데에서 출발한다.

- 차선의 로드맵의 요체는 북한의 핵 리스트 제출이 일시에 이루어지는 것이 아니라 한국과 미국의 조치와 연동하여 단계적으로 나뉘어 진행된다는 것이다.
- 북한이 지닌 한국과 미국에 대한 불신과 약속 위반에 대한 우려를 감안하여 핵 리스트 제출을 신뢰 축적에 비례하여 시행한다.
- 핵물질의 반출·폐기 역시 단기적 차원의 최종 단계에서 이루어지며, ICBM의 반출·폐기 역시 비슷한 시기에 시행한다.

가. 지향해야 할 최종 상황(end-state)

한반도 비핵화 및 평화체제 구축과 관련하여 우리가 가장 먼저 설정해야 할 것은 '지향해야 할 최종상황'이다. 그리고 이 최종 상황과 관련된 최우선적인 고려 요소는 한국의 이익이 되어야 한다. 물론 한국에 가장 유리한 측면으로만 상황이 전개되리라고 예측하기는 어려우며 '한국의 길'을 고집할 수만도 없는 것이 협상 자원이나 국력 면의 현실임은 분명하다. 그러나 최소한 지향 면에서는 이런 접근을 시도해야 우리의 이익을 제대로 반영할 수 있다. 흔히 북한과의 협상에 있어 "과연 북한이 그러한 대안을 받을 수 있을까?" 혹은 "북한과 한미의 조치가 대칭적이거나 등가적인가?" 하는 의문이 제기되기도 한다. 국제관계에 있어 기계적인 등가성은 의미가 없으며 그러한 등가성을 반드시 실현해야 할 의무도 없다. 비록 북한의 입장에서는 불평등하거나 등가적이지 않다고 하더라도 한반도의 평화와 한국의 안보 및 전략상의 이익에 부합한다면 그 길을 지향하는 것이 정책 추진자의 당연한 권리이자 의무이다.

한반도 비핵화의 해법을 찾아가는 데 있어서도 사고의 기준은 철저히 '북한'이 아닌 '한국'에 맞추어져야 하며 등가성이라는 강박관념으로부터 탈피해야 진정한 대안이 도출될 수 있다. 따지고 보면 그 등가성 자체가 북한 중심적인 주장에서 나온 착시이기 때문이다. 2018년 4월 27일 판문점선언에 명시된 '완전한 한반도 비핵화(complete denuclearization of the Korean Peninsula)'는 두 가지 의미로 해석할 수 있다. 첫째는 북한 핵 능력의 완전한 해체이며, 둘째는 북한 핵 능력과 북한이 주장하는 대북 위협의 비례적 감소에 의한 '핵군축회담'이다.

이 중 '핵군축회담'의 논리를 따를 경우에 사실상 북한 핵 능력의 완전한 해체는 기대하기 어렵다. 북한의 '핵군축회담'은 결국 미국과 북한이 '핵무기 보유국 대 핵무기 보유국'으로서 상호 간에 핵 위협의 감축을 해나가자는 것으로, 궁극적으로 북한 핵 능력이 완전히 해체되려면 한미동맹 해체, 주한미군 철수 등의 조치들이 함께 수반되어야 한다. 그러나 이것은 한국과 미국이 동시에 받아들이기 힘든 전제이다.[1] 2018년 9월 5일 2차 특사단 방북 시에 김정은은 '종전선언'이 주한미군 철수와 연계될 이유가 없다는 취지의 발언을 했으나, 이는 어디까지나 초기의 상황 전개에 국한된 것일 가능성이 크다. 실제로 북한이 2016년 7월에 발표한 「조선민주주의인민공화국 정부대변인 성명」의 비핵화 전제조건에도 이 점이 잘 나타나 있다.

ㄱ 남한 내의 미국 핵무기를 모두 공개

ㄴ 남한 내의 모든 핵무기 및 기지의 철폐와 검증

ㄷ 미국의 핵 타격 수단을 한반도에 전개하지 않는다는 보장

ㄹ 북한에 대한 핵 위협이나 핵 불사용에 대한 확약

ㅁ 핵 사용권을 가진 주한미군 철수의 선포

그동안 북한이 미국이 요구해온 'CVID(Complete, Verifiable, Irreversible Dismantlement)'를 거부해온 이유 역시 이와 유사하다고 할 수 있다.[2] 북한은 CVID 요구가 "패전국에나 요구"하는 것이며 이

---

1 설사 트럼프 대통령 혹은 트럼프 행정부가 이를 일시적으로 협상 수단으로 고려한다고 하더라도 전통적인 미국의 동맹 네트워크를 흔들 만한 선택을 하기에는 한계가 있을 수밖에 없다.

2 이 원칙은 조지 부시(George Bush) 행정부 1기 때 수립된 북핵 해결의 원칙으로, 당시 유엔 미국 대사였던 존 볼턴(John Bolton) 국가안보보좌관에 의해 만들어진 것으로 알려져 있다. 이 용어는 이후 조지 부시 행정부와 버락 오바마(Barack Obama) 행정부 기

를 결코 받아들일 수 없다는 입장을 고수해왔다. 북한의 입장에서는 이미 '전략국가'이며 '동방의 핵 대국'인 자신들의 위상을 감안할 때 '역전 불가능한' 핵능력의 해체는 받아들일 수 없다는 입장인 것이다. 2005년 9월의 「9·19 공동성명」에서 CVID보다는 '검증 가능한 비핵화 (verifiable denuclearization)'가 명시된 것도 북한의 반발을 고려한 타협적 결과였다고 할 수 있다. 실제로 북한 외무성의 리용호는 2018년 8월에 이란을 방문한 자리에서 향후 비핵화의 진전에 따라 기존의 무기체계는 폐기하더라도 경우에 따라 언제든지 핵무기 재생산이 가능한 태세는 유지하겠다는 언급을 했는데, 이 역시 같은 맥락으로 보아야 한다.[3]

2018년에 들어 북한이 강조하기 시작한 조기 '종전선언' 역시 완전한 핵 능력의 해체를 배제한 상황 인식에 기반한 것이라고 볼 수 있다. 비록 김정은이 2차 특사단을 면담한 자리에서 '종전선언'을 언급하지는 않지만, 북한의 『로동신문』은 8월 18일자 논평을 통해 조기 종전선언을 재삼 주장한 바 있다. 문제는 북한의 '조기 종전선언' 요구가 단순한 '신뢰'의 관점이 아닐 수 있다는 점이다. 기존의 미소 간 핵군축 사례를 고려할 때 대치한 쌍방이 군비 통제 및 군축을 시작하는 출발점은 상호 '대등성'이다. 양자가 '핵무기 보유국'으로서 동등한 자세에서 적대관계의 청산을 선언하고 핵전력의 감축을 시도하자는 것이 '핵군축회담'의 논리인 것이다. 이는 결국 북한이 핵보유국이라는 현실을 일단 받아들이고 협상을 시작하자는 자세라고 할 수 있다.

이와 관련해서 미국 역시 북한의 이러한 완강한 움직임을 감안

간 동안에 비교적 일관되게 반복되었다.
3   이에 대해서는 https://www.ft.com/content/0733c85e-9c4f-11e8-9702-5946bae86e6d 참조.

하여 2018년 들어 용어의 일부 변화를 모색해왔음에 주목할 필요가 있다. 미국 국무부는 이러한 표현의 변화가 근본적인 입장 변화는 아니며 사실상 CVID의 동어반복이라는 점을 강조해왔다. 하지만 폼페이오 국무장관은 2018년 5월 취임사를 통해 'PVID(Permanent, Verifiable, Irreversible Dismantling)'라는 표현을 사용했다. 또한 그는 2018년 7월 3차 방북 이전에는 FFVD(Final and Fully Verified Denuclearization)라는 용어를 등장시켰으며, 이후 이 용어의 사용 빈도가 높아졌다.

한국과 미국의 전문가 그룹 중의 일부는 북한의 핵개발 능력과 기존의 수준을 감안할 때 완전한 해체는 현재로서는 사실상 불가능하며 '불사용(No use)'에 더 중점을 두는 것이 현실적이라는 의견을 제기하기도 한다. 미국 본토를 위협할 수 있는 대륙간탄도미사일(ICBM)의 위협을 제거하는 것이 1차적인 목표이며 이에 중점을 두어야 한다는 것이다. CVID가 불가능한 현실에서 일단 '불사용'에 중점을 두는 정책 방향이 불가피하며 이를 통해 평양을 협상 테이블에 계속 남아 있게 해야 한다는 논리가 이에 내재되어 있다. 문제는 이러한 주장의 경우에 궁극적인 목표를 어떻게 설정해야 하는지에 대해서는 모호성을 남겨 놓고 있으며 경우에 따라서 이는 결국 북한의 '핵군축회담' 논리를 수용하는 결과가 된다는 것이다.

2018년 9월 24일(현지 시각) 트럼프 대통령이 뉴욕에서의 한미정상회담 이후에 특정 비핵화 시한을 설정하지 않겠다고 한 점도 주목할 만하다. 트럼프는 방북을 재개할 예정인 폼페이오 장관에게 '시한을 설정한 협상(time game)'을 하지 말 것을 지시했다고 토로했다. 2~3년이 걸리든 6개월이 걸리든 개의치 않겠다는 입장이었다. 물론 그는 비핵화 이전까지는 제재를 해제하지 않겠다는 자세를 유지하고 있고 비핵화 시한이 연장될수록 불리한 것은 북한이라는 의식을 갖고 있으나 대북 타협의 여지도 다분히 남겨놓은 것으로 보아야 한다.

　당장 협상 모멘텀의 지속과 외형적 평화의 측면에서 이는 한국이 바라는 바일 수 있다. 그런데 과연 이러한 사태 전개가 중·장기적 측면에서도 이익인지에 대해서는 면밀한 검토가 필요하다. 북한의 핵은 군사적 차원을 넘어 전략적 의미에서 남북 국력 균형의 전반적 왜곡 혹은 착란을 불러올 수 있기 때문이다. 남북 간의 국력 균형에 있어서 1950~1960년대는 외교력, 경제력, 군사력 모두 북한 우위의 시대였다. 1970년대에 들어서 이 구도가 북한 입장에서는 '경제력 대남 열세, 외교력 백중, 군사력 우위'의 구도로 변화했다. 1980년대에 들어서는 '경제력·외교력 열세, 군사력 백중 상태'가 시작되었고, 1990년대 이후에는 '경제력·외교력 열세 심화, 재래군사력의 역전 불가능한 질적 열세 시작'이라는 북한 입장에서는 최악의 시나리오가 현실화되었다. 북한 입장에서는 경제력·외교력의 압도적인 열세를 단기적으로 극복하기 힘들다는 판단하에 우선 핵무장을 통해 군사력의 압도적 우위를 구축하고 이를 바탕으로 외교력의 열세를 보강해나가면 결국 대남 우위를 달성할 수 있으리라고 계산할 가능성이 크다.

　이를 감안할 때 '완전한 한반도 비핵화'는 '북한 핵 능력의 완전한 해체'로 해석되는 것이 타당하며 다른 어떤 행위자보다도 한국이 강력히 역설해야 한다. 단 북한의 비핵화 조치에 대응하는 한국과 미국의 대북 조치를 지향한다는 점에서 '한반도 비핵화'라는 용어 자체는 사용해도 무방할 것이다. 이는 이미 지적한 바와 같이 설사 북한이 일정 기간 한국에 대한 핵무기 불사용 약속을 지킨다고 해도 핵을 보유한 상태에서 남북 전략 능력의 불균형은 불가피하다는 점에 초점을 둔 것이다. 남북의 화해와 협력이 지속된다고 하더라도 김정은으로서는 이

전략적 우위를 쉽게 포기할 이유가 없으며, 김정은의 후속 정권이 이에 대한 약속을 계속 지킨다는 보장 역시 확실치 않다. 더욱이 단순한 '핵 불사용' 수준의 비핵화는 오히려 북한에 비해 압도적인 핵전력 우위에 있는 미국이 선택할 수 있는 대안이다. 반면 한국 입장에서는 미국의 '확장 억제(Extended Deterrence)' 능력에 대한 의존의 지속으로 한미 관계의 거래조건 역시 지속적 열세에 놓이게 될 수밖에 없다.

나. 한반도 비핵화에 대한 각국의 접근 방식

(1) 미국: 본토 위협의 제거 후 제재를 카드로 한 협상 우위의 지속

2018년 이후 미국은 핵미사일 모라토리엄을 유지하면서 본토 위협을 먼저 제거하고 이후 검증을 바탕으로 북한의 핵 위협을 제거해나가겠다는 접근법을 취해왔다. 즉, 핵미사일 발사 실험을 통한 성능 개량이 저지된 가운데 북한 핵 능력의 전모를 파악한 후 '신고 → 사찰·검증 → 해체'로 이어지는 과정을 통해 북한 핵을 해체하는 방안을 지향하는 것이다. 단기적으로는 본토에 대한 핵 위협의 제거 및 동결, 중기적으로는 핵 리스트의 확보와 주요 시설의 해체 및 일부 핵탄두·미사일의 해체, 장기적으로는 핵 능력의 완전한 해체를 추구하고 있는 것으로 판단된다. 최종 목표의 최선은 북한 핵 능력의 완전한 해체이지만, 차선은 핵시설, 핵물질, 무기체계의 제거까지로 설정할 수 있다. 이 경우에 본토 안보와 국제 비확산체제의 유지라는 두 가지 목적이 달성될 수 있기 때문이다.

이러한 점에서 북한이 조기에 핵 능력 신고를 하지 않는다고 하더라도 트럼프는 이를 받아들일 수도 있다는 점을 감안해야 한다. 미국 본토에 대한 북한 핵 위협의 제거는 지금까지 어떤 행정부도 달성한 적이 없다는 점에서 그것만으로도 매력적인 성과이다. 해외주둔 미군에 대한 위협은 남지만, 이것이 오히려 미국의 우방과 동맹국들에는 위협을 근거로 한 미군 감축(철수) 논리로 작용해 방위비 분담 협상 등에서 유리하게 작용할 수 있다. 따라서 1차적으로 핵 사용 위협을 제거하고 시간적 여유를 가지고 북한을 다루어나감으로써 평양의 초조감을 촉발하겠다는 것이 트럼프 행정부의 전략이라고 볼 수 있다.

다만 본토 핵 위협과 이후의 위협 제거를 위해서도 대북제재의 조기 해제는 불가능하다는 것이 그동안 미국의 입장이었다. 물론, 향후 미대선 국면에서 외교정책의 실적에 대한 트럼프의 강박관념이 대북제재 등에 있어 기존에 비해 완화된 접근을 불러올 수도 있다. 그러나 이 경우에 오히려 민주당으로부터 더 큰 정치적 비난을 불러올 수 있다는 점 역시 그는 감안해야 한다. 또한, 트럼프의 입장에서 이와 같은 무리수를 두어야 할 만큼 재선을 앞둔 상황이 긴박한 것도 아니다. 트럼프 행정부의 기본 입장은 대북제재가 효과를 발휘했다는 것인 만큼 트럼프가 자신에게 유리한 카드를 조기에 포기할지도 의문이다. 그동안 각종 발언을 통해 전달된 "시한을 설정한 게임을 하지 않겠다"는 입장 자체가 특정 시점을 염두에 두고 제재를 해제하지 않겠다는 메시지이기도 하다는 점을 고려해야 한다.

트럼프 행정부의 정책은 비핵화 이전까지는 제재를 해제하지 않을 것이며 비핵화 시한이 연장될수록 불리한 것은 북한이라는 인식에 기반하고 있다. 트럼프 행정부가 2018년 하반기 이후에 한국의 '5·24 조치'의 해체 가능성에 대해 민감한 반응을 보인 이유도 여기에서 비롯한다고 할 수 있다. 즉, 2018년 하반기 이후에 트럼프가 한국에 던진

메시지는 정치적 이벤트에 대해서는 동참할 수 있지만 그의 핵심 대북협상 카드인 대북제재망의 이완을 한국이 앞서서 시도하지 말라는 것으로 보아야 한다. 이는 2019년 2월의 하노이 2차 미북정상회담에서 북한의 사실상의 제재 전면해제 요구를 미국이 거부한 데에서도 잘 드러난다.

이러한 정책이 나올 수 있는 가장 큰 이유는 트럼프 행정부의 상황 인식이다. 트럼프 대통령은 단기적으로 현재의 미북관계 구도가 그리 나쁜 것은 아니며 이러한 분위기를 당분간 유지하는 것이 결코 손해가 아니라고 판단하고 있는 듯하다. 그가 외신과의 인터뷰에서 북한의 핵미사일 실험이 2018년 이후에 없었다는 것을 거듭 강조하는 것은 단순한 자기 자랑이 아니라 실제로 무시할 수 없는 진전인 것은 분명[버락 오바마(Barack Obama)의 '전략적 인내'는 모라토리엄도 유지하지 못했다]하다. 반(反)호메이니(Khomeini) 로비세력이 존재하는 이란의 경우와는 달리 대북정책의 경우에는 그가 유화정책을 취한다고 해도 국내정치적으로 이에 강력히 반발하고 저지할 압력단체(pressure group)가 존재하지 않는다는 점도 고려해야 한다. 다시 말해 당장 미국 본토에 대한 위협이 없다면 김정은과의 회동을 이어나가는 것은 트럼프가 자신의 외교적 업적을 부각할 좋은 기회인 것이다. 트럼프가 2019년 6월 30일의 판문점 남미북회동을 추진한 것 역시 이러한 계산에 입각한 행동이라 할 수 있다.

트럼프의 대북정책의 또 다른 일면은 중국과의 전략적 경쟁을 고려할 때에도 매력을 지닌다. 미중 간의 전략적 경쟁을 감안할 때 북한을 미국 측으로 끌어들이지는 못해도 최소한 중립화(neutralize)시킬 수 있다면 이는 유리한 고지의 선점으로 이어질 수 있다. 1990년대 이후에 베이징 이외의 또 다른 후원자를 모색해온 평양의 입장에서도 최소한 외형적으로는 워싱턴에 이러한 제스처를 보일 필요가 있으며, 트럼프가 이 점을 만족스럽게 여겼을 수 있다. 즉, 북한이 당장 비핵화하지는 않는다고 하더라도 적대적 발언이나 행태, 핵미사일 실험을 하지 않는 것만으로도 당분간 미북관계의 개선을 추구할 동기가 존재하는 것이다. 다만 가시적인 관계 진전은 북한의 의미 있는 대중국 변심과 비핵화 조치가 이루어졌을 때 추구될 수 있을 것이다.

이런 방향을 고려할 때 미국은 향후 다음과 같은 비핵화 전략을 추진해나갈 것으로 판단된다. 첫째, 북한 핵미사일 모라토리엄이 지속되도록 하는 한편 북한의 은폐된 핵 개발 활동이 이루어지지 않도록 차단한다. 둘째, 북한이 기존에 선언·실행한 풍계리 핵실험장 폐쇄 및 실행하게 될 동창리 엔진실험장 폐쇄에 대한 검증의 조기 시행을 추구한다. 셋째, 일정한 대북 체제 안전보장 조치에 대해 협상하는 가운데 영변 단지 등 핵심 핵시설에 대한 검증을 통한 해체 방안의 합의를 유도한다(이상 단기적 지향). 넷째, 체제 안전보장 조치의 일부 실현을 카드로 핵 리스트의 신고 및 핵물질, 핵탄두, ICBM의 일부 이전을 추진한다. 다섯째, 러시아, 중국 등과의 신규 중거리핵전력감축협정(INF) 체결과 연계해서 대북 중거리미사일 폐기를 위한 국제적 압력장치를 형성한다. 여섯째, 기존의 진전을 바탕으로 북한 내의 주요 핵시설 및 핵무기의 이전 혹은 폐기를 추진한다(이상 중기적 지향). 일곱째, 최종 단계로 감시·검증을 통해 추가적 핵시설의 폐기 및 핵 능력의 완전 해체를 추구한다(장기적 지향).

(2) 북한: 모라토리엄·동결 상태에서 제재 완화·해제 추구

북한이 '완전한 한반도 비핵화' 의지를 세 차례에 걸쳐 천명(1차 및 3차 남북정상회담, 1차 미북정상회담)하기는 했지만 핵 능력의 일부를 남겨 놓을 동기는 충분하다. 기존의 '핵군축회담'의 논리로는 완전한 비핵화의 전제조건이 한미동맹의 해체까지가 되어야 할 텐데 평양 역시 이것이 사실상 불가능한 목표라는 점은 알고 있을 것이다. 즉, 미국이 취할 '상응 조치'의 최종 단계가 실현되지 않는 만큼 핵 능력을 유지할 명분이 생기게 된다. 설사 북한이 기존의 '핵군축회담' 주장을 철회하고 실제로 핵 능력의 해체를 결심했다고 하더라도 대미 불신으로 인해 가능한 한 최종 단계까지는 일정한 핵 능력을 보유하려고 할 것이다.

평양은 이 가운데서 '민족 공조'를 활용하여 한미 간 이견의 폭을 확대해나감으로써 자신들의 전략적 레버리지를 극대화하는 전략에 나선 것으로 보인다. 2018년 4월 27일의 판문점선언에서부터 북한은 민족 공조의 입장을 강조했으며 9월의 평양공동선언에서는 이 원칙이 더욱 강조되었다. 평양공동선언의 "남과 북은 한반도의 완전한 비핵화를 추진해나가는 과정에서 함께 긴밀히 협력해나가기로 했다"는 내용은 한반도 비핵화에 대한 협력으로 해석될 수 있지만 대미 '민족 공조'로도 읽힐 수 있음에 유의해야 한다. 북한이 문재인 정부에 대해 보이는 높은 호의 역시 한국 정부가 현재까지 '민족 공조' 노선에 유리하게 움직이고 있다는 판단에 기인한다고 할 수 있다. 북한의 이러한 '민족 공조' 강조 입장은 2019년에 들어서도 그대로 반복되고 있으며, 한국의 '중재자/촉진자' 역할에 대한 평양의 비판 역시 그들의 기준에서는 충분하지 않은 '민족 공조'에 대한 불만의 표시로 볼 수 있다.

단기적으로 평양으로서는 좀처럼 타협의 여지가 보이지 않고 있는 '종전선언'을 우회하여 미국과의 협상 돌파구를 마련하는 방안도 검토할 수 있을 것으로 판단된다. 2018년 10월 2일자 「조선중앙통신」의 발표에서는 종전선언과 비핵화가 등가 대상이 아니라는 점을 강조했지만 동시에 북한 역시 '종전선언 우선'만을 고집하는 것은 아니라는 점을 시사하기도 했다. 북한이 '종전선언'을 통해 지향하고자 하는 바는 최대한으로는 북한의 핵보유국 지위의 사실상 묵인이며 최소한으로는 '미북관계의 개선을 통한 압박과 제재의 완화'로 종전선언 자체가 아니라고 보아야 한다. 특히 북한 매체들이 2018년 10월 이후에 종전선언을 강조하거나 주장하는 발언을 하지 않고 있음도 고려해야 할 것이다.

현 상황에서 북한은 자신들의 초조함을 드러내지 않는 '표정관리'를 하면서 미국과의 기 싸움을 전개하고 있다고 할 수 있다. 2018년 10월 2일에 북한이 「조선중앙통신」을 통해 "종전선언은 비핵화 조치와 맞바꿀 흥정물이 아니다"라고 주장한 것도 외형적으로는 강경하지만 '북한 비핵화'를 언급한 드문 경우라는 데 주목할 필요가 있다. 핵무기와 핵물질, 탄도미사일에 있어서는 기존과는 달리 여건에 따라 포기가 가능하다는 제스처를 취하고 있는 것으로 판단된다. 이는 미국의 더 많은 양보를 이끌어내기 위한 것('불가역'만 제거)이라고 할 수 있다. 평양으로서는 미국이 대북제재를 당분간 유지한다는 방침에 대해 초조해하지 않는다는 인상을 보임으로써 대북 전략 레버리지가 강화되기를 바라는 것이다. 실제로 김정은의 2019년 신년사에서도 북한은 전례 없이 미북 대화의 필요성에 대해 많은 분량을 할애하면서도 북한이 선제적인 양보를 취할 의도는 없다는 메시지를 전달한 바 있다.

이를 고려할 때 북한이 향후 추진해나갈 것으로 전망되는 비핵화 협상 전략은 다음과 같을 것이다. 우선 북한은 선제적인 비핵화 의지 과시의 측면에서 풍계리 핵실험장 폐쇄 검증, 동창리 엔진실험장 폐쇄 검증을 별다른 요구 없이 이행할 수 있다. 다만 이 조치 역시 향후 전개될 미북 협상에서 북한의 성의를 강조하는 차원에서 시행될 것이다. 또한 현재의 핵미사일 모라토리엄은 유지하되 핵 동결 조치에 대해서는 추가적인 체제 안전보장 혹은 제재 완화와 같은 보상 조치가 필요하다는 입장을 제시할 것이다. 영변 핵시설의 검증하 폐기 원칙에 대한 합의와 관련해서는 '종전선언' 등 또 다른 추가 보상 조치를 요구할 수도 있다(이상 단기적 지향). 북한은 비핵화 협상의 진행과 함께 영변 핵시설의 실제 폐기 과정에서 제재 추가 완화, 미북 연락사무소 개설 등을 요구할 것이다. 이와 함께 추가적 의혹 시설이 제기될 때마다 이에 상응한 조치 해제를 요구해서 결국 제재의 전면 해제와 미북수교를 달성하려고 할 것으로 예상된다. 이는 결국 북한이 하노이 회담에서 요구한 사실상의 제재 전면해제 시점을 1~2년 연기한 것에 불과하다. 핵 리스트의 완전한 제출을 가능한 한 지연시키되 불가피할 경우에도 리스트에 입각한 핵시설 해체 및 검증은 지연을 유도하는 것이 평양의 복안일 것이다(이상 중기적 지향). 장기적으로는 일정한 핵 능력을 보유한 상태에서 새로운 미북관계를 통해 이를 기정사실화하거나(NCND) 제한된 능력의 핵보유국으로 도약하는 것이 북한의 궁극적인 최선의 목표인 것으로 판단된다.

(3) 중국: 북한 핵 능력의 해체와 한미동맹의 이완을 연동

그동안 중국은 일관되게 한반도 비핵화와 관련된 지지 입장을 표명해왔는데, 이는 단순한 외교적 수사 차원에서만 볼 수 있는 것은 아니다. 중국의 입장에서도 북한 핵 능력의 완전한 해체가 국가 이익에 부합하는 것으로 볼 수 있다. 2018년에 들어 전통적 우호관계의 복원을 천명하기는 했지만 10여 년 이상 평양이 보여온 사실상의 독자 행보에 대한 불신이 존재하고 있기 때문이다. 미중 전략 경쟁의 와중에서 북한 카드의 유용성이 존재하기는 하지만, 북한의 핵 문제로 인해 미중의 전략적 경쟁이 한반도에서의 군사적 갈등으로 연루되는 것을 저지해야 한다는 동기 역시 중국의 정책에 영향을 미칠 것이다.

평양이 노동 계열의 단·중거리 미사일을 보유할 경우에 한국 및 주한미군뿐만 아니라 중국 영토에 대한 일부 위협에 악용될 수 있다는 의구심은 중국의 입장에서는 충분히 가질 수 있는 것이다. 다만 중국이 북한이 통제 가능한 제한된 수준의 핵 능력을 가지는 것에 대해서는 그 경우의 수까지 완전히 배제할 이유는 없다. 중국이 2018년 초반에 북한과의 관계 회복을 적극 추진한 이후 하반기에 들어 다소 속도 조정에 나선 이유는 현재의 구도가 중국의 이익에 반하지 않기 때문인 것으로 판단된다. 2018년에 들어서 구현된 구도는 사실상 중국이 주장해온 '쌍중단(雙中斷)·쌍궤병행'과도 정확히 일치하는 만큼, 중국은 북한과의 관계 개선을 지속하면서도 굳이 이것이 미북 협상의 걸림돌로 부각되기를 원하지 않는 정책(시진핑 방북 연기)을 취하고 있다고 볼 수 있다. 중국이 2018년 하반기에 들어 '종전선언'에의 적극적 참여에 대해 목소리를 낮춘 것도 이러한 고려에 의한 것으로 판단된다. 어차피 한반도 평화체제의 수립에 있어서 중국의 당사자적 지위를 부인할 수 없다는 자신감도 작용했을 것이다.

이러한 견지에서 북한 비핵화와 관련해서 향후 중국이 추진할 전략은 다음과 같을 것으로 전망된다. 우선 북한의 핵미사일 모라토리엄 유지는 중국의 주장과도 일치한다는 점에서 지속 지지하는 한편 이에 상응하여 한미연합훈련의 지속 유예에 대해서도 강조할 것이다. 북한의 풍계리·동창리 핵시설 폐쇄와 관련해서는 이를 지지하되 미국과 한국의 추가적 조치가 필요하다는 북한의 입장 역시 옹호할 것이다. 북한의 핵미사일 능력에 대한 동결 및 추가적인 해체·검증 시에 미북관계의 개선을 지지하되 북중 우호관계 역시 강화하여 사드 철수를 연계하여 주장할 수 있다(이상 단기적 지향). 실제로, 중국은 2019년 6월 시진핑의 방북과 북중 정상회담을 통해 한반도 비핵화 문제에 대한 북한의 입장을 적극 지지한 바 있다. 이러한 진전을 바탕으로 북한의 핵 리스트 제출, 시설 및 무기체계의 해체·이전이 이루어지면 그 과정에서 이에 상응하는 한미동맹상의 변화를 요구할 것이다(중기적 지향). 중국은 최종적 단계로 북한의 완전한 비핵화 혹은 일부 제한된 핵 능력 보유 모두를 받아들일 수 있는 입장일 것이다. 다만 한미동맹의 완연한 이완을 유도하려는 전략은 장기적으로 지속될 것이다.

(4) 한국: 북한 핵 능력의 해체와 관련된 당사자적 입장

이미 지적한 바와 같이 한국의 입장에서는 중·장기적인 관점에서 북한 핵 능력의 해체가 한반도 평화의 가장 큰 관건인 동시에 남북관계의 전략적 주도권 유지의 핵심 요소이다. 핵미사일 모라토리엄이 유지되고 북한의 핵 동결 및 ICBM·중거리탄도미사일(IRBM) 폐기가 이루어진다고 하더라도 한반도는 여전히 타격 거리 내에 위치해 있다. 이 경우에 북한의 핵 불사용 보장이라는 유동적 약속에 매달려야 한다는 문제 이외에도 대북 협상 시에 전략적 비대칭성으로 인한 약점이 고질화될 수 있기 때문이다. 단기적으로는 미북 협상 분위기의 유지와 한반도에서의 군사적 갈등 가능성의 방지를 위해 노력하는 것이 타당하지만, 중기적인 관점에서 북한 핵 능력의 해체가 가장 절실한 것은 한국이라는 점을 분명히 유념해야 한다.

이와 관련해서 2018년 하반기 이후의 정책 방향은 이와는 다소 결이 다르다는 우려를 낳을 수 있다는 점을 한국 정부로서는 자각해야 한다. 즉, 외부의 입장에서는 북한이 사실상 1차 특사단 방북에서 언급한 '대남 핵 불사용'을 기정사실화하고 있다고 인식할 수 있으며 핵 문제를 미북 간의 문제로 치부하고 있다는 오해를 불러올 수 있다. 물론 정부 입장에서 한반도 평화에 대한 의지로 인해 '조기 종전선언'이나 '김정은의 조기 답방' 등을 추구하는 것은 충분히 이해할 수 있다. 다만 이는 일정 시점에서 대북제재의 위반 혹은 예외 강청(強請)으로 연결될 수밖에 없다는 데에 문제의 심각성이 있다.

2018년 10월에 문재인 대통령이 유럽 순방 시에 대북제재 완화를 반복해서 요청한 것도 이러한 '조기 성과 도출 로드맵'에 집착한 결과라고 할 수 있다. 이는 결과적으로 미국과 유럽이 공유하고 있는 '국제 비확산체제의 유지와 테러 위협 제거를 위한 북한 CVID'의 필요성을 잘못 읽은 것이다. 한국이 이러한 정책을 펴면 펼수록 트럼프는 공화당 주류로부터도 공격받을 수 있는 '대한 안보 공약의 완화'를 '한국의 방침'이라는 핑계로 실현할 수 있음에 유의해야 한다. 만약 정부가 김정은의 조기 답방을 '미국에 대한 제재 완화 압박' 카드로 활용한다는 인상을 트럼프와 워싱턴에 줄 경우에 한미 간에 심각한 갈등이 초래될 수 있음을 유의해야 한다. '중재'라는 용어 사용에 있어서도 신중해야 한다. 자칫, '중재'라는 용어 자체가 한국이 북한 핵을 위협으로 여기지 않는다는 오해를 불러일으킬 수 있기 때문이다.

다. 단계별로 가능한 비핵화 조치

이를 종합할 때 북한 핵 능력의 완전한 해체를 최종 목표로 하여 중기적 관점에서 한반도까지를 포함한 북한 핵 위협 능력의 상당 부분 감소를 유도해내야 할 입장에 있는 것은 다름 아닌 한국이다. 다만 '북한 핵 능력의 완전한 해체'를 지향한다고 하더라도 이에 대해서는 보다 구체적인 정의가 필요한 것이 현실이다. 기존의 CVID 역시 'complete'가 어떠한 수준까지를 이야기하는 것인지에 대해서 일치된 해석이 존재하지 않기 때문이다.

북한 핵 능력 해체의 범위와 수준은 무기, 생산수단, 그리고 지식 및 인력을 기준으로 다음과 같은 규정이 가능하다. 우선 핵무기 제조 기법에 있어서는 '플루토늄과 농축우라늄을 포함한 모든 핵기술의 폐기'를 해체로 볼 수 있다. 핵무기 및 핵분열 물질의 처리와 관련해서는 '핵분열탄과 열핵반응탄(수소폭탄) 기술을 이용한 모든 탄두의 폐기, 탄두 제조에 활용될 수 있는 일체의 핵분열 물질의 제거'가 해체에 해당한다. 운송체계의 측면에서는 일반적으로 핵탄두 운반용으로 활용되는 IRBM 이상 급의 모든 탄도미사일 및 잠수함발사탄도미사일(SLBM), 중거리 이상의 탄도미사일을 운반할 수 있는 이동식 발사대(TEL)를 해체 대상으로 삼을 수 있다. 핵 관련 시설에 있어서는 영변 핵 단지 및 기타 추가 시설 및 의심 시설, 중거리 이상의 탄도미사일 발사장 및 엔진 실험장이 포함될 수 있을 것이다. 마지막으로 핵 관련 기술 및 인력의 처리 문제가 있는데, 핵무기 제조와 관련된 모든 실험데이터 및 관련 기술 기록, 그리고 인력의 폐기 혹은 재배치로 정의될 수 있을 것이다.

다만 이를 모두 일거에 달성하기에는 한계가 있을 수밖에 없다. 북한 역시 자신들의 모든 핵 능력을 단기간 내에 해체하는 것은 가능하지도 바람직하지도 않다고 주장할 가능성이 크다. 또한 '핵군축회담' 논리를 철회한다고 하더라도 단계별 보상 조치와 연계하여 핵 능력의 해체를 실행하려고 할 것이다. 이와 관련해서 지금까지 핵개발 혹은 보유 단계에 있다가 핵을 포기한 국가들이 핵개발의 배경과 핵 포기 당시의 상황, 그리고 보상의 구속력 등에 있어 차이를 보인다는 점에 유의할 필요가 있다. 우크라이나의 경우는 구소련의 유산으로 방대한 양의 핵무기를 보유하게 된 사례이지만, 탈냉전 이후에 이를 보유할 만한 안보적 이유가 적었고 핵 사고의 경험(체르노빌)이 있었으며 미국 및 국제사회로부터 신뢰성과 구속성 있는 경제 지원을 약속받았다. 남아프리카공화국은 냉전 시기에 구소련의 지원을 받은 인근 아프리카 국가들의 민족해방운동에 대한 안전장치로 핵을 개발하고 보유한 경우이다. 이후 흑백 공존의 국내정치적 변화와 냉전의 해체, 국제적 고립 등을 고려하여 국제제재의 해제를 기대하고 핵을 스스로 포기한 사례에 해당한다. 이란의 경우는 이스라엘에 대한 안보 안전판의 확보, 중·근동 무슬림권에서의 영향력 확대, 정교일치형 국내정치의 근본주의적 접근 등을 지향하여 핵을 개발했으나 이후 세속주의형 국내정치 질서의 등장, 국제제재의 타격 등을 고려하여 협상을 통해 핵을 포기한 사례이다. 파키스탄의 경우는 선제적으로 핵개발에 착수한 인도에 대한 군비 경쟁 및 안보 안전판의 차원에서 핵을 개발하기 시작했으며 이후 핵개발과 핵보유를 바라보는 주변국의 시각, '테러와의 전쟁'으로 인한 미국의 정책 변경으로 인하여 핵보유를 묵인받게 된 사례이다. 리비아 모델의 경우 북아프리카 국가들 간의 맹주 역할에 대한 무아마르 카다피(Muammar Qaddafi)의 집착, 대이스라엘 전략 균형 등의 동기에서 핵을 개발했으나 권력 계승에 대한 국제적 인정의 동기, 지속적인 국제제재, 미국의 강력한 대중동·북아프리카 군사작전 등의 이유로 핵개발을 포기하게 된 사례에 해당한다.

이 중 특히 핵개발을 추진했거나 혹은 핵개발 이후에 핵을 완전하게 포기하게 된 우크라이나, 남아프리카공화국, 리비아의 경우가 북한에 적용될 수 있는 사례일 것이다. 남아프리카공화국의 경우 1970년

대 중·후반에 개발하고 완성했던 핵 능력을 1991년에 핵확산금지조약
(NPT)에 가입함으로써 포기했다. 남아프리카공화국은 1970년대부터
본격적으로 핵무기를 개발하여 1982년에 최초로 투발 가능한 핵탄두
를 보유했고 1987년까지 7개의 핵탄두를 생산했다. 그러나 1989년에
프레데릭 데 클레르크(Frederik de Klerk) 당선 이후에 아파르트헤이
트 정책의 폐기, 인근 아프리카 국가의 공산화 위협 감소로 비핵정책을
천명했다. 이에 따라 1991년에 NPT에 가입하여 1991~1994년간 국제
원자력기구(IAEA)에 의한 사찰을 통해 기존의 핵무기를 폐기했다. 다
만 폐기 과정은 남아프리카공화국에 의해 선제적으로 이루어졌으며
IAEA의 사찰은 이를 확인하는 절차였다. 남아프리카공화국의 경우 이
러한 비핵화 과정을 통해 여전히 무기화가 가능한 핵물질을 보유 중이
나 각종 국제 레짐에의 가입 및 동 물질에 대한 안전보장 장치로 인해
핵무기를 다시 제조할 가능성은 사실상 없어진 상태이다.[4]

우크라이나는 구소련의 해체와 미국의 '넌–루거 협력적 위협 감
소 프로그램(Nunn-Lugar Cooperative Threat Reduction Program)'에
따라 1990년대 이내에 비핵화를 완성했다. 우크라이나의 경우 자체적
으로 핵기술을 개발한 것이 아닌, 구소련의 일부였던 영토 내에 배치
했던 핵무기가 잔류한 상황이었다. 우크라이나는 미국과 구소련 간의
START(전략무기감축협정)-I을 준수한다는 연장선상에서 비핵화에 동
의했다. 이에 따라 우크라이나는 1994년 5월에 NPT 회원국이 되었고
이듬해에 IAEA에도 가입했으며 1994년 이후 3년간 자국 영토 내의 핵
탄두를 모두 러시아로 이전하고 관련 기술과 인력, 장비를 폐기함으로
써 1996년에 비핵화를 완료했다.

4   Roy E. Horton(1999), Out of (South) *Africa: Pretoria's Nuclear Weapons
     Experience*, Pennsylvania: Dianne Publishing.

표 3-1 각 핵보유·비핵화 사례들 간의 비교

	핵개발 동기	포기·묵인 당시의 국제적 여건	국제적 제재의 효과	보상 조치의 명시성
남아프리카 공화국	좌익화된 인접 흑인국가들로부터의 안전 확보	안보 우려의 상당 해소, 국내적 요인 해소, 국제제재 부담	비교적 심각	없었음
우크라이나	구소련의 핵보유 정책의 일부	주변의 핵 우려, 과거의 후견국도 비핵화에 찬성, 제재 위협에 대한 부담	제재가 없었음	있었음
이란	역내의 영향력, 이스라엘과의 대치	국내정치의 세속화, 국제제재에 대한 심각한 부담	상당히 심각	있었음 (제재 해제)
리비아	북아프리카 내의 영향력, 대미국 및 서방에 대한 안전 확보	국제제재에 대한 심각한 부담, 군사적 조치에 대한 우려 점증, 계승의 안정성	비교적 심각	없었음 (제재 해제 등 보상 기대)
파키스탄	인도와의 군비 경쟁	미국의 비확산 정책의 변화, 핵 적대국의 제한성	비교적 심각	없었음

    리비아의 경우 2003년 12월 19일에 카다피가 모든 대량살상무기 프로그램을 폐기하겠다고 선언하기에 이르렀으며 2005년까지 이를 완료했다. 카다피의 선언은 국제제재의 해제와 북아프리카 내에서의 영향력 확장 전략의 변경, 아들로의 권력 계승 인정 등 복합적 동기가 작용한 것이었다. 또한 이미 1990년대 말에 빌 클린턴(Bill Clinton) 행정부에 대해 대량살상무기의 전면 포기와 핵시설 사찰을 대가로 제재 해제를 타진한 바 있었다. 카다피의 선언 이후에 암시장을 통해 획득된 대량살상무기 관련 자산과 정보 목록을 모두 미국에 제공하는 한편 자체 보유한 화학무기와 농축우라늄을 모두 제3국에 이전하기로 합의했다. 미국이 당초 리비아 방식에 초점을 둔 이유는 리비아가 핵보유국

명단에 오르지 못한 가운데 이를 포기했기 때문이다.

위의 비핵화 방식 중 가장 바람직한 것은 북한이 핵보유국 지위나 현상 자체를 부인하는 리비아 방식일 테지만 이에는 한계가 있다. 우선 리비아와 북한은 보유 기술력의 수준이나 핵실험 성공 여부 등에 있어 명확한 차이가 있다. 리비아는 정권·체제 붕괴에 대해 주요한 이익을 가지는 후원국(중국이나 러시아 같은)이 존재하지 않았지만, 북한은 존재한다. 전쟁 시 감수해야 할 재래군사력에 있어서도 리비아와 북한은 현격한 차이를 보이므로 미국의 군사옵션 선택 가능성은 크지 않다. 리비아는 단순히 국제제재를 해제하는 수준이면 기존의 주력 수출품인 석유를 통해 경제회복을 기대할 수 있었으나, 북한은 경제발전을 위해서 제재 해제 이상의 대규모 보상을 기대할 것이 분명하다. 이에 더하여 김정은 정권이 그동안 보여왔던 핵 집착은 리비아에 비해 훨씬 심하다고 보아야 한다.

그러나 이를 무조건 배격해야 한다는 주장 역시 일종의 편견을 담고 있는 것은 아닌지 되돌아볼 필요가 있다. 이러한 주장은 사실상 대북제재의 효과가 그리 크지 않으며 북한이 경제적으로 충분히 제재에 버틸 여력을 가지고 있다는 시각을 반영하고 있다. 카다피가 비핵화를 선언할 당시의 절박감이 김정은에게는 존재하지 않는다는 것인데, 이는 결과적으로 북한이 비핵화에 대한 진정성 자체가 없다는 모순적인 결론과도 연결될 수 있다. 또한 리비아 사례의 경우에 미국이 일정한 보상책을 선제 제의한 적이 없음에도 '선 비핵화 후 보상' 혹은 '선 비핵화 후 보상 위반' 등으로 단순화하여 접근했으며 카다피의 몰락도 사실상 미국의 표리부동 때문이라는 편견을 담고 있다.

만약 다음과 같은 전제조건이 성립한다면 '리비아 모델'은 아니라고 하더라도 '리비아 + α 모델'이 허황된 것만은 아니라는 것을 고려할

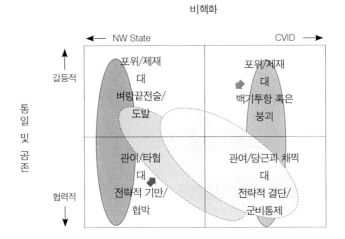

그림 3-1 북한 및 한국과 미국의 비핵화 접근 변화 소요

수 있다. 즉, ① 김정은이 한국과 미국이 생각한 이상의 제재 부담감이나 경제발전에 대한 절박한 동기를 느끼고 있을 경우, ② 북한의 주요 후원국들과 미국 등 유관국들이 비핵화 이후의 동아시아 세력 질서에 대한 공감대를 넓혀갈 경우, ③ 미국이나 국제사회가 제재 해제 이상의 신뢰성 있는 보상책을 명문화(평화체제, 경제 지원 등)할 수 있을 경우에는 북한 역시 리비아식 모델을 무한정 거부하기만은 어려울 것이다.

다만 현실적으로 기존의 미북 간 접근에서 일부 변화가 있는 절충이 이루어져야 한반도 비핵화의 가능성이 높아진다. 북한 핵 능력의 완전한 폐기라는 목표는 미국뿐만 아니라 한국의 이익을 고려해서도 타협이 불가능하다. 다만 북한의 사실상 백기투항을 뜻하는 조기의 완전한 비핵화 역시 현재의 여건상 실현이 어려울 수밖에 없다. 결국 북한의 핵 능력을 단기간 내에 완전히 제거하려고 하기보다는 중·장기

표 3-2 기존의 비핵화 과정 비교

	검증 장치의 존재	핵물질 생산기술	핵무기의 존재 여부	최종 상태
남아프리카 공화국	비핵화 선언 후 IAEA의 검증·사찰을 거쳐 해체	농축우라늄 방식	무기 및 물질이 동시 존재	핵물질이 잔류하나, 무기 재생산은 난망(FFVD)
우크라이나	미러 간 START의 한 부분으로 진행, 미국 중심의 사찰·검증	플루토늄·농축우라늄 방식	무기 존재	무기 전량 해체, 인력 전환, 시설 해체(CVID)
이란	핵물질 농축도의 조정·이전에 대해 IAEA가 검증	농축우라늄 방식	핵물질 존재	당초는 FFVD (평화적 이용)
리비아	IAEA의 검증하에 핵물질 이전	농축우라늄 방식	핵물질 존재	CVID 실현

적 프로세스를 통해 제거해나가면서 핵기술 및 인력까지의 완전한 비핵화는 북한 스스로의 동기에 의해 추진하도록 유도하는 방안을 고려할 수 있다. 따라서 북한을 비핵화 과정으로 이끌어나가기 위해서는 한국과 미국 및 북한 모두에 변형된 접근이 요구된다. 결국 북한의 핵보유국 지위 고수와 CVID(또는 FFVD)라는 평행선의 입장에서 양측 모두에 공통분모를 넓혀가는 방향으로의 융통성이 필요한 것이다. 비핵화 로드맵 속에서 북한의 일방적 이행만을 강조하기보다는 상응하는 조치들 간의 교환이 이루어져야 하며, '수령제' 체제하에서 북한이 지니고 있는 독특한 안보 불안의 심리와 자체적인 자존심을 보장해줄 수 있는 방안을 고려할 필요가 있다. 2018년의 상황 전개는 이러한 가능성을 보여주기는 했지만 여전히 상대방의 선제 변화를 전제로 하고 있었다.

특히 이 과정에서 기존의 비핵화 사례 국가들의 교훈을 반영한 탄력적 대안의 제시가 필요하다. 'CVID'가 완결된 형태로 비핵화가 이루어진 사례는 우크라이나와 리비아이며, 남아프리카공화국은 완전한 CVID라고 하기는 어려우나 현재 남아공의 정치·군사 상황으로 볼 때 사실상 '불가역성'이 담보된 경우이다. 이란의 경우에 평화적 핵 이용의 여지를 남기면서(애초에 타결된 핵 협상) '불가역성' 부분은 모호하게 처리함으로써 미국·서방과 이란 양측 모두 명분을 살렸다.

이를 고려하여 북한의 비핵화 과정을 단기(2020년 한), 중기(2022년 한) 및 장기(2022년 이후)로 대별해보면 다음과 같은 접근이 가능할 것이다. 하노이 2차 미북정상회담을 전후하여 이른바 '빅딜'(Big deal)에 대한 가능성 타진이 끊임없이 이어져왔지만, '빅딜' 역시 실행상으로는 이러한 단계적 과정을 거칠 수밖에 없을 것이다.

○ 단기: 한국과 미국에 대한 현실적 사용 위협의 제거

① 북한의 핵미사일 모라토리엄의 지속(풍계리 시설의 폐쇄에 대한 국제적 검증 포함)

② 북한의 모든 핵 능력에 대한 공개(핵 리스트의 신고). 즉 '영변 플러스알파'에 대한 명확한 목록의 작성

③ 북한의 핵미사일 불사용 원칙의 유지

④ 핵미사일(ICBM, IRBM, SLBM)의 수직·수평 확산 중지(동결)

⑤ 주요 상징성을 지닌 핵시설(동창리 및 영변 시설)의 해체

⑥ 북한의 핵물질 및 ICBM의 전면 반출 혹은 국제적 검증하에 해체

⑦ 핵탄두의 일부 반출 혹은 국제적 검증하에 해체

⑧ 핵 관련 시설의 추가 건설 중지

⑨ 관련 인력의 동결

⑩ 관련 활동에 대한 검증의 시행

○ 중기: 핵물질의 완전한 이전·해체로 인한 불가역성 보장

① 추가적 의심 핵 관련 시설들에 대한 해체 일정의 확정

② 북한의 여타 대량살상무기 능력의 해제·감축에 대한 협의 개시

③ 일정 수준의 핵탄두(관련국 간의 합의에 의거)를 제외한 전체 핵탄두의 반출 혹은 국제적 검증하에 해체

④ 북한의 SLBM 및 IRBM에의 핵탄두 장착 불가능 조치의 시행

⑤ 과거 수준으로의 복귀가 불가능한 정도의 핵기술 데이터 및 인력에 대한 감축·폐기 및 재배치의 시행

⑥ 관련 활동에 대한 검증 및 사찰

○ 장기: 북한의 자발적 의지에 의한 CVID

① 북한의 여타 대량살상무기를 해체·감축

② 북한의 SLBM과 IRBM에 대한 감축

③ 북한이 자체 결심 시까지 일정 수의 핵탄두는 유지(분열물질 반감기 이후에는 사실상 무력화)

④ 완전한 폐기 및 재배치를 목표로 한 추가적인 핵기술 데이터 및 인력 관련 조치의 시행

⑤ 추가적 핵기술 데이터 및 인력 관련 조치는 초·중기 합의에는 포함되지 않으나 장기 단계에서 대북 보상 조치를 통한 동기 부여를 통해 협정을 통해 해결

⑥ 불시 사찰(challenging inspection)을 포함한 불시·정기 사찰의 시행

즉, 중·장기 남북관계와 전략 균형 등을 종합적으로 고려해서 '불가역적' 비핵화를 지향하되 이에 대한 조작적 정의를 시행하면 위와 같은 해법이 도출될 수 있다. 이 정의에 의하면 소극적 '불가역성

(irreversibility)'은 북한의 핵물질 제거를 통해 북한이 더 이상 추가적 핵무기를 생산하지 못하게 하는 단계를 의미하며, 적극적 '불가역성'은 북한 스스로의 결심(동기 유발)에 의해 핵기술과 인력 모두 핵물질과 무기 재제조가 불가능한 수준까지 이르는 것이다. 따라서 초반에 비핵화의 성패를 가르는 핵심적 조치는 북한의 핵물질 생산이 더 이상 이루어지지 않는 동시에 가능한 한 조기에 해외로 이전되거나 무력화되는 것이다. 다른 국가들의 비핵화 사례에서도 보는 바와 같이 핵물질의 폐기, 이전 혹은 사용 통제가 비핵화의 신뢰성을 담보하는 주요 요인이기 때문이다. 이에 입각하여 단기적으로 문재인 정부 임기 내, 트럼프 행정부 1기 이내에 소극적 '불가역성'을 실현하는 것을 목표로 비핵화 정책을 시행하는 것이 최선으로 판단된다.

라. 단·중기 북한 비핵화 로드맵

(1) 전반적 로드맵

위에서 언급된 단·중기적 조치들을 로드맵 형태로 나열할 경우에 최선의 로드맵으로는 〈표 3-3〉과 같은 방안이 제시될 수 있을 것으로 판단된다. 우선 2019년 내에 기존에 파악된 의혹 시설과 무기체계를 중심으로 북한의 1차 핵 능력 현황에 대한 리스트(영변 플러스알파)를 접수하는 데에서부터 출발해야 한다. 북한의 리스트 제출과 함께 북한의 현행 핵시설 동결을 의무화하고(사찰·검증 일정 합의) 한국과 미국 역시 이에 상응하는 체제보장 조치를 시행해야 할 것이다. 이에 더하여 가능한 한 2019년 말 늦어도 2020년 초까지 북한은 이미 보유한

표 3-3 최선의 비핵화 로드맵

		단기 (2020년까지)		중기 (2022년까지)		장기(2022년 이후)	
핵 능력 현황		1차 →	2차				➡
핵탄두			일부		일정 보존	➡	무력화
핵물질		반출 폐기					➡
탄도 미사일		ICBM 전량		IRBM 제한	IRBM 폐기		➡
핵시설	동결	영변, 동창리 ➡		검증 후 추가			➡
관련 데이터, 인력		활동 동결 ➡		감축		추가 감축	➡
사찰, 검증	일정· 원칙 합의						➡

핵물질 및 ICBM 전량을 반출하거나 폐기하고 추가적인 핵물질 생산을 중지하며 검증 및 사찰을 거쳐 영변·동창리 시설의 폐쇄에 돌입한다. 2020년까지 북한은 추가 의혹이 제기된 핵시설과 무기체계에 대한 2차 리스트를 제출하고 이에 상응하는 2차 체제보장 조치가 시행된다. 이와 함께 1차 신고·사찰에 의해 확인된 북한의 핵탄두 일부를 반출·폐기하는 과정 역시 추진되어야 한다. 2021년부터는 사정거리 2,000~3,000km를 초과하는 북한의 IRBM 능력에 대한 제한이 시작되고(미국의 해외 기지에 대한 위협 감소), 북한에 대한 추가 핵시설 폐쇄 프로그램이 가동된다(검증 수반). 또한 전량은 아니라고 하더라도 관련 인력 및 데이터 감축이 이루어져야 한다. 2022년까지 북한은 합의된

일정 수준의 핵탄두를 제외한 전량을 반출·폐기하고 IRBM 역시 폐기한다. 2022년 이후에는 북한의 잔여 핵탄두의 무력화 방안에 대한 합의를 이룬다. 물론 이 최선의 대안은 북한이 경제 건설에 대한 부담과 조기 경제제재 해결에 대한 필요성에 의해 적극적으로 비핵화 조치를 이행해나갈 때 가능하다. 또한 핵물질의 생산 동결과 기존 핵물질의 반출·폐기가 상대적으로 신속히 이루어지면서 북한의 추가 핵무기 생산 자체가 불가능한 체제가 형성되게 한다는 것이 이 대안의 요체이다.

물론 최선의 로드맵은 북한이 기존의 주장을 고수할 경우에 실현되기 어려울 수밖에 없다. 북한의 입장에서는 핵물질의 폐기나 반출을 조기에 이행할 경우에 사실상 핵 능력의 해체가 가속화되며 이 단

표 3-4 차선의 비핵화 로드맵

	단기		중기		장기	
핵 능력 현황			리스트 제출	———	———	→
핵탄두		일부	———	일정 보존	→	무력화
핵물질		반출· 폐기	———	———	———	→
탄도 미사일		ICBM 전량				
핵시설	동결	영변, 동창리 →	2차 폐기 →	3차 폐기 →	→	
관련 데이터, 인력		활동 동결 →	감축	———	추가 감축	→
사찰, 검증	일정· 원칙 합의	———	———	———	———	→

계 이후에 한국과 미국이 약속을 어긴다면 자신들만 일방적인 무장해
제를 당하는 결과가 될 수 있기 때문이다. 따라서 북한이 조기 핵 능력
해체에 대해 강력히 반발하고 보상 조치의 수준과 속도에 대한 접점을
찾기 어려울 때를 고려한 차선의 방안 역시 강구할 필요가 있다. 이 차
선의 로드맵에서는 북한이 2019년 내에 현행 핵 활동을 전면 동결하
는 데에서 출발한다. 한국과 미국의 상응 조치는 동시에 시행되지는 않
으나 시행 일정이 협의된다. 북한의 핵 리스트 제출은 2020년까지 북
한의 비핵화 및 한국과 미국의 상응 조치에 대한 신뢰가 쌓인 이후인
2021년 초에 시행된다. 핵탄두 일부와 핵물질의 전량 반출·폐기는 북
한의 핵 동결 및 영변·동창리 시설의 폐쇄와 관련된 한국과 미국의 상
응 조치가 시행된 이후인 2020년을 목표 연도로 두고 추진된다. 북한
의 핵시설에 대해서는 영변·동창리를 시작으로 2021년까지 1차 추가
폐기, 2022년까지 2차 추가 폐기가 이루어지며 한국과 미국은 이에 대
해 상응 조치를 시행한다. 차선 로드맵의 요체는 북한의 핵 리스트 제
출이 일시에 이루어지는 것이 아니라 한국과 미국의 조치와 연동하여
단계적으로 나뉘어 진행되는 것이다. 즉, 북한이 지닌 한국과 미국에
대한 불신과 약속 위반에 대한 우려를 감안하여 핵 리스트의 제출을
신뢰 축적에 비례하여 시행하는 것이다. 또한 핵물질의 반출·폐기 역
시 단기적 차원의 최종 단계에서 이루어지며 ICBM의 반출·폐기 역시
비슷한 시기에 시행된다. 이와 관련하여 한국과 미국은 '종전선언' 등
체제보장 조치를 초기부터 적극적으로 실현시켜 나간다. 국제적 사찰
과 검증에 대해서도 남아프리카공화국의 사례처럼 북한의 주도적 폐
기 이후에 이를 검증하는 방식이 고려될 수 있을 것이다.

(2) 체제보장 조치와의 연계

북한으로부터 비핵화 조치를 원활하게 이끌어내기 위해서는 이에 걸맞은 체제 안전보장 조치 역시 요구된다. 그동안 북한의 체제 안전보장과 관련하여 가장 많이 거론된 것이 미북관계의 개선과 제재 해제, 그리고 정치적·군사적 압박의 중단이었다. 이미 거론된 대로 대북제재를 조기에 해제하는 것이 현실적으로 힘들다고 하더라도 미북관계의 개선을 상징하는 조치들은 초반부터 적극적으로 시행해나가는 것을 검토할 필요가 있다. 그 대표적인 것이 '종전선언'이다. '종전선언'이 북한 입장에서 자신들의 안전 강박증에 대한 해소에 필요하다면 이에 대해 융통성을 발휘하는 것이 가능하리라고 판단된다. 따라서 '종전선언'을 시행하기 위한 협의(deliberation)는 일단 우선적으로 시행하고 '종전선언'과 관련된 구체적 협상(negotiation)은 북한의 동창리 엔진실험장의 공식 폐쇄 및 전문가 검증과 함께 진행한다. '종전선언'은 북한의 핵 리스트 제출이 이루어지면 곧바로 실시하는 방안을 검토할 수 있다. 이 경우에 북한이 신고한 핵 리스트에 대한 구체적 검증 없이 '종전선언'이 이루어진다는 문제가 있다. 하지만 검증이 이루어지려면 검증 원칙에 대한 합의가 '종전선언' 이전이 될 가능성이 크다는 점에서 북한과 미국이 공히 상호 명분을 확보할 수 있을 것이다. 이상적인 '종전선언'의 시행 시기는 2019년 이내가 적합하지만 이에 지나치게 집착하는 것은 탈피할 필요가 있다. '종전선언'은 결국 북한의 체제보장 및 제재 해제와 연동하여 의미를 지닌다는 점에서 '종전선언' 이외에 미북수교의 준비나 양자적 차원의 일부 제재 완화(제재 감시의 완화)를 대안으로 제시할 수도 있다.

　　북한이 2018년 하반기 이후에 종전선언에 대한 집착을 크게 보이지 않았다는 점에서 우선 미북 연락사무소의 개설을 위한 작업을 진행하는 것도 검토할 필요가 있다. 이 경우에 '종전선언'과 평화체제 수립 시기 간에 일정한 시차를 둔다는 기존의 입장에서 탈피하여 '종전선언'이 실질적 평화체제 수립 시기와 크게 차이나지 않는 시점(합의된 평화체제 수립 형식 1년 전 등)에 이루어지는 것도 검토가 가능하다. '종전선언'에 동 선언이 실질적으로 선언 참가자의 특정 행위를 구속하지 않는다는 내용을 담는 것도 고려할 수 있을 것이다.

북한 및 한국과 미국이 상호 교환이 가능한 조치들을 3~4개의 패키지로 구성하고 이를 교환하는 동안 신뢰를 구축하면서 관건이 되는 핵 리스트의 제출은 그 중간 단계의 일정 시점에서 시행하도록 하는 방안도 검토할 필요가 있다. 예를 들어, 핵시설의 폐쇄를 중심으로 할 때 북한은 영변·동창리와 추가 의혹 시설 3~4개를 단계적으로 신고·폐쇄하고, 한국과 미국 역시 이에 상응하는 보상 패키지를 시행하며, 이를 통해 상대방의 의도에 대한 투명성을 강화한다. 이러한 단계를 거쳐서 완전한 핵 리스트는 3~4개 패키지의 교환이 종결되기 이전 단계에서 제출하기로 합의할 수 있는 것이다.

다만 대북제재와 관련해서는 다소 보수적인 접근이 요구된다. 특히 조기 남북경협 재개에 집착하여 대북제재의 성급한 완화나 해제를 시도할 경우에 역풍을 맞이할 수 있음에 유의해야 할 것이다. 트럼프 대통령의 입장에서도 의회와의 갈등이나 국제사회에서의 지도력 문제(최근 미국의 동맹 네트워크 관리를 고려할 때 유엔의 대북제재를 푸는 데 있어서 이제 영국과 프랑스가 미국의 뜻대로만 움직이리라고 보기는 힘들어졌다)와 같은 복잡한 과정을 거치지 않고 제시할 수 있는 것은 ① 북한의 고위급 인사들에 대한 상징적 차원의 인적 제재를 포함하는 양자 차원의 압력 경감, ② 미북 연락사무소의 개설 협의 등이다. 끝까지 평양이 제재 조기 완화 혹은 해제를 고수할 경우에 영변 단지의 폐쇄와 같은 조치의 교환대상감으로 떠오를 수 있는 것이 '개성·금강산 사업 재개의 국제제재 예외 적용'일 수 있다. 물론 쉽지는 않다. 개성·금강산 사업의 재개는 결국 국제제재의 논리 자체가 유엔 안보리 결의안 2270호 이전으로 돌아간다는 것을 의미하며, 중국의 적극적 동참을 요구할 명분도 약해진다. 그러나 이 카드는 국제제재의 기조를 유지하면서 평양에 제재 완화의 기대치를 높여주는 일종의 미끼로 활용될 수 있을 뿐만 아니라 전반적 제재 완화에 비해서 북한으로의 자원 유입 수준이 상대적으로 적다. 그리고 어디까지나 '남북관계를 위한 예외적 조치'로 포장할 수 있다. 그러나 더욱 큰 자원의 유입을 바라는 북한이 이 정도로 만족할지는 미지수이다. 이것은 경우에 따라서는 한국에 적지 않은 부정적인 파급 영향을 미칠 수 있다. 트럼프가 이 카드와 함께 주한미군의 순환배치를 일부 늦추어서 일시적으로 주한미군 감축의 효과가 생기는 방안을 추진하거나 한미연합훈련 지속의 중단과 전략자산 전개 지속의 배제 등의 추가 카드를 꺼내들 수 있기 때문이다. 이 경우에 트럼프는 평양과 서울에 대해 동시에 레버리지를 확보할 수 있으나, 한국의 경우에는 경협과 동맹의 약화 중 하나를 선택해야 하는 딜레마가 발생한다.

(3) 가정 실패(북한의 약속 불이행) 시의 대책

로드맵 중간에 북한의 약속 불이행으로 인해 상황이 2018년 이전으로 회귀하는 경우에 대한 대비 역시 필요하다. 물론 비핵화의 이행 중에 북한의 약속 위반이 발생한다고 하더라도 군사적 옵션의 선택은 극히 신중할 필요가 있다. 이는 결국 '한반도 위기론'의 재현을 의미하며 한국에 가장 부정적인 영향을 미칠 것이기 때문이다. 따라서 북한이 급속하게 핵개발로 복귀하거나 핵미사일을 이용한 위협에 나선다는 명확한 징후가 존재하지 않는 이상 군사적 타격은 배제하는 것이 타당하다. 다만 전략자산의 전개와 한미연합훈련의 재개는 북한의 약속 위반 시 즉각 재이행이 가능하도록 한미 간에 준비 태세를 갖추고 이에 대한 중러의 이해를 획득할 필요가 있다.

북한의 약속 위반 시에는 대북제재 완화·해제의 단계적 철회 및 복귀를 통해 대북 압력을 강화할 수 있을 것으로 판단된다. 2016년의 4차 핵실험 이후에 대북제재는 크게 네 단계를 거쳐서 강화되어왔다고 볼 수 있다. 따라서, 제재 완화나 해제는 그 역(逆)의 순으로 이루어짐이 타장하리라고 본다.

○ 1차: 미북, 한미 양자 차원의 제재 완화

○ 2차: 유엔 안보리 결의안 2397호에 입각한 제재 해제

○ 3차: 유엔 안보리 결의안 2371호에 입각한 제재 해제

○ 4차: 유엔 안보리 결의안 2270호에 입각한 제재 해제

북한의 약속 위반을 고려해서라도 위의 제재 조치를 일거에 해제하기보다는 단계적 완화·해제의 과정을 거침으로써 안전판을 확보해야 한다. 다만 유엔의 대북제재 시행 이후에 북한에 실질적으로 타격을 주는 제재안이 준비되기까지 10여 년(2006~2016)이 걸렸다는 점을 고려하여 일종의 '트리거(trigger)' 혹은 '스냅백(Snap Back)' 규정에 대한 한국과 미국 및 주변국 간의 합의가 필요하다. 즉, 대북제재의 완화·해제 결의안 이후에 중국과 러시아가 제재 복귀를 위한 신규 결의안을 좌절시키거나 지연시킬 가능성을 미연에 차단해야 하는 것이다.

이를 고려할 때 북한의 약속 위반이 확인될 경우에 즉각적으로 유엔 안보리 결의안 2097호 상태로 복귀(결의안의 즉각 재상정 및 통과)하는 한편 단순 복귀에 더하여 '+ α' 조치가 자동적으로 추가되도록 사전에 합의하는(원유 공급을 200만 배럴로 제한, 정유제품 공급을 중단, 노동자의 즉각 북 송환 등) 방안을 고려할 수 있다고 판단된다.

표 3-5 2016년 이후 대북제재 결의안의 주요 내용

제재안 특징	제재 사유	주요 내용	비고
# 2270 (2016.3.2.)	4차 핵실험 및 장거리미사일 발사	1) 민생 목적 이외의 석탄·철·철광의 수출 금지, 금·바나듐광·티타늄광· 희토류의 수출 전면 금지, 일부 목적 이외 항공유의 판매 및 공급 금지 2) 소형 무기(Small Arms) 수입까지 일절 금지(전면 무기 금수조치), Catch-all 수출 통제 3) 북한 은행의 제3국 신규 지점· 사무소의 개설 금지, 기존의 지점도 90일 안에 폐쇄	북한산이 아닌 외국산 석탄의 나진항을 통한 수출은 인정, Catch-all 방식의 적용으로 대북 수출자가 이중 용도 품목의 최종용도 및 수요자를 확인할 의무 발생
#2321 (2016.11.30.)	5차 핵실험	1) 북한의 석탄 수출 규모와 금액에 상한선(cap) 설정 및 수입신고의 의무화 2) 북한에 대한 선박과 헬리콥터 등 판매 금지 3) 북한의 대아프리카 대형 조형물의 수출 금지	연간 4억 90만 달러, 750만 톤 중 낮은 쪽의 한도로 석탄 수출을 통제
#2356 (2017.6.2.)	북한의 연이은 탄도미사일 발사	북한의 기관 4곳과 개인 14명의 자산 동결을 추가 조치	금지
#2371 (2017.8.5)	북한의 화성-12호, 화성-14호 발사	1) 북한의 석탄, 철광석, 납·납광석의 수출 전면 금지 2) 대북 이중용도 통제 품목의 추가 3) 금지활동과 연관된 선박 지정 권한의 부여 및 지정 선박 입항 불허의 의무화 4) 북한과의 합작사업 신규 및 확대 금지 5) 북한의 신규 해외 노동자 수출 금지	

제재안 특징	제재 사유	주요 내용	비고
#2375 (2017.9.11.)	6차 핵실험	1) 북한에 대한 유류 공급의 30% 감축(연간 400만 배럴 추정) 2) 대북 정유제품을 450만 배럴 → 200만 배럴로 제한 3) 북한산 섬유제품의 수입 금지 4) 북한에 대한 천연가스 수송 차단	대북 투자·합작을 원칙적으로 금지 예외조항(18조): 비상업적이고 이윤을 창출하지 않는 공공 인프라 사업
#2397 (2017.12.22.)	북한의 화성-15호 발사	1) 원유 공급을 연 400만 배럴로 제한 명시 2) 대북 정유제품 공급을 200만 배럴 → 50만 배럴로 축소, '트리거' 조항 신설 3) 해외파견 노동자의 24개월 이내 송환 조치 4) 식용품, 기계류, 목재류, 선박, 농산품 등으로 금수품목 확대	

참고문헌

박종철(2011), "한반도 평화와 북한 비핵화: 협력적 위협감축(CTR)의 적용 방안", 『통일연구원연구보고서』.

전봉근(2018), "북미 핵협상의 핵심 쟁점과 대응전략", 『외교안보연구소 주보』, 40.

최강·차두현(2018), "2018년 북한 외교 행보: '전략적 결단' 부재 하 외교적 고립 탈피와 안전망 구축", 『아산정책연구원 이슈브리프』.

_____(2018), "대북 특사단의 성과와 과제: 재확인된 머나먼 여정", 『아산정책연구원 이슈브리프』.

채규철(2009), "핵문제의 해법: 기존 모델과 북한의 사례 비교", 『한국정치외교사논총』, 30(2), pp.153-174.

황지환(2013), "핵포기 모델의 재검토: 남아프리카공화국, 우크라이나, 리비아 사례를 통해 본 북핵 포기의 가능성과 한계", 『세계지역연구논총』, 30(3), pp.257-252.

Carlson, John(2019), "Denuclearizing North Korea: The Case for a Pragmatic Approach to Nuclear Safeguards and Verification", 38North. https://www.38north.org/reports/2019/01/jcarlson012419/

Hecker, Siegfried S., Elliot A. Serbin and Robert L. Carlin(2018), "Total Denuclearization Is an Unattainable Goal. Here's How to Reduce the North Korean Threat", Foreign Policy Argument. https://foreignpolicy.com/2018/06/25/total-denuclearization-is-an-unattainable-goal-heres-how-to-reduce-the-north-korean-threat/

Hori, Masato(2018), "Challenges for Effective and Efficient Denuclearization", paper presented in panel 2 discussion, The International Forum for Peaceful Use of Nuclear Energy, Nuclear Nonproliferation and Security.

Levi, Michael A. and Michael E. O'hanlon(2005), The Future of Arms Control, Washington, D.C.: Brookings Institution.

2

북한 체제보장 및 평화체제

신범철

요약

• **북한이 원하는 체제보장의 핵심 내용으로 비핵화 진전 시의 평화체제 관련 문제가 가장 중요한 이슈가 될 전망이다.**

- 평화체제는 평화가 제도적이고 실질적으로 정착된 상황을 의미한다.
- 남북정상회담 및 미북정상회담 등을 통해 비핵화 과정에서 평화체제 구축에 합의한다.

• **평화체제의 일부로 종전선언과 평화협정의 체결이 필요하다.**

- 종전선언의 경우 비핵화의 진전에 따라 남·북·미 합의로 이행한다.
- 비핵화 합의 시에 종전선언을 추진한다(다음 중 하나의 경우).
  * 비핵화 로드맵 합의(신고·검증·폐기 또는 영변·비밀 시설·핵물질·무기)
  * 북한이 영변 핵시설에 대한 신고·검증 동의 시
- 평화협정의 체결은 비핵화가 완료된 이후가 바람직하다.
  * 평화협정의 당사자: 남한, 북한, 미국, 중국
  * 주요 내용: 종전·평화 + 경계 문제 + 관리기구
  * 평화협정의 구성 방식: 평화협정 및 (필요 시) 부속합의서 합의

- **평화체제의 실질적 진전 차원에서 정치적 신뢰 구축을 지속적으로 발전시킨다.**
  - 정상회담, 고위급회담 등 각종 남북회담을 정례화한다.
    * 국회회담 및 사회 각 기관 간의 남북교류 확대
  - 남북 연락사무소를 평양과 서울에 설치한다.

- **비핵화의 진전에 발맞춘 신뢰 구축 조치의 확대 및 운용적 군비통제를 추진한다.**
  - 비핵화 진전 시 「판문점선언군사분야이행합의서」를 지속적으로 이행한다.
    * 무력 불사용, 불가침, 단계적 군축 원칙 합의
    * 군사공동위의 구성 및 세부 운용 합의
  - 향후 평화수역 논의 과정에서 NLL 준수를 확보할 필요가 있다.
    * 현실적으로 북측이 NLL 준수를 거부한다면 경계 문제를 뒤로 미루는 방식으로 진전시키면서 평화협정의 체결 시까지 유예한다.
    * 북한이 주장하는 경비계선을 절대로 인정해서는 안 된다.
  - 대규모 부대 이동의 제한, 수도권 위협 장사정포의 후방 배치 등을 추진한다.
  - 사이버 공간에서의 적대행위 중단, 생화학무기 폐기, 중·단거리 미사일 제한 등을 추진한다.

- **튼튼한 한미동맹을 지속적으로 유지하는 가운데 안정적인 평화체제를 추진한다.**
  - 평화체제 논의 시에 유엔군사령부나 주한미군 문제에 신중한 입장을 견지한다.

- **동북아 신질서 구축을 위한 다자안보협력을 추진한다.**
  - 비핵화의 진전에 따라 동북아 다자안보협력에 대한 단계적 구상이 필요하다.
  - 비핵화 협상의 주요 로드맵 타결 이후에 점진적으로 추진한다.
    * 현실적으로 미중 경쟁체제하에서 제한적으로 추진한다. → 너무 서두를 경우 한미동맹과 미국의 인식에 부정적 영향을 미친다.
    * 업무 영역 역시 '비전통안보 논의 → 전통안보 논의'로 발전시킬 필요가 있다.
  - 동북아 다자안보협력으로 동맹을 대체하려는 시도는 거부한다.

- **중·장기적이고 거시적인 관점을 유지하면서 평화체제 논의를 지속적으로 전개한다.**

가. 서언

평화체제는 평화가 제도적이고 실질적으로 정착된 상황을 말한다. 평화가 제도적으로 정착되었다는 것은 전쟁상태가 아닌 평화상태가 법적으로 구축된 것을 의미한다. 즉, 전쟁을 벌였던 당사자 간에 평화협정을 체결함으로써 국제법적으로 평화상태를 회복한 것을 말한다. 종전선언은 아직 법적인 합의가 이루어지지 못한 상황에서 정치적 차원에서 평화상태의 회복에 합의하는 것을 말한다. 한편 실질적으로 평화가 정착되었다는 것은 정치적·군사적 신뢰 구축 조치가 잘 정착되어 서로에 대해 위협을 느끼지 않는 상황이 조성된 것을 말한다. 〈그림 3-2〉는 평화체제의 구성 요소를 보여주고 있다.

한반도 평화체제와 관련해서 그간 다양한 용어들이 사용되어왔다. 평화체제 구축, 평화체제 전환, 국제적 평화체제 보장 등의 용어가 사용되고 있으며, 그중에서 평화체제 구축(peace regime building)이 가장 포괄적인 개념으로 사용되고 있다. 평화체제 구축이란 한반도에 항구적이고 안정적인 평화체제를 수립하여 구축하는 것을 의미한

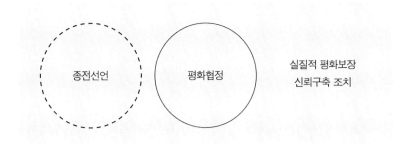

그림 3-2 평화체제의 구성 요소

다.[1] 평화체제 문제는 '평화 조성(peace making)'과 '평화 유지(peace maintenance)'를 포함하는 개념이다. '평화 조성'은 상호 체제의 인정 및 내부 문제의 불간섭, 상호 비방 및 중상의 중단, 군사 당국자 간의 핫라인 구축, 군 인사 교류 등 정치적·군사적 신뢰 구축 조치를 의미한다. 반면 '평화 유지'는 평화체제가 내포하고 있는 제도, 규범, 규칙들이 제대로 작동하여 한반도 평화가 계속 안정적으로 유지되는 상태와 그 과정을 의미한다.

북한은 우리가 생각하는 평화체제와 다른 개념을 사용할 수 있음을 유의해야 한다. 예를 들어, 북한은 1994년 4월 28일 외교부 대변인 성명에서 처음으로 평화보장체계라는 용어를 사용하면서 정전협정을 평화협정으로 바꾸고 현 정전기구를 대신하는 평화보장체계를 수립할 것을 요구한 바 있다. 이때 북한이 말하는 평화보장체계는 궁극적으로 유엔사령부의 해체와 주한미군이 철수된 상태를 의미하는 것으로 평가할 수 있다.[2] 따라서 향후 평화체제를 논의할 때 우리의 개념과 북한의 개념이 동일한지도 늘 유의해야 할 것이다.

미북 간 비핵화 협상의 진전에 따라 평화체제 관련 논의가 급물살을 탈 수 있는 만큼 철저한 준비가 필요한 상황이다. 평화체제는 그 논의 시기 및 방향에 따라서 한반도의 안보 구조에 커다란 영향을 미칠 수 있는 중요한 영역이다. 따라서 비핵화 협상 못지않게 많은 관심과

---

1   이 글은 비핵화 협상이 안정적으로 진행된다는 가정하에 작성하였다. 따라서 평화체제 구축은 (1) 정전협정의 성실한 이행과 준수, (2) 「남북기본합의서」의 이행과 실천을 통한 정치적·군사적 신뢰 구축, (3) 당사자 해결 원칙에 입각하여 남북 간의 평화합의문 채택을 통한 현 정전체제의 평화체제로의 전환, (4) 한반도 평화의 국제적 보장에 의한 평화 유지 및 증진을 포함한 복합적이고 다차원적인 체제 형성 과정을 의미한다. 또한 평화체제로의 전환은 남북한이 법적인 합의문서를 통해 현재의 정전체제 내지 정전상태를 평화체제 내지 평화상태로 전환하는 조치를 의미한다.
2   전략문제연구소(2012), 『평화공동체 추진 구상』, 통일부 용역과제, pp.74-75 참조.

노력이 필요하다. 이에 이하에서는 그간의 평화체제 논의 동향과 주요 쟁점, 그리고 구체적인 비핵화 로드맵에 발맞춘 평화체제의 진전 방향을 살펴보기로 한다.

나. 평화체제 논의 동향

한반도 평화체제 문제는 한국전쟁 정전 직후부터 문제가 되어 작금에 이르고 있다. 북한이 핵을 개발하고 그에 따른 비핵화 협상을 진행한 1990년대 이전에도 한반도 평화체제 논의는 존재했다. 현재 언급되고 있는 종전선언이나 평화협정 역시 상황에 따라 변해왔다. 남과 북은 서로 자신들이 유리한 시기에 평화체제 문제를 적극적으로 제기해왔다. 1970년대의 7·4 공동선언, 1990년대 초반의 「남북기본합의서」, 2000년의 6·15 공동성명, 2007년의 10·4 공동성명 등 남북 간에 주요 합의가 이루어질 때마다 평화체제에 대한 염원을 담았다. 이처럼 평화체제는 남북관계에 있어 핵심 사안으로 논의되어왔다.

　하지만 그간 북한은 진정성 있는 평화체제의 구축보다는 자신들에 유리한 상황을 조성하기 위해 말을 바꿔왔다. 북한은 한때 외국군의 철수를 전제로 한 남북 평화협정을 주장한 적이 있었고 한국을 배제한 채 미북 평화협정의 체결을 주장하기도 했다. 한국전쟁의 교전 당사자는 북한과 미국이며 미국이 정전협정의 실질적 서명 당사자임을 강조한 것이다. 동시에 남북 간의 「남북기본합의서」의 체결로 평화협정이 불필요하다는 주장을 전개했다. 핵개발을 본격적으로 추진한 2000년대 이후에는 비핵화 이전에 미북관계의 정상화 및 한반도 평화체제가 선행되어야 한다고 주장하고 있다. 이러한 남북 간의 평화체제 논의를 정리하면 다음의 〈표 3-6〉과 같다.

표 3-6 남북한 양측의 평화체제 주장 내용(통일부 자료)

구분	한국	북한

1950~ 1960년대	o 무대응	o '남북 불가침선언' 제의
		  - 1954. 4. 27. 제네바회담(남일 외상) 등
		o 주한미군 철수를 전제로 '남북 평화협정' 제의
		  - 1962. 10. 23. 최고인민회의 제3기 제1차 회의

1970년대	o '남북 불가침협정' 체결 제의
	  - 1974. 1. 18. 박정희 대통령 연두 기자회견
	o '정전협정 관계당사자회의' 개최 제의
	  - 1976. 5. 13. 외무장관 성명
	o '남북미 3당국회담' 제의
	  - 1979. 7. 1. 한미정상회담 공동성명
		o '남북 평화협정' 체결 및 외국군 철수 제의
		  - 1973. 3. 15. 남북조절위원회 제2차 회의
		o '북미 평화협정' 체결 제의로 입장 전환
		  - 1974. 3. 25. 최고인민회의 제5기 제3차 회의 채택 대미 서한, 1977. 1. 신년사, 1977. 2. 남북 군사당국자회담 등

1980년대	o (1984. 1. 10. 북한의 남북미 3자회담 제의 관련) 고위급회담 개최 제안 및 한반도 평화 문제는 관계국 간의 논의가 필요함을 전달
	  - 1984. 1. 11. 통일원 장관 대북성명
	o 정상회담을 개최해 '남북 불가침선언' 및 남북 평화체제 구축 논의 제의
	  - 1988. 10. 18. 노태우 대통령 유엔 총회 연설
		o '북미 평화협정'을 고려연방제 실시의 전제조건으로 제시
		  - 1980. 10. 10. 제6차 당대회
		o '북미 평화협정 및 남북 불가침선언' 동시 체결을 위한 3자회담 제의
		  - 1984. 1. 10. 중앙인민위·최고인민회의 연합회의, 1986. 6. 9. 인민무력부장 명의 대남서한

1990년대	o '남북 평화협정' 체결 제의
	  - 1990. 노태우 대통령 광복절 45주년 경축사
	o '한반도 평화체제 구축을 위한 3원칙' 제시(△남북 당사자 해결 △남북합의서 존중 △관련국의 협조)
	  - 1995. 김영삼 대통령 광복절 50주년 경축사
	o 한반도 평화 논의를 위한 '4자회담' 제안
	  - 1996. 4. 한미 정상 공동 발표
		o '북미 평화협정' 체결 제의
		  - 1991. 1. 1. 김일성 주석 신년사
		o '새로운 평화보장체계 수립을 위한 북미 협상' 제의
		  - 1994. 4. 28. 외무성 성명
		o 평화협정 논의를 위한 '북미 고위급회담' 제의
		  - 1995. 5. 1. 북 외교부 부부장(강석주) 명의로 미 갈루치 차관보에 서한

구분	한국	북한
	o '남북 간 평화체제 구축'을 한반도 냉전 구조 해체의 과제로 제시 　- 1999. 5. 김대중 대통령 CNN 회견	o 미국에 '잠정협정' 제의 　- 1996. 2. 22. 외무성 대변인 담화
2000년대	o '한반도 냉전구조 해체 및 항구적 평화와 남북 간 화해·협력을 위한 대북 제안' 　- 2000. 3. 9. 김대중 대통령 베를린선언 o 2003. 참여정부 국정과제로 '한반도 평화체제 구축' 선정·발표 o 한미 정상 '한반도 평화체제 구축' 의지 선언 　- 2005. 11. 17. 한미동맹과 한반도 평화에 관한 공동선언(경주선언)	o '북미 불가침협정' 체결 주장 　- 2002. 10. 25. 외무성 대변인 담화 o '북미 평화협정' 체결 제안 및 '평화협정 체결 후 북핵 문제 해결' 주장 　- 2005. 7. 22. 외무성 대변인 담화 o '정전협정의 평화협정으로의 교체' 주장 　- 2008 및 2010 신년 공동사설 등
2010년대	o '종전 및 관련국이 참여하는 한반도 평화협정' 체결 제안 　- 2017. 7. 6. 문재인 대통령 베를린구상	o '정전협정 당사국 간 평화협정' 체결을 위한 회담 제안 　- 2010. 1. 11. 외무성 성명 o '북미 평화협정' 체결 필요성 주장 　- 2011. 9. 28. 유엔총회 대표단 단장 연설 o '평화협정 체결' 및 주한미군 철수 주장 　- 2016. 김정은 위원장 신년사

　한편 북한의 2005년 6자회담 9·19 공동성명에서는 한반도 비핵화와 평화체제 논의를 다루고 있다. 〈표 3-7〉에서 보는 바와 같이 북한의 비핵화 조치에 따라 별도의 포럼에서 평화체제를 논의할 수 있도록 하고 있다.

　2018년에는 남북정상회담과 미북정상회담에서 평화체제와 관련한 논의가 본격적으로 이루어졌다. 향후 비핵화의 진전에 따라 보다 구체화될 것으로 보이는데, 이는 한반도에 지속 가능한 평화를 정착시키는 일로 그 중요성이 매우 크다. 먼저 4·27 남북정상회담에서 이루어진 판문점선언에서는 교류 협력, 군사적 신뢰 구축, 그리고 평화체제와 비핵화라는 세 가지 틀로 접근하고 있다. 판문점선언 3항은 항구적 평

표 3-7 9·19 공동성명의 주요 내용과 평화체제(통일부 자료)

	항목	내용
제1항	한반도 비핵화 이행	• 북한, 모든 핵무기와 현존 핵 프로그램을 포기하고 조속한 시일 내 NPT 및 IAEA 안전조치 복귀 • 한국, 미국의 남한 내 핵무기 부재 확인
	비핵화에 따른 상응 조치	• 북한의 평화적 핵 이용권 존중 – 경수로는 '적절한 시기'에 제공 문제 논의 • 미국은 핵무기·재래무기에 의한 대북 공격 의사 불보유 확인
제4항	한반도 및 동북아의 항구적 평화와 안정의 제도화	• 한반도 평화협력체제 협상 개시 – 직접 당사자들로 별도 포럼 구성 • 동북아 안보협력 증진 방안 모색
제5항	'이행계획' 작성 원칙	• '공약 대 공약', '행동 대 행동' 원칙들의 이행을 위해 '단계적 방식'으로 '상호 조율된 조치' 마련

표 3-8 판문점선언의 평화체제 관련 내용

3. 남과 북은 한반도의 항구적이며 공고한 평화체제 구축을 위하여 적극 협력해나갈 것이다. 한반도에서 비정상적인 현재의 정전상 태를 종식시키고 확고한 평화체제를 수립하는 것은 더 이상 미룰 수 없는 역사적 과제이다.

① 남과 북은 그 어떤 형태의 무력도 서로 사용하지 않을 데 대한 불가침 합의를 재확인하고 엄격히 준수해 나가기로 하였다.

② 남과 북은 군사적 긴장이 해소되고 서로의 군사적 신뢰가 실질 적으로 구축되는 데 따라 단계적으로 군축을 실현해 나가기로 하였다.

③ 남과 북은 정전협정 체결 65년이 되는 올해에 종전을 선언하고 정전협정을 평화협정으로 전환하며 항구적이고 공고한 평화체 제 구축을 위한 남·북·미 3자 또는 남·북·미·중 4자회담 개최 를 적극 추진해 나가기로 하였다.

④ 남과 북은 완전한 비핵화를 통해 핵 없는 한반도를 실현한다는 공동의 목표를 확인하였다.

화체제를 다루고 있는데, 그 내용은 〈표 3-8〉과 같다.

판문점선언에는 평화체제에 관해 과거에 비해 진일보된 내용이 담겨 있다. 항구적인 평화체제 구축을 위해 불가침과 단계적 군축에 합의하고 2018년 내로 종전을 선언하며 정전협정을 평화협정으로 전환하기 위한 남·북·미 3자 또는 남·북·미·중 4자회담 개최를 적극 추진하기로 한 것이다. 2007년 10·4 정상회담 합의문에서는 당사자를 3자 또는 4자로 할 것으로 했는데, 이번에는 3자가 남·북·미 3자임을 확인하여 혹시 모를 불확실성을 제거했다.

「10·4 남북정상선언」 제4조 : "남과 북은 현 정전체제를 종식시키고 항구적인 평화체제를 구축해 나가야 한다는 데 인식을 같이하고 직접 관련된 3자 또는 4자 정상들이 한반도지역에서 만나 종전을 선언하는 문제를 추진하기 위해 협력해 나가기로 하였다."

한편 6·12 싱가포르 미북정상회담에서도 평화체제에 관한 양측의 입장이 논의된 것으로 보인다. 그 결과 미북정상회담 공동합의문 또한 평화체제 관련 내용을 담고 있다. 이 공동합의문은 총 4개 항으로 구성되어 있으며, 그 중 평화체제 내용은 제2항에서 다루고 있다.

2. (미북) 양국은 한반도의 지속적이고 안정적인 평화체제를 구축하기 위해 함께 노력한다.

미북 간의 합의문에는 종전선언에 관한 내용이 없다. 합의문에 CVID와 같이 구체적인 북한의 비핵화 관련 약속이 없는 관계로 미국도 종전선언을 포함시키지 않은 것으로 추정된다. 현재 구체적인 종전선언이나 평화협정의 조건이나 시기도 확정하지 못하고 있는 상황이기에 향후 적지 않은 시간과 노력이 필요할 것으로 보인다.

　미북 간의 평화체제 관련 논의가 매우 원칙적인 기술에 불과하다는 점은 아직 양측이 이 문제에 대한 심도 있는 논의를 할 준비가 되어 있지 못하다는 점과 북한의 구체적인 비핵화 약속이 없었다는 점을 모두 시사한다. 따라서 향후 양측의 입장을 좁혀가려는 노력이 필요할 것이다. 동시에 남북 사이의 평화체제 논의와 차이를 보이는 부분도 있는데, 미북 간의 합의문에는 종전선언에 관한 내용이 없다. 합의문에 CVID나 FFVD와 같이 구체적인 북한의 비핵화 관련 약속이 없는 관계로 미국도 종전선언을 포함시키지 않았을 것이다. 하지만 2019년 1월 1일에 발표된 김정은 위원장의 신년사는 종전선언에 대한 언급이 없이 다자간 평화체제 논의를 시사하고 있다는 점에서 향후 북한이 종전선언을 넘어 바로 평화협정 논의로 나갈 수 있음을 시사한다.

다. 한반도 평화체제 관련 주요 쟁점

(1) 형식적·제도적 쟁점

평화체제는 고도의 정치적 함의를 내포하고 있는 민감한 사안이다. 따라서 각각의 문제에 있어 관련국의 이해가 첨예하게 대립한다. 평화체제 문제는 형식과 내용의 두 측면으로 나누어볼 수 있다. 형식과 관련해서는 종전선언과 평화협정의 문제가, 내용과 관련해서는 유엔군사령부 해체나 주한미군 철수, 군사적 신뢰구축의 문제가 가장 큰 쟁점으로 부각될 전망이다.

종전선언

평화체제 논의와 관련하여 가장 먼저 부각된 현안은 종전선언이다. 2018년 7월 7일에 발표된 북한 외무성 대변인의 담화는 폼페이오 국무장관의 방북 당시 7월 27일에 종전선언을 하자고 북측이 제안했음에도 미국 측이 성의 없는 태도로 일관했다는 비난을 담고 있다.

종전선언과 관련해서는 과연 종전선언이 필요한지에 대한 문제가 제기될 수 있다. 대다수 전쟁의 경우 종전선언 없이 종료되었기 때문이다. 가장 최근의 국제 관행을 봐도 그렇다. 2001년 10월 7일에 미국과 영국은 아프가니스탄을 상대로 '항구적 자유 작전(Operation Enduring Freedom)'을 시작했다. 북대서양조약기구(NATO)는 2003년부터 아프가니스탄 전쟁에 참가했다. 2014년 5월 27일이 되어서야 오바마 대통령은 철군 선언을 했고, NATO는 2014년 12월 28일에 아프가니스탄 전쟁의 종료를 선포했다. 미국과 아프가니스탄 간에 별도의 종전선언을 하지 않았음에도 아프가니스탄 전쟁은 종료된 것으로 간주된다. 불법적인 무력 공격에 대한 합법적인 대응인 자위권 행사는 자위권 행사의 종료가 종전을 의미하는 것이기 때문이다.

종전선언을 할 경우에 누가 당사자가 될 것인지에 대한 문제가 제기되고 있다. 4·27 판문점선언에는 남·북·미의 3자 또는 남·북·미·중의 4자가 종전선언을 하는 것으로 합의되어 있다. 이와 관련하여 중국은 불편한 입장을 감추지 않고 있는데, 한국이 중국을 제외하려고 하는 것이 아니냐는 오해가 있는 것으로 보인다. 하지만 중국을 배제하려고 했던 것은 10년 전 북한의 입장이었다. 최근 북중관계의 복원과 함께 그러한 입장이 변화했는지 확인할 필요가 있지만, 우리가 중국의 참여를 반대하는 듯한 모습을 보일 필요는 없다.

북한의 변화무쌍한 태도도 유의해야 한다. 종전선언의 당사자 문제도 해결되지 않았는데 북한이 갑자기 7·27 종전선언을 미국에 제기한 것은 한국마저도 배제한 미북 양자 종전선언의 의도가 아니었는지 의심된다. 3자 또는 4자 당사자를 정하고 함께 모여서 종전선언의 내용을 논의하자면 시간이 너무도 촉박했기 때문이다. 따라서 북한의 진의가 무엇인지, 그리고 어떤 방향으로 종전선언을 추진해야 할지 우리의 대안을 가지고 접근해야 한다.

평화협정

평화협정은 전쟁상태를 법적으로 종료시키는 행위이다. 그 결과 평화협정에도 역시 당사자 문제가 제기된다. 동시에 평화협정에는 종전 문제, 전쟁상태의 법적 해결 문제, 경계선, 군축, 외국군 주둔 문제 등이 주로 포함된다.

먼저 평화협정의 당사자는 남·북·미·중 4자가 될 것이 확실시된다. 정전협정의 당사자였던 북한, 중국과 유엔군을 대표했던 미국 외에도 실질적인 당사자로서 한국이 참여하는 것이 필요하기 때문이다. 중국 역시 정전협정의 당사자이고 북한 비핵화에서 중요한 역할을 담당하고 있기 때문에 굳이 배제할 필요가 없다.

보다 중요한 문제는 평화협정의 내용이다. 종전 문제는 종전선언에 포함된 내용을 재확인하면 되고 전쟁상태의 법적 해결 역시 당사자 간의 법적 책임 문제를 일괄적으로 해결하면 된다. 서해해상경계선 문제나 주한미군 문제는 매우 민감한 사안으로 해결이 쉽지 않다.

예를 들어, 서해해상경계선 문제를 살펴보면 다음과 같다. 1953년에 정전협정을 체결하는 과정에서 가장 어려웠던 문제가 서해해상경계선의 획정이었다. 끝내 합의가 이루어지지 않아 이 경계선에 대한 합의는 뒤로 미룬 채 정전협정이 체결되었을 정도이다. 이후 북방한계선

이 사실상의 해양경계선 역할을 해왔으나 북한은 이를 부인하고 자신들의 해상경계선과 경비계선을 선포하면서 맞대응하고 있다.

서해해상경계선 문제는 남북관계가 아무리 진전되어도 그 해결이 쉽지 않다. 1992년의 「남북기본합의서」 11조에서는 "남과 북의 불가침 경계선과 구역은 1953년 7월 27일자 군사정전에 관한 협정에 규정된 군사분계선과 지금까지 쌍방이 관할하여온 구역으로 한다."고 규정하고 있다. 그 결과 서해 북방한계선 이남을 지금까지 한국이 관할해온 구역으로 인정받을 경우 서해해상경계선의 근거가 될 수 있다. 하지만 북한이 이를 정면으로 거부하고 있다.

북측에 북방한계선의 일부를 양보하자는 의견은 일고의 가치도 없다. 이 경우에 연평도와 소청도 사이에 북한의 영해선이 설정되고 서해 앞바다는 북한의 배타적경제수역(EEZ)이 된다. 그러면 인천 앞바

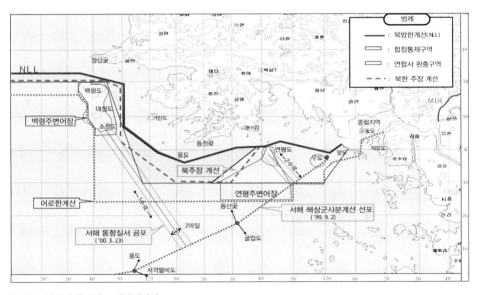

그림 3-3 북한이 주장하는 해상경계선

다는 북한의 자유로운 통항지역이 되어 군함도 자유롭게 오갈 수 있게
되고 우리의 인근 어장은 북한의 것이 된다. 군사적으로나 경제적으로
손실이 너무 크다. 더욱이 서해 북방한계선을 지키다가 산화한 수많은
수병들을 생각할 때 서해해상경계선 합의에서 양보란 있을 수 없다.

같은 이유에서 평화협정의 체결 시기 역시 중요한 문제이다. 평화
협정의 체결을 비핵화의 전제조건으로 한다면 북한은 평화협정의 각
이슈별로 자신들의 입장을 고수하면서 비핵화 지연의 명분으로 삼을
수 있다. 따라서 평화협정 논의는 비핵화의 추진 과정에서 함께 진행할
수 있지만 평화협정의 체결은 비핵화를 완료한 이후에 추진해야 한다.

(2) 실질적·내용적 쟁점

유엔군사령부 해체

엄밀히 말하면 한미동맹과 평화협정은 별개의 문제이다. 한미동맹은
한미상호방위조약에 기반한 것이다. 이 조약 3조에는 "각 당사국은 타
당사국의 행정 지배하에 있는 영토와 각 당사국이 타 당사국의 행정
지배하에 합법적으로 들어갔다고 인정하는 금후의 영토에 있어서 타
당사국에 대한 태평양 지역에 있어서의 무력 공격을 자국의 평화와 안
전을 위태롭게 하는 것이라 인정하고 공통한 위험에 대처하기 위하여
각자의 헌법상의 수속에 따라 행동할 것을 선언한다."라고 규정되어
있어 동맹의 목적을 북한에 특정하지 않고 있다. 따라서 북한과의 평화
협정 문제와는 별도로 한미동맹은 존재 의미가 있다.

하지만 종전선언이나 평화협정이 체결될 경우 유엔군사령부의 존
속에는 커다란 영향을 미칠 전망이다. 북한의 침략으로 시작된 한국전
쟁 발발 직후에 유엔 안보리 결의안 84호에 "북한의 침공을 격퇴하고

평화를 회복"하기 위해 연합군사령부를 구성하도록 했다. 이때 유엔의 휘장을 사용할 수 있도록 함으로써 유엔군사령부로 불리고 있는 것이다. 그런데 종전선언이나 평화협정으로 한국전쟁이 종료되고 평화상태가 회복된다면 유엔 안보리가 유엔군사령부를 설립한 목표가 달성되는 것이고, 유엔군사령부는 해체되어야 하는 논리적 상황을 맞게 된다. 따라서 종전선언이 이루어지면 유엔군사령부에 대한 북한의 적극적인 문제제기가 예상된다.

북한이 비핵화를 하고 지속 가능한 평화가 찾아온다면 유엔군사령부를 해체하는 것은 큰 문제가 아닐 수도 있다. 하지만 북한의 비핵화 이행 조치 이전에 종전선언을 할 경우에 북한의 비핵화 진전 이전에 유엔군사령부가 해체되어야 하는 상황이 야기될 수 있다. 1978년에 한미연합사령부를 구성하고 작전통제권을 이양했지만 유엔군사령부는 여전히 한반도 유사시에 한국을 지원하기 위한 외국군의 접수 기능을 보유하고 있는 중요 기구이다. 이러한 이유에서 미국 또한 종전선언에 대해 신중한 입장을 취해왔는데, 향후 비핵화 협상의 전개 과정에서 문제가 될 수 있다.

주한미군 철수

평화협정은 종종 외국군 주둔 문제를 담고 있다. 베트남이나 캄보디아의 평화협정 사례에서도 전쟁에 관여된 외국군의 철수를 본문에 담고 있다. 북한 역시 현재는 침묵하고 있지만 평화협정이 본격적으로 논의되기 시작하면 주한미군 철수를 제기할 가능성이 높다. 평화상태가 도래했는데 한반도에 미군이 주둔할 명분이 없다는 주장을 펼 것이기 때문이다.

현재 북한이 주한미군 철수를 요구하지 않는 것은 이를 주장할 경우에 협상이 깨질 것으로 판단하고 있기 때문인 듯하다. 실제로 2018년 5월 18일자『중앙일보』보도에 의하면 김정은 위원장은 폼페이오 국무장관의 평양 방문 시에 "주한미군이 현재 상태로 있는 건 수용하겠지만 향후 (한반도에) 평화가 유지되면 미국 쪽도 성의를 보여주길 기대한다"는 입장을 밝힌 것으로 전해지고 있다. 이 보도의 내용이 사실이라면 언젠가 북한은 주한미군의 감축이나 철수를 요구할 것이다.

한반도에 실질적 평화가 정착될 경우에 주한미군 주둔 문제는 남남 갈등의 한 원인이 될 수 있다. 개인의 정치적 관점에 따라 주한미군의 지속적 주둔에 대한 입장이 나뉠 수 있기 때문이다. 문제는 비핵화에 앞서 주한미군이 철수하게 된다면 안보 공백이 생긴다는 점이다. 또한 북한의 비핵화가 이루어진다고 가정해도 주변국의 잠재적 위협을 고려할 때 주한미군을 일부라도 유지하는 것이 안보적 관점에서 필요할 수 있다. 독일 통일 이후에도 주독미군을 유지하는 것 역시 같은 이유에서이다.

주한미군 문제에 대한 우리의 입장 정립 없이 평화협정 협상에 임할 경우에 북한이나 중국이 원하는 대로 끌려갈 수 있다. 미국의 경우 주한미군의 지속적인 주둔을 희망할 것이나 접수국인 한국의 의견을 존중할 전망이다. 하지만 한국이 주한미군의 지속적 주둔을 적극적으로 요구하지 않을 경우에 미군 주둔의 최전선을 한반도에서 일본 열도로 후퇴시킬 수도 있다. 북한, 중국, 러시아 또는 일본의 영향력을 물리칠 수 있는 강력한 군사력을 갖추지 못한 상황에서는 주한미군이 여전히 유용한 안전보장책이 될 수 있다.

한미연합사령부 해체

그간 한미연합사령부 문제는 전시작전통제권 전환과 관련해서 논의되어 왔으며 평화협정과 관련해서 논의된 적은 없다. 한미연합사령부는 전시에 대비한 한미연합군의 상설 지휘기구이고, 현재 미군이 연합사령관으로 보임하면서 한국군의 지정된 부대에 대해 전시작전통제권을 행사하게 되어 있다. 문재인 정부는 조속한 시기에 전시작전통제권을 전환받기 위해 노력 중이다. 2019년 10월 한미 국방장관 간의 연례안보협의회(SCM)에서 전시작전통제권 전환 준비를 점검하기로 합의되어 있는 상황이다. 현재 한국군 장성을 사령관으로 하는 새로운 연합사령부 구축을 검토하고 있는 것으로 전해진다.

평화협정이 체결되면 전시작전통제권을 넘어서는 문제가 제기될 것이다. 평화시대가 도래했는데 한미연합사령부와 같은 상설 지휘기구를 둘 필요성이 있는가 하는 질문이 제기될 수 있기 때문이다. 실제로 미국의 동맹국 중 상설 지휘기구를 두고 있는 나라는 한국이 유일하다. NATO의 경우 평시에는 상설 지휘기구가 없고 유사시 통합사령부(Unified Command)가 구성되고 미군 장성을 사령관으로 임명하게 되어 있다. 평화협정이 체결된다면 미국으로서도 한국에 상설 지휘기구, 그것도 한국군이 사령관으로 있고 미군이 지원 역할(supporting role)을 하는 연합사령부를 유지하려 들지 않을 가능성이 높다. 따라서 평화협정이 체결된 이후에 북한이 한미연합사령부의 해체를 요구할 수 있고 미국으로부터 받아들여질 가능성이 존재한다.

이상을 종합해보면 평화협정은 현재 한미동맹을 군사적으로 구현하고 있는 주한미군, 한미연합사령부, 유엔군사령부 모두에 직접적인 영향을 미칠 것으로 보인다. 그리고 잘못 다루어질 경우에 한미동맹이 형해화(形骸化)될 가능성이 있다. 따라서 북한의 비핵화가 이루어지기 전에 주한미군의 중대한 감축이나 철수가 있어서는 안 된다. 또한 한미연합사령부나 유엔군사령부의 경우에도 비핵화의 진전과 함께 보조를 맞추는 신중한 접근이 필요하다.

군사적 신뢰 구축 문제

평화체제가 구축되기 위해서는 군사적 신뢰 구축이 전제되어야 한다. 지난 시기의 평화체제 논의에서도 군비통제와 군사적 신뢰 구축을 위한 논의가 지속되어왔다. 1990년대 초에 총 여덟 차례 개최된 고위급회담에서는 「남북기본합의서」를 채택하여 이와 관련된 내용을 포함했다. 1992년에 타결된 기본합의서는 남북 간의 화해·불가침·교류협력과 관련된 포괄적인 합의이다. 특히 불가침 분야는 무력 불사용, 분쟁의 평화적 해결, 군사적 신뢰 구축 및 군축 관련 합의를 포함하고 있다. 하지만 이러한 논의는 북측의 거부로 사실상 사문화된 상태가 이어져왔다.

하지만 2018년 9월 19일에 「판문점선언군사분야이행합의서」가 서명되면서 남북 간의 군사적 신뢰 구축 노력은 과거와는 차원이 다른 형태로 진전을 이루게 된다. 과거의 군사 분야 합의가 선언적 내용에 그친 데 비해 이번 부속합의서는 우발적 충돌 방지를 위한 실질적 내용을 다루고 있기 때문이다. 그 핵심 내용은 다음과 같다.

(1조 1항) 남북은 무력충돌 방지대책으로 무력 불사용, 상대방 관할구역 불가침, 단계적 군축 등의 원칙에 합의, 대규모 군사훈련, 무력 증강, 봉쇄·차단·항행 방해, 정찰행위 중지 등의 문제를 남북군사공동위원회에서 다루도록 명시

(1조 2항) 남북은 2018년 11월 1일부터 군사분계선(MDL) 일대 각종 군사연습을 중지하기로 합의. 지상에서는 군사분계선으로부터 5km 안에서 포병사격 및 연대급 이상 야외기동훈련을 중지. 해

상에서는 서해 덕적도에서 초도에 이르는 수역, 동해 속초에서
통천에 이르는 수역에서 포사격 및 해상기동훈련을 중지하고 북
측 해안포와 남북의 함포에 포구·포신 덮개 설치 및 포문 폐쇄
조치 약속. 공중에서는 비행금지구역 내 고정익항공기의 공대지
유도무기사격 등의 전술훈련을 금지

(1조 3항) 남북은 2018년 11월 1일부터 비행금지구역을 설정하기
로 합의. 고정익항공기의 경우 군사분계선으로부터 서부 20km,
동부 40km를 적용하고, 회전익항공기는 10km, 무인기는 서부
10km, 동부 15km, 기구는 25km를 적용

(1조 4항) 남북은 교전규칙에 합의하였다. 지상과 해상에서는 경고방
송 → 2차 경고방송 → 경고사격 → 2차 경고사격 → 군사적 조치
의 5단계를 적용. 공중에서는 경고교신 및 신호 → 차단비행 →
경고사격 → 군사적 조치의 4단계를 적용

(1조 5항) 남북은 우발충돌을 예방하기 위해 상시 연락체계를 가동하

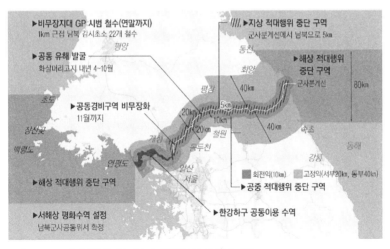

그림 3-4 2018 「판문점선언군사분야이행합의서」의 주요 내용

며, 비정상적 상황 발생 시 즉시 통보

(2조 및 3조) 비무장지대 비무장화 및 서해 평화수역 및 공동어로수역
    설정에 합의

　　이번의 부속합의서는 군사적 신뢰 구축으로서 커다란 의미가 존
재하지만 쟁점 역시 만만치 않은 상황이다. 비핵화와의 속도 조절 없이
재래식 군비통제가 먼저 이루어진 아쉬움이 있고, 구체적 내용에서도
우리가 절대 우위인 감시·정찰 능력을 너무 일찍 포기했다는 점이 아
쉽다. 또한 서해상의 완충수역의 면적상 우리가 불리한 협상을 한 모습
이다. 이러한 여론 때문인지 완충수역이 사실상 직사각형으로 황해도
내륙에도 적용된다고 발표했는데, 북측의 명시적 동의를 확보했는지
는 의문이다. 앞으로 이러한 부분을 개선해 나가야 한다.

라. 한반도 평화체제 구상

북한의 비핵화에 따라 한반도 평화체제도 구체적으로 발전시켜나가야
한다. 평화체제의 진전을 위해서 다음과 같은 기본 입장을 견지해야 한
다. 첫째, 남북 간의 화해 협력 및 평화 공존을 지속하며 남북관계를 발
전시킨다. 둘째, 비핵화의 진전에 따라 종전선언 및 평화협정을 체결한
다. 셋째, 비핵화의 진전에 따라 단계적 제재 해제와 경제협력을 이루
어나간다. 넷째, 군사적 신뢰 구축 역시 초기의 신뢰 구축 조치를 넘어
서 운용적 군비통제와 구조적 군비통제 수준으로 진전을 이루어낸다.
다섯째, 비핵화의 진전에 따라 한미동맹의 조정 수요가 발생할 경우에
이를 안정적으로 진행한다. 여섯째, 동북아 다자안보를 단계적으로 발

전시켜나간다. 일곱째, 평화체제의 구축 과정에서 돌발 변수가 발생하더라도 상황을 관리해 나간다.

(1) 종전선언 및 평화협정

먼저 평화체제의 일부로서 종전선언과 평화협정을 체결해야 할 것이다. 종전선언의 경우에 비핵화의 진전에 따라 남·북·미 합의로 이행하면 될 것이다. 북한은 종전선언에 대해서 별다른 양보 없이 체결을 희망하고 있는 것으로 보인다. 반면에 미국은 종전선언에 신중한 입장이나 비핵화 유인을 위해 동의해줄 수 있다는 입장이다. 중요한 것은 문재인 대통령이 언급한 종전선언 원칙이 협상 과정에서 반영되는 것이다. 첫째, 정치적 선언으로 법적인 정전체제는 유지된다. 둘째, 유엔군사령부나 주한미군에 아무런 영향을 미치지 않는다. 셋째, 북한의 도발 시 무효가 된다. 이러한 원칙이 종전선언의 체결 시 공식적으로 발표되거나 해석선언으로 인정된다면 별다른 문제가 없을 것이다. 한편 종전선언은 비핵화 로드맵의 합의나 북한이 영변 핵시설에 대한 신고·검증 동의 시 제공해야 할 것이다.

평화협정 체결의 당사자는 남·북·미·중이 되어야 할 것이다. 평화협정의 내용은 매우 중요한 의미를 지니는데, 남·북·미·중 모두의 생각이 다를 것으로 예상되기 때문에 그 틀을 잡는 데에도 상당한 시간이 소요될 것으로 보인다. 기본적으로 다음 〈표 3-9〉의 내용이 중심을 이루게 될 것이다. 다만 정전으로 일단 종료된 한국전쟁의 특징상, 그리고 오랜 시간이 경과된 점을 고려할 때 남과 북 측의 손해배상 문제는 특별히 제기되지 않을 것으로 보인다.

표 3-9 평화협정의 일반적 포함 내용[3]

구분	필수 조항	일반 조항	특수 조항
내용	• 적대행위 종료 • 평화상태 회복	• 외국군 주둔 문제 • 압류재산 반환 • 포로 송환 • 조약 부활	• 손해배상 • 영토 및 국경 문제
비고	이 내용이 없으면 평화조약이 아님	필수 조항과 함께 통상적으로 포함	전쟁 결과에 따라 포함 가능

　　한편 평화협정에서 가장 복잡한 문제는 경계선 문제가 될 것이다. 육상에서는 별다른 문제가 되지 않을 테지만 해상에서는 서해 북방한계선(NLL) 문제가 난항을 겪을 것이다. 평화협정에서도 NLL을 양보할 수는 없다. 따라서 현실적으로 북측이 NLL의 인정을 거부한다면 경계선 문제를 뒤로 미루는 방식으로 논의할 수 있을 것이다. 경계선 문제는 향후 남북이 해결하는 것으로 하고 평화협정을 체결하는 방안을 고려할 수 있다.

　　끝으로 평화협정의 체결 시기가 매우 중요한 의미를 지닐 것이다. 평화협정을 체결하면 북한이 주한미군 철수 등을 요구하면서 더 이상 비핵화 조치를 하지 않을 수 있기 때문이다. 이 때문에 북한이 핵무기

3　이러한 형식 외에도 남·북·미·중 조약과 남북한 부속협정, 북미 간 부속협정으로 내용을 구분하자는 의견이 제기되고 있다. 참고로 조성렬 박사는 다음과 같은 평화협정안을 제안하고 있다.

구분	남·북·미·중 조약 (Umbrella Treaty)	남북한 부속협정	북·미 부속협정
내용	• 전쟁상태의 종료 및 정전협정 대체 • 한반도의 검증 가능한 비핵화 • 내정 불간섭 • 불가침·무력 불행사 • 긴장 완화 및 신뢰 구축 • 기존 조약 인정 • 유엔사무국에 기탁 등	• 평화적·점진적 통일 지향 • 경계선 획정 • DMZ 문제 • 남북 군사공동관리기구 • 분쟁의 평화적 해결 • 신뢰 구축과 군축 • 상주 대표부 설치 등	• 상호 주권 존중 • 내정 불간섭 • 불가침·무력 불행사 • 분쟁의 평화적 해결 • 관계정상화와 관련된 사항은 별도로 협의(필요 시 평화조약에 포함 가능)

와 핵물질을 모두 폐기한 이후에 평화협정을 체결하는 것이 필요할 것이다. 비핵화 단계에 따른 구체적 보상 방안은 3장 1절에서 다룬 관계로 여기에서는 생략하기로 한다.

(2) 정치군사적 신뢰 구축의 지속

종전선언이나 평화협정과 별개로 남북 간의 정치군사적 신뢰 구축을 지속적으로 발전시켜나가야 한다. 실질적인 신뢰 구축 없이는 평화협정은 종잇장에 불과하기 때문이다. 따라서 각종 대화 채널을 구축하고 이를 활발하게 가동시켜나가야 할 것이다.

먼저 정치적 신뢰 구축과 관련해서는 정상회담, 고위급회담 등 각종 남북회담의 정례화가 필요하다. 이를 기반으로 국회회담 및 사회 각 기관 간의 남북교류를 확대해야 할 것이다. 현재 개성공단에서 운용 중인 남북 연락사무소는 평양과 서울에 각각 설치해서 보다 긴밀한 소통의 창구로 활용해야 한다. 이 과정에서 이산가족 상설면회소의 설치 및 상시 방문을 실현함으로써 남북한 주민들의 인도적 수요도 충족시켜주어야 할 것이다. 같은 맥락에서 남북 간의 동질성 회복을 위한 자유 왕래 및 각종 예술·문화·체육 공동행사의 진행이 함께 이루어져야 할 것이다.

비핵화의 진전에 발맞춘 신뢰 구축 조치의 확대 및 운용적 군비통제의 추진도 필요하다. 군 인사 교류의 확대 및 상호 군사정보의 교환, 대규모 군사훈련의 통보 및 참관, 남북 간의 공동 검증·사찰 기구의 구성 운용, 대규모 군사훈련 및 부대활동의 제한, 수도권 위협 장사정포의 후방 배치, 사이버 공간에서의 적대행위 중단, 생화학무기의 폐기, 중·단거리 미사일의 제한 등이 적시에 이루어짐으로써 정치적 신뢰 구축을 군사적 신뢰 구축으로 확산시켜나가야 할 것이다.

군 감축과 같은 구조적 군비통제도 고려할 수 있을 것이다. 남북 양측이 모두 기습공격과 관련된 전력을 감축할 수 있을 것이며, 남북 간에 대량살상과 관련 전력을 모두 없앨 수도 있을 것이다. 다만 후자의 경우에 한반도 평화체제의 구축 이후 주변국과의 관계에서 어느 정도의 군사력을 유지할 것인가의 문제와도 직결되므로 신중한 선택이 필요할 것이다. 핵무기 외에도 국제사회가 불법화하고 있는 생화학무기를 통제하는 데 중점을 두어야 한다. 한국은 이와 관련된 전력이 없기 때문에 북한에 대한 보상을 중심으로 구조적 군비통제를 추진해나가는 것이 바람직할 것이다.

(3) 동북아 다자안보협력

북핵 문제의 해결 이후에 동북아 신질서의 구상 차원에서 다자안보협력을 한미동맹과 병행해서 추진하는 것을 고려할 필요가 있다. 이는 다자안보협력에 관심이 있는 러시아를 우리 측으로 설득해내는 협상수단임과 동시에 동북아 역내의 긴장을 완화시키는 촉매제로 고려할 만한 가치가 있다. 또한 북핵 문제가 평화적으로 해결될 경우에 동북아 관계에 커다란 지각변동을 초래할 것이므로 그 충격을 완화시키는 실질적 방법이 될 것이다. 따라서 동북아 다자안보협력 문제는 북핵 문제의 해결 이후에 동북아 질서를 어떻게 국익에 유리하게 끌고 갈 것인가에 대한 전략적 구상 차원에서 검토되어야 할 것이다.

동북아 지역은 경제적 역동성과 상호 의존성의 심화에도 불구하고 냉전적 질서를 반영한 대립적인 양자동맹 중심의 안보 구조가 유지되고 있다. 하지만 국가 간의 상호 의존성 심화와 다양한 비전통적 안보 위협의 등장으로 한 나라의 노력만으로 해결할 수 없는 문제들이 산적해 있다. 또한 한반도 평화체제를 위해서도 역내 국가 간의 협력이 필수적인 상황이기 때문에 다자안보협력의 필요성은 오래전부터 제기되어왔다. 이미 2000년대 중반에 이루어진, 북핵 문제 해결을 위한 6자회담에서도 다자안보협력의 필요성은 참여국들의 공감대를 얻어낸 부분이 있다. 따라서 시간이 흘렀어도 비핵화의 진전에 따라 동북아 다자안보협력에 대한 단계적 구상이 필요하다는 점은 여전히 유효한 접근이다.

동북아 다자안보협력의 추진 시 고려사항은 다음과 같다. 먼저 다자안보협력에 대한 환상을 가져서는 안 된다. 현실적으로 미중 경쟁 체제하에서 다자안보협력의 영향력은 제한적이다. 이 점을 모르고 너무 원대한 희망 속에서 다자안보협력을 추진해나가는 것은 성급한 접근이다. 한국이 이러한 협력을 서두를 경우에 한미동맹과 미국의 인식에 부정적 영향을 미칠 수 있다. 따라서 다자안보협력은 비핵화 협상의 주요 로드맵 타결 이후에 본격적으로 논의를 개시해나가야 한다.

동북아 다자안보협력으로 동맹을 대체하려는 시도는 부적절하다. 역내 안보 구도를 고려할 때 이러한 접근은 한미동맹만 약화되는 부정적 결과를 가져올 우려가 있다. 중국과 러시아는 북한 비핵화 협상의 진행 과정에서 한미동맹을 약화시키고자 할 것이다. 한국이 섣불리 다자안보협력에 너무도 많은 관심을 두게 될 경우에 이들에게 좋은 명분만 제공할 뿐이다. 따라서 동북아 다자안보협력은 점진적으로 영역을 확대하면서 추진해야 한다.

동북아 다자안보협력은 초기 다자안보협력의 추진 가능성을 논의한 후에 '회의체'에서 '상설협의체'로 협력을 확대해나가는 방향으로 해야 할 것이다. 구체적인 성과도 없는 상황에서 상설협의체를 만들고자 할 경우에 각국의 입장에 따라 상설협의체의 구성에 지난한 시간이 소요될 것이다. 부담 없는 회의체를 활용해서 성과를 거두고 이를 바탕으로 상설기구를 만드는 접근이 필요하다. 업무 영역 역시 비전통안보에 대한 논의에서 시작해서 전통안보에 대한 논의로 발전시키는 것이 필요하다. 의미 있는 협력을 이루어내기 위해서 회임기를 먼저 충분히 갖는다는 신중한 접근이야말로 신뢰 수준이 낮은 동북아에서 다자안보협력을 추진하는 기본 원칙이 되어야 할 것이다.

(4) 기타 문제들

비핵화 협상의 진전에 따라 평화체제가 논의될 경우에 가장 중요한 과제 중 하나가 한미동맹이다. 동시에 평화체제의 진행 과정에서 돌발변수로 떠오를 수 있는 사안들을 안정적으로 관리해야 한다.

한미동맹은 한반도 평화체제와 가장 밀접한 연계성을 지니는 문제이다. 따라서 평화체제 논의의 핵심 과제가 아닐 수 없다. 다만 한미동맹에 대해서는 3장 3절에서 별도로 다루기 때문에 자세한 언급은 하지 않기로 한다. 여기에서는 몇 가지 유의사항만을 다루기로 한다.

평화체제 구축의 쟁점에서 다룬 바와 같이 북한은 평화체제 논의의 핵심 목표를 한미동맹의 약화에 둘 것이다. 이는 과거에도 그랬고 앞으로도 변함이 없을 북한의 궁극적 목표일 것이다. 따라서 한미동맹의 현안 관리에 유의해야 한다. 무엇보다도 북한의 가시적 비핵화 이후에 유엔군사령부나 주한미군의 조정이 이루어져야 한다. 유엔군사령부의 해체는 평화체제의 진전에 따라 논의가 불가피할 것이다. 정전협정이 폐기된다면 유엔군사령부의 존속 명분이 상실되기 때문이다. 다만 유엔군사령부의 해체가 북한의 최종적이고 완전하며 검증된 비핵화 이후에 온다면 커다란 안보 문제를 야기하지는 않을 것이다.

또한 유엔군사령부의 해체는 종전선언이나 평화협정의 체결과는 별도 사안으로 현실적 해체 조건이 성숙되었을 때 법리적 절차를 밟아 진행되어야 할 것이다. 유엔군사령부는 유엔 안보리 결의안 84호(1950. 7. 7)에 의거하여 설치되었다. 따라서 한반도의 평화가 공고화되었다고 판단될 때 유엔 안보리의 결의로 해체하는 것이 바람직하다.

주한미군 문제 역시 평화협정과는 별개의 사안임을 주지해야 한다. 주한미군은 '한미 상호방위조약'에 입각하여 주둔하는 것이고, 이 조약은 한국과 미국의 합법적인 주권 행사로 체결된 것으로 제3국이 개입할 수 없는 사안이다. 물론 평화협정이나 평화체제의 논의 과정에서 북한이나 중국의 문제 제기가 예상되고 북한의 비핵화를 위해 일부 양보할 수도 있을 것이다. 이 경우에도 주한미군의 유의미한 감축은 있어서는 안 되며 협상을 촉진하는 수준에서 일부 감축이 고려될 수 있을 것이다. 이 역시 북한 핵의 확실한 폐기를 확인하면서 진행해야 할 것이다.

끝으로 평화체제 논의 과정에서 돌발요인의 관리에 유의해야 할 것이다. 향후 협상 과정에서 협상이 중단되기도 하고 결렬되기도 하며 북한의 도발이 있을 수 있고 경협을 둘러싼 잡음이 생길 수도 있다. 여론의 변화도 가능하며 새로운 미국 행정부가 등장할 수도 있다. 그만큼 북한 핵 문제와 한반도 평화체제의 구축에는 여러 가지 변수가 등장한다. 하지만 문제의 핵심은 평화체제 논의가 단기간에 이루어질 수 없다는 점이다. 따라서 이러한 돌발변수 때문에 평화체제의 구축 노력이 중단되어서는 안 된다. 장기적 관점에서 추진되는 과정에서 어떠한 돌발변수도 흡수해낼 수 있는 거시적 접근이 필요하다. 이를 위해서는 평화체제 논의가 어느 특정 정부의 성과가 되어서는 안 된다. 지속 가능한

평화체제 로드맵

	~2020	2020~2022	2022~
종전 및 평화협정	• 종전선언	• 평화협정 논의 및 합의	• 평화협정 이행
남북 관계	• 정상회담 정례화 • 각종 고위급 회담 정례화 • 남북 공동연락사무소 • 대북 인도적 지원 재개 • 이산가족 상설 면회소	• 남북연락사무소 서울 및 평양 설치 • 이산가족 상시 자유 방문	• 남북 자유 방문

남북 군사 관계

〈군사분야 부속합의서 이행〉

신뢰 구축 조치 추진 여건 마련	초보적 신뢰구축 조치 추진	신뢰 구축 조치 확대 추진	운용적 군비통제	구조적 군비통제
• 남북정상회담 시 군사관계 발전을 위한 큰 틀 합의 • 남북 교류협력 사업의 군사적 보장 • 남북 실무급 군사 접촉 활성화. 국방장관회담 추진	• 군사회담 정례화 • 군사직통전화 설치 • 해상/공중 우발적 충돌 방지 조치 • 정전체제 기능 회복 • DMZ 일대 대규모 군사활동 제한	• 군인사 교류 • 상호 군사정보 교환, 대규모 군사훈련 통보 및 참관 • 남북간 공동 검증/사찰 기구 구성 운용	• 대규모 군사훈련/부대활동 제한 • 수도권 위협 장사정 포병 후방 재배치 • 북한 WMD 통제	• 기습공격용 재래식 전력에 대한 감축 추진 • 북한 WMD 폐기 및 한반도의 WMD 안전지대화

동북아 다자안보	• 다자안보협력 논의	• UNC 역할 변경 논의 • 다자안보협력 전개	• UNC 해체 • 다자안보협력 확대

 우발변수 • 핵협상 결렬, 북한의 군사적 도발, 경협과정에서의 여론 변화, 북한 급변

그림 3-5 평화체제 로드맵(94쪽 표 3-3 최선의 비핵화 로드맵 진행 시)

평화체제의 구축을 위해서는 국론을 통합하고 안정적인 속도와 일관
된 추진이 필요하다는 국민적 공감대의 형성이 필요하다.

참고문헌

강성학(2004), 『동북아 평화사상과 평화체제』, 리북.

김은진(2015), 『한반도 평화체제론』, 리아트.

송대성(2000), 『평화체제 구축 국제적 경험과 한반도』, 세종연구소.

외교부(2011), 『한반도 평화체제 관련 참고문서(I, II)』, 외교부.

전략문제연구소(2012), 『평화공동체 추진 구상』, 통일부 용역과제.

정성윤 외(2017), 『한반도 평화체제 구상과 대북정책』, 통일연구원.

조민(2007), 『한반도 평화체제와 통일 전망』, 해남.

조성렬(2007), 『한반도 평화체제』, 푸른나무.

중앙대학교(2000), 『평화체제 전환에 따른 법적 문제』, 중앙대학교 법학연구소.

통일연구원(2018), 『한반도 평화체제와 비핵화 관련 자료집』, 통일연구원.

함택영 외(2008), 『한반도 평화체제 거버넌스 활성화 방안』, 통일연구원.

3

미북관계의 개선 및 한미동맹의 조정

최강

요약 ....

• **한미공조에 기초해서 북핵 문제에 접근해야 한다.**

 – 한국은 기본적으로 한미공조에 기초하여 북핵 문제에 접근하고 해결 방안을 모색해야
  한다. 미국과 북한 사이에서 중재·촉진 역할만 계속 고집할 경우에는 돌파구가 마련될
  수 없다. 오히려 양쪽으로부터 오는 압박과 불신만 커질 가능성이 높다.

• **북한 비핵화의 결과로 한미동맹 조정을 추진한다.**

 – 한국은 동맹을 비핵화를 위한 협상의 대상으로 삼는 것을 지양하고 비핵화의 결과로 한
  미동맹관계의 조정과 변화를 추구해야 한다.

 – 한미동맹과 연합방위체제에 중대한 영향을 줄 수 있는 조치나 합의는 지양한다. 북한의
  의미 있는 비핵화 조치가 있을 경우에만 검토할 수 있다는 입장을 견지하여 대북 협상력
  을 제고하고 미국의 신뢰를 확보해야 한다.

 – 나아가 한국은 'post-North Korea'도 염두에 둔 한미동맹 조정에도 관심을 가지고 대
  책을 강구해야 한다. 이는 한국의 대주변국 전략적 레버리지를 확보하는 데 필요한 조치
  이며 미국과의 북핵 관련 협력에도 긍정적으로 작용할 것이기 때문이다.

- 북핵 및 북한 문제와는 별개로 미래의 동맹에 관한 청사진을 마련하는 작업을 추진하고 현 단계에서 할 수 있는 것은 함으로써 미국의 동맹 및 한국에 대한 믿음과 가치를 확인하는 것이 필요하다. 비전의 주요 내용에는 동맹의 목표와 지향점(보편적 가치 구현과 공동의 국익 실현을 위한 동맹), 책임과 이익의 공유, 향후 환경에 대한 평가와 전망, 주요 도전과 문제점(동맹이 무엇을 해야 하는지에 관한 것, 즉 과업 설정에 관한 내용), 주요 협력 이슈와 방법, 새로운 협력체제 등이 포함되어야 한다. 단순한 군사동맹이 아닌 포괄적 안보동맹을 지향해야 한다.

- **단계적 동맹 조정과 군비통제와의 연동성을 고려해야 한다.**
  - 한국 정부는 평화체제의 정형, 조건, 형식, 절차 등에 관한 한미 간 협의를 통해 어떠한 경로를 거쳐 평화체제를 구축할지를 설정하는 작업을 실시해야 한다. 이 과정에서 동맹의 조정에 대한 가능성을 고려해야 하며, 급작스런 조정보다는 단계별 조정과 발전을 모색하여 동맹의 안정성을 유지하는 것이 바람직하다.
  - 남북 간의 긴장 완화와 군비통제의 문제도 고려하여 한미관계를 조정하는 것을 고려해야 한다. 신뢰 구축 조치를 포함한 재래식 군비통제가 주한미군과 한미연합방위체제에 미칠 영향이 핵 문제보다 클 수 있다는 점을 고려해서 핵 문제뿐만 아니라 재래식 군비통제와의 연계성도 충분히 고려한 동맹 조정 방안을 만들어야 한다.

북핵 문제의 해결을 계기로 하여 남북관계의 진전은 물론 미북관계와 한미관계의 조정이 따를 것으로 예상된다. 한미동맹관계가 제3자가 개입할 사항이 아니라는 입장에도 불구하고 북한의 위협에 대응하는 체제로 유지되어왔던 한미동맹이 이전과 같은 상태로 유지되기는 매우 어려울 것으로 예상된다. 그러나 한미동맹이 북한 문제를 넘어선 지역 차원의 안전과 평화에 기여하는 역할을 수행한다는 점을 고려할 때, 한미동맹을 유지하기 위해 어떠한 노력을 해야 할 것인지에 대한 입장과 구상을 가지고 있어야 한다.

한미동맹은 한국과 미국 양국 간의 문제이므로 제3자가 개입하고 관여할 문제가 아니라는 원칙을 전제로 하여 이 문제에 접근해야 한다. 그러나 실질적으로 비핵화가 이루어지고 한국이 자체 방위 능력을 확보할 경우에 현재와 같은 연합방위체제를 포함한 한미동맹 관계를 유지하기는 힘들 것이다. 따라서 어떠한 조건이 달성되고 상황이 전개되면 한미동맹을 어떠한 방향에서 조정할 것인지를 고민해야 한다. 결과로서의 한미동맹 조정을 추진한다는 원칙에 추가하여 북한 문제를 넘어선 차원의 한미동맹의 역할 역시 고려 요인으로 생각해야 한다.

가. 더욱 복잡해진 구조: 미북관계–남북관계–한미관계의 구조적 연동성

(1) 비핵화 문제 해결의 진전은 미북 간에 결정

북한의 핵과 미사일이 미국에 직접적인 군사 위협으로 등장함에 따라 이 문제를 둘러싼 미북 양자 간의 대화와 협상이 기본 골격으로 자리

잡게 되었고 향후에도 이러한 구도로 진행될 가능성이 높다. 중국, 러시아, 일본 등과 같은 주변국들은 보조적 역할만 하거나 촉진 역할만 하는 형태로 고착화되고 다자간 협의와 대화체의 부활 가능성도 당분간은 낮을 것으로 전망된다.

미국과 북한 모두 제3자의 개입을 원치 않는 것으로 보이나, 제3국을 이용하여 상대방을 압박하거나 자신에게 유리한 구도와 상황을 조성하려는 활동을 지속할 것으로 예상된다. 또한 다자적 틀을 통한 협상과 타결이 아니라 양자 간의 타결을 위한 다자의 활용이라는 양상을 보일 것으로 예상된다. 다자 역시 어떤 고정된 틀로 유지되는 것이 아니라 상황에 따라 변화하는 가변성이 높은 비공식적인 다자적 틀이 등장할 것이다.

(2) 미북관계가 여타 관계에 미치는 영향의 증가

미북관계의 진전이 한반도 및 동북아 지역에서의 전략 구도에 변화를 초래할 가능성은 점차 증가할 것이다. 최근 들어 미국 내에서는 북한 문제를 중국과의 관계 측면에서 인식하는 경향이 강해졌고 이러한 추세는 지속될 것으로 예상된다. 트럼프 대통령은 이미 북중정상회담 이후에 북한의 태도가 변했다고 지적한 바 있으며, 여타 고위 관리들은 이를 부정하나 내면적으로는 중국의 영향력을 의식하고 있는 것으로 보인다. 북한 문제를 매개로 중국의 영향력이 증가하거나 중국이 부정적인 역할을 할 것에 대한 우려가 커지고 있는 것이다.

중국 역시 북한 문제를 미중 간의 경쟁과 갈등 구조 측면에서 해석하는 경향을 보이고 있다. 이에 따라 북한 및 한반도 문제는 새로운 지정학적 변수로 등장하게 되었다. 특히 중국과 러시아가 한미동맹의 해체를 주장하고 있다는 사실은 이들 국가가 북핵 문제를 넘어서 동북아 전체의 전략 구도를 고려하고 있음을 잘 보여준다.

요약하자면 미국과 북한 간의 이견, 대립, 마찰이 지속될 경우에 남북관계가 독립적 공간에서 진전될 수 있는 여지는 축소되고 북한 문제를 둘러싼 한미, 미중 간의 이견이 발생·증폭될 가능성이 커질 것이다. 만일 대치와 소강 국면이 지속된다면 안보 구도에는 큰 변화가 없을 것으로 예상된다. 반대로 미북관계가 진전될 경우에 다른 관계의 조정과 진전에 미치는 영향이 상당하며 신속하게 진행될 수도 있다. 특히 북중관계에도 영향을 미칠 것으로 예상된다. 중국은 미북관계가 급속히 진전되어 북한이 중국의 영향권에서 벗어나는 것을 차단하기 위한 정책을 추진할 것으로 예상된다.

(3) 한미관계의 조정과 변화 가능성의 증가

미북관계가 개선되고 관계 정상화로 나갈 경우에 위협과 구조의 변화에 따른 한미관계의 조정은 불가피해질 것이다. 미국은 북핵 문제의 진전에 따라 미북관계를 단계적으로 개선시키려고 할 것이다. 이로 인해 한미동맹에 발생할 수 있는 영향(약화에 대한 우려)을 최소화하면서 'post-North Korea' 시기를 고려해 북한 문제의 해결 이후에도 지역 안보 구도의 측면에서 동맹을 유지하려는 입장을 견지할 것으로 예상된다. 그러나 트럼프 대통령이 예상 밖의 결정을 내릴 가능성도 있음에 주목해야 한다. 만약 북한의 위협이 제거되고 남북관계가 진전되는 상황하에서 한국이 주한미군 주둔에 대한 비용 분담을 충분히 하지 않는다고 볼 경우에 철군까지는 아니더라도 감축을 추진할 수 있다.[1] 트럼프 대통령이 이미 수차례 비용 분담 문제를 거론해왔기에 북한 문제가 완전히 해결되지 않더라도 동맹 조정에 대한 강한 압박이 있을 것으로 예상된다.[2] 트럼프 대통령의 개인적 성향, 인식, 목표로 인해 북핵 문제와는 별개로 한미동맹에 큰 변화가 발생할 가능성도 있음에 유의해야 한다.

한국 정부는 당초 한미동맹과 협력을 축으로 비핵화를 견인한다는 입장에서 최근 들어 남북관계의 진전을 통해 비핵화를 추동하고 북미관계의 진전을 촉진한다는 입장으로 전환하고 북한 문제의 해결 이전에라도 한미연합방위체제의 조정을 모색하려는 입장을 보이고 있다. 혹은 북핵 문제와 한미동맹을 분리하여 대응한다는 입장을 가지고 있는 것으로도 보인다. 북핵 문제를 둘러싸고 한미 간의 이견이 발생하고 한미동맹 조정과 관련된 문제, 특히 비용과 협력체계에 관한 이견이 발생할 가능성도 배제할 수 없다.

(4) 중국과 러시아, 한미동맹의 약화와 정전체제의 파기를 주장

북핵 문제를 매개체로 하여 중국과 러시아는 미국을 중심으로 하는 동북아 지역의 안보 구도를 약화시키고 미국의 영향력을 감소시키려는 입장을 보이고 있다. 이와 같은 중국과 러시아의 입장은 비핵화가 진전됨에 따라 더욱 강화될 것으로 예상된다. 북한의 입장에서 미국의 안보 위협이 제거되어야 한다는 주장(군사적 위협 제거 및 체제 안전보장과 동일한 맥락)을 펼치면서 선제적인 동맹의 조정을 주장할 가능성도 존재한다. 북핵 문제의 해결 가능성이 더욱 가시화될 경우에 중국은 냉전

---

1   "Trump's Spat With Ally South Korea Raises Fears of U.S. Pullback", *Bloomberg*, Jan 28, 2019, available at: https://www.bloomberg.com/news/articles/2019-01-27/trump-s-spat-with-ally-south-korea-raises-fears-of-u-s-pullback (최종 검색일자: 2019년 2월 1일).

2   "트럼프, 방위비 마지노선 10억 달러 통첩", 『동아일보』, 2019년 1월 23일자.

의 잔재인 동맹의 해체를 주장할 수도 있다. 미중 전략 경쟁이 강화되는 상황을 고려할 때 중국과 러시아의 동맹 해체 주장은 시간이 경과할수록 강화될 가능성이 높다. 동맹의 해체는 아니더라도 약화를 위한 주장을 계속 제기할 것이다. 미국의 동맹체제 중 한미동맹을 가장 약한 부분으로 간주하고 이를 지속적으로 공략하여 한·미·일 3국의 안보 협력 구도를 와해시키고자 할 것으로 예상된다. 이러한 과정에서 한국에 대한 압박이 강화될 것이다.

반면 일본은 북한 문제의 해결을 넘어 중국의 부상을 견제하기 위해 미국의 동맹체제가 지속적으로 유지되고 확장되는 것을 선호한다. 이에 따라 주변국들 간의 갈등과 전략적 경쟁이 심화될 것으로 보인다. 일본은 한미동맹이 계속 유지되고 확장되는 것을 희망하나 한국을 배제하고 미일동맹과 미호동맹을 축으로 하는 새로운 전략 구도를 주장할 가능성도 배제할 수 없다(미국 내의 일부 세력도 이와 같은 입장을 지지하고 있는 것으로 파악된다).

따라서 보다 거시적이고 전반적인 지역 안보 구도 차원에서 미북관계와 한미관계를 조망해야 하며, 우리에게 유리한 전략 구도가 무엇인지를 판단하고 접근해야 한다. 즉, 단순히 북핵 문제에만 집중할 것이 아니라 'post-North Korea'의 측면도 고려해야 할 것이다.

나. 향후 전망

(1) 미국, 대화와 제재를 병행하는 전략 구사

미국은 북핵 문제의 단기 해결에서 장기 해결로 방향을 전환하여 접근

할 것으로 예상된다. 트럼프 대통령의 임기 내 해결을 목표로 하기보다
는 해결의 수준과 범위 달성에 목표를 맞추어 접근할 것으로 보인다.
즉, 시점보다는 조건에 집중할 것으로 예상된다.

미국 정부는 북한이 사실상 동결상태를 유지하는 동안에는 대화
와 제재를 병행하는 전략을 구사할 것이나 과거와는 달리 '최대한'이
라는 입장에서 후퇴할 것이다. 다른 한편으로는 상황 관리를 위해 북한
에 대한 투자와 지원 가능성을 보여주는 비공식적인 민간 차원의 행동
을 취할 수도 있다.[3]

북한으로부터 포괄적이고 완벽한 신고가 아니더라도 핵심 시설
(농축, 재처리, 생산 및 비축 시설)과 프로그램에 관한 신고가 있을 경우
에 미국은 이를 수용하고 지속적인 협상과 외교적 해법을 모색할 것으
로 예상된다.[4]

(2) 북한, 조건부 비핵화 입장의 지속 견지

북한은 군사적 위협 제거 및 체제 안전보장이라는 두 가지 조건이 달
성되면 비핵화할 수 있다는 입장을 계속 유지할 것이다. 또한 이에 대
한 중국 및 러시아의 이해와 지지를 확보하여 우군화를 모색할 것으로
예상된다.[5]

북한은 또한 남한과의 대화와 관계 개선을 유지하여 남한을 방패

---

3   "Team Trump quietly filling 'pot of gold' encouraging Kim Jong-un to
     denuclearize", *The Washington Times*, Jan 28, 2019, available at: https://www.
     washingtontimes.com/news/2019/jan/28/stephen-biegun-preps-north-korea-
     economic-package-/ (최종 검색일자: 2019년 2월 1일).
4   "北美, 영변 핵 폐기에 집중 … 美, 상당조치 할 것", 『서울경제』, 2019년 2월 1일자.
5   "金, 2차 북미회담 앞두고 중국 힘 빌려 판 흔들기", 『매일경제』, 2019년 1월 9일자.

막이로 활용함과 동시에 남한을 통해 미국에 대한 회유와 설득을 지속할 것이다.

북한은 핵물질과 미사일의 개발과 비축을 지속하여 만약 협상이 타결되지 않을 경우에 과거보다 더 위협적인 핵 능력을 보유하고 활용할 것임을 암시하는 언사 및 행동을 취할 것으로 보인다.[6]

(3) 교착과 더딘 진전이 반복되는 상황의 전개

미국과 북한은 서로 평행선을 달리고 있기에 비핵화의 접점을 찾는 데 어려움이 있지만, 동시에 미국과 북한 모두 대치 국면으로 가는 것에는 부담감을 가지고 있다. 따라서 향후의 미북관계로 급격한 상황의 반전보다는 교착과 더딘 진전이 반복되고 대화와 협상은 진행되나 타결은 부재한 상황을 예상할 수 있다.

북한은 최소한의 상징적인 비핵화 조치를 시행하면서 이에 상응하는 조치를 요구하며 미국을 압박하고 한국의 호응을 촉구할 것으로 보인다. 즉, 협상과 이행의 장기화 전략을 구축할 것으로 예상된다. 반면 미국은 신고와 검증을 핵심으로 하는 북한의 유의미한 비핵화 조치를 요구하면서 제재를 유지하는 입장을 견지할 것이다. 미국과 북한은 모두 지원·협력세력의 확보에 중점을 두고 상대방을 압박하는 전술을 구사할 것으로 예상된다.

주요 관련국들도 급격한 상황 변화보다는 관리에 중점을 둘 것이므로 새로운 추동력의 확보에 어려움이 있을 것으로 판단된다. 이들 국가는 적극적인 개입이나 중재에 나서지는 않을 것으로 예상된다.

---

6   "美 정보수장들 일제히 '북한은 핵포기 않는다'", 『조선일보』, 2019년 1월 31일자.

(4) 한미 간의 이견 증폭과 북한의 후원세력 형성

남북관계의 진전을 통한 비핵화 추동이라는 한국 정부의 접근에 대해 미국 정부는 우려와 반대를 표할 뿐만 아니라 더 나아가 한국 정부에 대한 불신과 피로감도 증가할 것으로 예상된다. 또한 동맹체계와 운영 관련 이슈를 둘러싼 마찰로 인해 동맹의 약화가 초래될 것으로 예상된다. 동맹 조정이 비핵화보다 먼저 이루어지면서 안보 여건의 불안정성이 증가하는 상황도 상정할 수 있다. 또한 핵 문제와 분리된 긴장 완화와 신뢰 구축의 추진에 관해 미국의 우려와 거부감이 증가할 가능성도 배제할 수 없다. 이는 연합방위체제의 운영상 문제를 초래할 수도 있다.

　　한편 북한은 한국을 방패막이로 이용하여 미국에 대한 압박을 강화하고 한국에 민족공조와 국제공조 간의 선택을 강요하면서 동시에 중국 및 러시아와의 관계 개선을 통해 새로운 전략 구도를 형성하여 미국에 대항할 것으로 예상된다.

(5) 한국의 고립화 가능성 노정

한국 정부가 현재와 같은 정책 노선 및 접근법을 계속 견지할 경우에 미국을 정점으로 하는 대북협력 연대에서 한국이 이격되고 한국의 대북정책에 난관이 생길 가능성이 커질 것이다. 또한 미국과 일본을 비롯한 서방 국가들이 한국을 우회(by-pass)하려는 움직임이 강화되고 한미공조의 약화로 한국의 전략적 입지가 약화됨과 동시에 압박에 직면할 것으로 보인다. 반면 중국과 러시아는 한국에 대해 보다 적극적인 관여정책을 펼치고 추가적인 긴장 완화·신뢰 구축, 그리고 더 나아가 군비통제 조치를 협의하고 합의·이행할 것을 촉구할 것으로 예상된다.

한편 미북정상회담 이후 급속한 진전이 예상되었던 미북관계는 현재 소강 국면에 있으며 대립과 갈등 국면으로 전환될 가능성이 증가하고 있다는 점에 주목할 필요가 있다. 미국과 북한 모두 극단적인 선택을 할 가능성이 있어 불안정한 상황이 계속되는 가운데 한국에 대한 미국의 불신과 북한의 압박이 증가하는 상황으로 변질·악화될 가능성도 배제할 수 없다.

한국 정부는 미북관계, 남북관계 그리고 한미관계가 선순환적으로 진행될 수 있기 위한 정책과 전략을 강구해야 한다. 남북관계의 독립적 공간을 확보하려는 노력은 북핵 문제의 구조와 일치하지 않으며 오히려 부작용을 초래할 가능성을 내포한다. 따라서 구조적 변수를 고려한 대응책을 마련할 필요가 있다.

다. 주요 문제점

(1) 한국의 운전자·중재자·촉진자로서의 입지 약화 가능성

한국은 구조적으로 미북관계를 핵심에 두고 있으며, 미북 간의 입장 차이가 극명해짐에 따라 운전자·중재자·촉진자 역할을 수행하기 어려운 여건이 조성되고 있다. 미국과 북한 모두를 끌어안은 듯하나 실제로는 아무도 끌어안지 못한 상태가 될 가능성이 커질 것으로 보인다.

미북관계가 계속 소강 국면으로 진행될 경우 남북관계의 추동력도 감소 및 상실되며, 소강 국면에서 북한과 미국 양쪽으로부터 선택을 강요당하는 상황이 발생할 가능성이 있다. 현재 선택의 시간이 얼마 남지 않았을 수도 있음에 유의해야 한다.

반대로 미북관계가 급진전될 경우에 동맹 조정이 탄력을 받아 추진될 수 있을 것이나 그 방향성과 속도를 예측할 수 없을 수 있음에 유의해야 한다. 즉, 미국에 의한 방기(abandonment)의 가능성이 커질 수도 있다.

(2) 대북한 및 대주변국 전략적 레버리지의 상실

한국이 주도해왔던 대화와 협상 국면이 미북관계로 인해 더 이상 진전되지 못할 경우에 한국이 여태까지 유지해왔던 대북한 및 대주변국 레버리지가 급속히 약화되고 한국이 가장 약한 고리이자 손쉬운 상대라는 인식을 조장할 수 있다. 한국의 전략적 레버리지는 여태까지 한미공조에 기초했지만, 북한 문제를 둘러싼 한미 간의 이견은 한국의 대북한 및 대중국 레버리지의 약화라는 결과로 나타날 것이다. 한국의 레버리지 약화 및 상실은 한국이 추구하는 남북관계 진전의 한계로 이어지며 독립적 공간과 자율성이 더욱 제약되는 상황에 처할 수 있다.

(3) 한국에 대한 불신의 조성 및 심화

가장 심각한 문제는 최근 미국 내에서 제기되고 있는 한국 정부에 대한 불신을 어떻게 해소하고 신뢰를 회복하여 긴밀한 한미공조를 통해 돌파구를 마련할 것인가이다.

한국 정부의 대북정책에 관한 미국의 입장은 '우려 → 안심 → 의혹 → 불신'으로 변화해왔다. 현재 한국이 북핵 문제 해결의 장애물이 되었다는 인식이 미국 내에서 확산되고 있는 상황이다. 문재인 정부는 노무현 정부와 달리 한미동맹관계를 중시할 것이라는 기대감에서 출발했으나 현재는 "혹시나 했는데 역시나(참여정부 2.0이라는 평가의 확산)"라는 평가가 나오고 있다. 이는 일시적인 현상이 아닐 수 있으며 중·장기적으로 파급 영향을 미칠 수 있다는 점에 유의해야 한다.

　이와 같은 한국 정부에 대한 불신은 북핵 문제에 관한 미국의 협조 확보에 장애요인이 되며 나아가 한미동맹을 약화시키는 요인으로 작용할 가능성이 높다.

(4) 동맹 조정이 비핵화보다 앞서 나갈 가능성과
　　방기 위험성의 증가

한미동맹의 조정이 안보 현실보다는 미래에 대한 희망과 기대감에 기초하여 앞서 가는 현상이 발생할 수 있다. 이는 안보 불안 상황으로 귀결되거나 안보 착시 현상을 초래할 수 있다. 즉, 전시작전통제권 전환, 새로운 지휘체계, 새로운 작전계획, 방위비 분담 등의 문제가 북핵 문제와 연동되어 급격히 진행될 수 있으며 미국의 대한국 방위공약의 약화로 연결될 가능성이 있다.

　조건에 기초한 전시작전통제권의 조속한 전환에서 한국이 조건보다는 시기에 집중하면서 적절한 부담을 하지 않고 있다는 인상을 줄 경우에 미국(특히 트럼프 대통령)이 동맹 전환을 급격히 추진할 수도 있음에 유의해야 한다. 미국은 한국이 원하는 종전선언 혹은 평화선언을 채택하고 한국으로부터 미군을 감축하거나 철수하는 방안을 고려할 수도 있으며 미국판 두 개의 한국정책이 추진될 수도 있다. 즉, 북한과 한국을 다 관리할 수 있는 체제로의 전환도 고려할 수 있을 것이다.

(5) 2017년 국면으로의 회귀 가능성 존재

미국은 대화를 통해 북한의 도발을 예방하고 타결을 모색하는 입장을 견지할 것이다. 하지만 북한이 미사일 시험 등 전략 도발을 강행할 경우 혹은 협상에서 진전이 없다고 판단할 경우에 제재와 압박으로 회귀할 가능성도 배제할 수 없다. 미국은 경제적 제재뿐만 아니라 군사적 압박도 병행 추진할 것으로 예상된다. 이 경우에 한국의 의사와는 무관하게 일본과의 협력이나 독자적인 군사적 압박 수단을 사용할 것으로 보인다. 또한 한국 정부뿐만 아니라 한국 기업 및 은행도 제재를 이행하지 않거나 이를 위반할 경우에 제재 대상(세컨더리 보이콧)에 포함시킬 수 있을 것이다.

라. 주요 과제와 추진 방안

(1) 주요 과제

한국이 미북관계, 남북관계, 한미관계를 선순환적 관계로 발전시켜나가기 위해서는 다음과 같은 3대 과제를 해결해야 한다.

　① 미북관계의 진전 방안 모색(비핵화의 접점 도출)
　② 동맹관계의 안정적 관리 및 조정
　③ 관련국들의 협조 확보 및 부정적 관여 차단

이와 관련된 3개의 세부 과제를 제시하면 다음과 같다.

① 미국의 한국에 대한 신뢰 회복 및 한미공조 강화
② 바람직한 한반도 및 동북아 전략 구도에 관한 비전 마련
③ 미북관계, 남북관계, 한미동맹 간의 관계 설정 및 한미동맹 조정
   로드맵 강구('post-North Korea' 상황에 대한 대비도 요구됨)

(2) 추진 원칙

이상에서 제시된 과제들은 희망과 기대감보다는 현실에 대한 철저한 이해에 기초하여 접근해야 한다. '지속 가능한 평화'라는 목표를 확고히 지키는 가운데 과도한 희망이나 기대감에 기초하여 접근하기보다는 안보 현실에 대한 객관적인 평가와 이해에 기초하여 접근해야 할 것이다. 또한 한반도의 현재 상황은 북한의 핵과 기타 위협으로 야기된 문제임을 인식하고 교류와 협력에 중점을 두는 북한의 점진적 변화에 따른 상황 변화를 추구하기보다는 안보 중심적 접근을 견지하여 핵심적인 안보 문제의 해결에 집중하는 것이 바람직하다. 이는 미국의 이해와 협조 확보도 용이하게 할 것이다.

한국은 기본적으로 한미공조에 기초하여 북핵 문제에 접근하고 해결 방안을 모색해야 할 것이다. 미국과 북한 사이에서의 중재·촉진 역할만 계속 고집할 경우에 돌파구가 마련될 수 없으며 오히려 양쪽으로부터 오는 압박과 불신만 커질 것이다. 한국이 북한의 대변인이라는 인식이 미국 내에 확산되고 있음에 유의해야 한다. 제반 여건을 고려할 때 남북관계의 진전이 현재와 같은 수준으로 지속되거나 진전될 가능성은 낮아질 것으로 예상된다. 한국 정부가 북한의 호응과 긍정적 반응을 확보하기 위해서는 철저한 한미공조가 핵심이 된다는 사실을 인식해야 한다. 한미 공동의 접근법을 마련하고 한미공조를 근간으로 한 대

북 접근을 추진함으로써 미국의 불신과 우려를 사전에 차단하고 협조를 확보해야 할 것이다.

동시에 한국 정부는 미북관계와 남북관계의 연동성을 고려한 접근도 모색해야 한다. 남북관계의 진전을 통해 비핵화를 견인하겠다는 접근은 미국으로부터 거부당할 가능성이 크며 한국의 인질화 현상을 초래할 것이다. 한국이 비핵화의 장애물로 인식될 가능성도 배제할 수 없다. 따라서 한국은 인도적 부분에서의 자율성과 독립성을 확보하는 수준에서 공간을 확보하되 여타 문제에 대해서는 미북관계의 진전을 전제로 추진하는 방식으로 전환할 필요가 있다. 물론 북한이 이러한 접근을 비난하고 거부할 가능성이 크지만, 이는 단기적 반응에 그칠 것이다. 이러한 방안은 중·장기적으로 비핵화를 중심으로 하는 미북관계의 개선에 도움이 되고 비핵화를 촉진한다. 이는 다시 남북관계의 진전에 긍정적인 요인으로 작용할 것이다. 따라서 순서적으로 한미 협의·합의에 근거한 '공조 → 미북관계 진전 → 남북관계 진전'으로 추진하는 방식이 안전할 것으로 판단된다.

또한 한국은 비핵화 결과로서의 한미동맹관계의 조정과 변화를 추구해야 할 것이다. 비핵화의 진전 상황에 따라 이에 상응하는 동맹의 조정을 추구하는 것이 안보 상황을 안정적으로 관리하고 북한의 비핵화를 촉진하는 데 도움이 될 것이다. 한미동맹에 중대한 영향을 줄 수 있는 조치나 합의는 지양하고 상응하는 북한의 조치가 있을 경우에만 검토할 수 있다는 입장을 견지함으로써 대북 협상력을 제고하고 미국의 신뢰를 확보해야 한다. 다만 남북관계는 인도적 부분에서 독립성을 확보할 필요가 있다. 미국도 이러한 부분에서는 유연성을 발휘하도록 국제사회의 지지를 확보하여 공동의 보편적 문제를 해결하는 차원에서 접근해야 할 것이다. 기아, 질병, 보건, 물, 자연재해 및 재난 등 초국가적 인간안보와 관련된 문제는 핵 문제와 분리하여 별개로 관여하도록 해야 한다.

한국 정부는 국제연대를 형성·확장하는 노력도 병행해야 할 것이다. 미북관계의 진전을 촉진하기 위해 중층적 협조체제를 구축할 필요가 있으며, 특히 대북제재에 참여하고 있는 국가들의 협조가 요구된다. 또한 북한의 외교활동이 활발한 지역의 국가들과의 협력도 확보해야 한다. 미북관계의 진전에 호응하는 세력과의 협력도 확보하여 긍정적인 대외여건을 조성하고 간접대화의 기회를 제공하는 것도 고려해야 한다. 즉, 미북관계를 단절 혹은 고립된 차원에서 규정하기보다는 복합적인 차원에서 규정하고 접근하는 형식을 취해야 할 것이다.

한국은 'post-North Korea' 시기를 대비해야 한다. 'post-North Korea'를 염두에 둔 한미동맹 조정에도 관심을 가지고 대책을 강구하는 것이 필요하다. 이는 한국의 대주변국 전략적 레버리지를 확보하는 데 필요한 조치이며 미국과의 북핵 관련 협력에도 긍정적으로 작용할 것이기 때문이다. 한편 일본, 호주, NATO 등과의 동맹을 확장하고 연대하는 방안도 고려해야 한다. 이는 동맹의 새로운 임무와 활력 확보에 기여할 것이며, 'post-North Korea' 시기를 대비하고 한국의 전략적 가치와 위상을 제고하는 데에도 기여할 것이다.

(3) 추진 방안

한국은 우선 남북관계의 진전 및 한국의 대북정책에 대한 미국의 신뢰를 확보할 필요가 있다. 비핵화의 개념, 이에 따른 제재 해제나 완화의 절차, 규모, 수준 등에 대한 한미 간의 협의와 합의가 요구된다.

현재 미국이 한국의 대북정책에 대한 우려와 한국 정부에 대한 불신을 가지고 있는 상황임을 유념해야 한다.[7] 미국은 한국에 대해 속도 조절과 제재 유지를 강조하고 있는 바여서 이에 관한 한국의 입장을 명확히 하는 것이 필요하다. 한국 정부는 원칙적으로 불가역적인 비핵화 단계에 진입해야 제재를 해제할 수 있다는 입장을 보이고 있으나 미국은 이를 믿지 못하고 있는 상황이다. 북한산 석탄 수입, 철도·도로 연결사업을 위한 사전조사, 금강산 관광사업 재개, 개성공단 재개 등에 관한 한국 정부의 입장에 대해 미국 내의 우려와 불신이 높아지고 있으며 이로 인해 대북제재가 약화될 가능성을 우려하고 있다. 4·27 판문점선언과 9·19 평양공동선언에서 한국이 북한에 대해 너무 많은 양보와 약속을 했다는 점에 대해 미국은 우려하고 있다.

남북관계의 진전을 통해 비핵화를 견인하겠다는 한국 정부의 접근이 비핵화에 오히려 장애요인으로 작용할 수 있다는 점과 국제공조보다 민족공조를 우선시한다는 인식에 따른 불신으로 한미공조의 균열이 발생하고 있음에 유의해야 한다. 제재의 틀 내에서 남북이 할 수 있는 일을 한다는 기조가 한국 정부 내에서 강화될 가능성도 문제로 부각되고 있다. 제재와 관련된 한미공조가 사실상 잘 이루어지지 않고 있으며 관련 정보도 공유되지 못해서 의혹이 증폭되고 있는 상황이다. 미국은 한국이 너무 앞서 나가려는 것으로 보고 있으며 이에 대한 불편함과 거부감이 증가하고 있음에 주목해야 한다.

따라서 비핵화의 진전에 따른 제재 해제의 절차, 규모, 수준에 대한 확실한 입장을 전달하고 공통의 로드맵과 행동계획을 마련해야 한다. 결론적으로 현 단계에 적합한 관여정책 방안을 마련함으로써 미국

---

7 "브루스 클링너 해리티지재단 선임연구원 '미국은 문재인 정부를 불신하고 있다'", 『미래한국』, 2019년 1월 29일자, http://www.futurekorea.co.kr/news/articleView. html?idxno=114833 (최종 검색일자: 2019년 2월 1일).

의 우려와 불신을 해소하는 것이 급선무이다. 구체적으로는 한미동맹과 한국에 대한 확신을 심어주는 작업에서 출발하여 현안에 대한 조율을 추진하고 안정적인 관리·강화를 모색하는 것이 바람직하다. 이러한 접근은 현안을 둘러싼 이견을 해소하는 데 효과가 있을 것으로 기대된다.

한국 정부는 한미 협의 및 공조 체계의 강화를 모색하고 포괄적·입체적 그림을 마련해야 할 것이다. 한미 양국은 비핵화 실무진(denuclearization task force)을 구성하고 협의를 강화하기로 합의했다. 이는 의미 있는 합의로 평가할 수 있으나 비핵화를 넘어선 보다 장기적이고 근본적인 문제에 대한 논의도 필요하다. 따라서 이 TF를 통해 단기, 중기, 장기 3단계와 분야별 진전과 상호 연계성을 반영한 접근법에 합의하고 이에 기초하여 비핵화와 평화체제를 수립해나가야 할 것이다. 또한 비핵화와 연계한 한미동맹 조정 방안도 협의해야 할 것이다. 즉, 비핵화, 평화체제, 동맹의 세 가지 요소를 어떻게 연계할 것인가에 대한 공동의 구상을 마련하고 추진하는 방향으로 접근해야 한다.

한미 간의 기존 2+2(외무·국방장관) 협의체를 활성화하는 것 역시 필요하다. 문재인 정부의 출범 후에 2+2 회의가 개최되지 않고 있음에 주목할 필요가 있다. 이러한 협의체가 작동하지 않고 있다는 사실은 상호 연계된 문제들이 포괄적·입체적으로 논의되기보다는 파편화·분절화되어 논의될 가능성이 있음을 의미한다. 따라서 상승효과를 확보하기 위해서는 포괄적 논의를 하는 방식으로 전환할 것이 요구된다. 한국은 이처럼 미국 측에 대한 사전협의와 합의를 적극 모색해야 한다. 양국 간에 이견이 있을 수 있음은 양해할 수 있는 사안이나 일방적 통보에 가까운 협의는 우려와 의혹을 초래하는 장애요인으로 작용할 수 있음을 유념해야 한다.

한국 정부는 이러한 방식들을 통해 남북관계, 미북관계, 한미관계의 진전 방향과 속도에 대한 협의와 합의를 도출해야 할 것이다. 특히 상기와 같은 협의체를 활성화하여 남북관계, 미북관계, 한미관계를 어떻게 연동하여 추진할 것인지에 관한 로드맵을 마련해야 한다. 북한의 핵과 미사일 능력이 고도화됨에 따라 북한이 미국에 직접적인 위협이 되었다. 이는 남·북·미 3자 관계에서의 구조적 변화를 가져왔으며 한국의 독자공간 확보와 행보에 제약 요인으로 작용하고 있음을 고려해야 한다. 만일 한국의 독자행보가 자국의 안보 이익에 위해가 된다고 미국이 판단할 경우에 한국을 제외하고 독자적인 행동을 취할 수 있음을 간과해서는 안 된다. 독자공간의 확보를 위한 행동이나 접근이 오히려 역효과를 초래할 가능성이 있음에 유의해야 한다.

따라서 남북관계가 미북관계에 종속되는 것을 최소화함으로써 미국의 우려와 의혹으로 남북관계의 진전에 장애가 발생하지 않도록 해야 한다. 어떤 부분에서는 남북관계의 진전을 모색하고 어떤 부분에서는 미북관계와 연동할 것인지를 명확히 해야 미국의 협조 확보에 도움이 된다. 구체적으로는 인도적 부분에서의 독립성 확보에 중점을 두고 여타 부분, 특히 경제 부분의 협력에 대해서는 미래 비전만 있을 뿐 비핵화의 진전 없이 추진하지 않을 것임을 분명히 하여 미국의 우려를 해소해야 한다. 이러한 접근은 한국의 대미 종속화를 의미하지 않는다. 오히려 미국을 전략적 수단으로 활용하여 북한에 대한 레버리지를 확보할 수 있을 뿐만 아니라 미국의 신뢰를 확보함으로써 남북관계에서의 독자공간·독립성·자율성·유연성 확보에도 기여할 것이다. 독립성 확보를 위한 성급한 접근은 오히려 부정적인 효과를 초래할 가능성이 높다. 한국 정부는 한미동맹과 공조에 기초하여 대북 문제에 접근한다는 기본 원칙을 지속적으로 견지하는 가운데 미국의 협조를 확보하고 남북관계 진전의 추동력을 유지하면서 한국이 바라는 것을 북한으로 부터 얻어내야 한다.

한국 정부는 북한을 넘어선 장기적 동맹의 모습을 미국에 제시해야 할 것이다. 현재 한미 간의 공조는 북한 문제를 중심으로 이루어지고 있으나 외부 환경은 큰 틀에서 변화가 진행되고 있음에 유의해야 한다. 미국과 중국의 관계는 협력과 경쟁에서 경쟁과 견제, 갈등으로 진화하고 있으며 이러한 전략적 경쟁은 향후 상당 기간 지속되고 심화될 것으로 보인다. 오바마 정부의 대중정책은 실패했으며 중국에 이익을 주고 중국의 부상을 방관했다고 평가된다('too little, too late'). 반면 트럼프 행정부는 '미국 우선주의'에 입각하여 중국, 러시아, 북한을 위협(현상 파괴를 도모하는 비자유주의 세력)으로 간주하고 이에 적극 대처하고자 하는 전략 목표를 추구하고 있는 것으로 평가된다(NSS). 현재 중국은 국제규범·규칙·제도를 준수한다고 하지만 궁극적으로는 중국 중심의 지역 및 세계 구도, 제도와 규범(Sino-centric regional and global order and rules) 구축을 목표로 하고 있다.

미국은 그동안 대응 방식에 있어서 대중국 국제연대를 모색하지 않고 미국과 중국 양자 간의 대결로 몰고 가는 경향을 보여왔다. 그런데 최근에는 '인도-태평양 전략(사실상 트럼프판 재균형 전략으로 볼 수 있으며 인도를 적극 활용하려는 점에서 차이가 있음)'을 매개로 다른 국가들과 연대를 형성하려는 양상을 보이고 있다. 중국의 취약한 부분을 찾아 공략하거나 같은 부분에서 경쟁하려는 모습도 보이고 있다.

한국이 오로지 북한 문제에만 집중하여 주변 정세와 큰 판의 변화에 둔감해진다면 상당한 한계와 제약이 초래될 것이다. 큰 판과 거대 게임의 변화가 북한 문제의 해결에 구조적 영향을 줄 터이므로 강대국의 관계 변화에 대해 관심을 가지고 방책을 마련해야 한다. 이러한 차원에서 'post-North Korea'의 시기와 상황에 대비하는 전략적 기반을 구축하는 작업이 요구된다.

최근 미중관계가 갈등과 견제의 방향으로 진행됨에 따라 한국 정부의 입장에서 '안보는 미국, 경제는 중국'이라는 이분법은 더 이상 유효하지 않다. 또한 미국과 중국 양측으로부터 선택을 강요당하는 상황으로 진행되고 있다. 따라서 북한 문제는 물론 여타 안보·경제적 측면에서 한국의 독립적 공간 확보와 자율성 확보에 제약이 증가하고 있는 것으로 보인다. 또한 한국에 대한 신뢰가 약화될 가능성이 증가하고 있는 상황이다. 즉, 미국과 중국 어느 국가로부터도 확고한 신뢰와 협조를 받지 못하는 상태에 놓일 가능성이 커지고 있다.

미국과 중국은 평화체제에 관해 상이한 입장을 보이면서 북핵 문제의 해결 차원을 넘어선 지역 안보 구도 변화의 차원에서 접근하고 있다. 이러한 경향은 향후 더욱 강화될 것으로 예상된다. 예를 들어, 미국은 유엔사의 기능과 위상 유지와 강화를 주장하는 반면 중국과 러시아는 유엔사의 해체를 주장하는 상황이다. 평화체제의 구축은 단기간에 타결 및 완성될 수 있는 것이 아니지만 평화체제에 관한 논의는 향후 동북아 질서 재편의 기폭제가 될 수 있으므로 관련국들의 면밀한 계산에 따라 좌우될 가능성이 매우 높다. 중국은 종전선언 혹은 평화협정을 매개로 미국의 영향력을 약화시키고 동맹을 파기하려는 의도를 가지고 접근하는 반면, 미국과 일본은 동맹 유지와 비핵화를 분리하여 접근할 것으로 전망된다.

이러한 판의 변화 추세에서 한미동맹관계를 계속 유지하려면 'post-North Korea'의 상황하에서 동맹의 목표·역할·기능에 대해 협의 및 합의를 할 필요가 있다. 이를 위해 한국은 미래의 동맹비전 혹은 안보협력비전을 강구해야 한다. 또한 특화된 영역·이슈와 가치를 중심으로 한 협력망 및 안전망을 구축하여 미중 갈등 속에서 생존 전략을 마련하고 미중 갈등에서 야기되는 제약과 압박을 완화하는 장치를 마련해야 한다. 특히 미국이 추구하는 인도-태평양 전략과 한미동맹관계의 연계 방식 및 한계 설정, 구체적 내용 등에 대한 우리의 답이 필요하다.

한국 정부는 기본적으로 인도-태평양 전략의 주효한 축으로 동맹의 위상을 설정하고 그 틀 내에서 우리의 영향력과 지분을 확보해야 한다. 이러한 전략적 협력은 북핵 문제 및 한반도 문제의 해결에도 도움이 될 것이다. 이와 함께 어느 특정 국가의 편을 드는 것이 아니라 우리가 지향하는 가치와 관련하여 현재 제기되고 있거나 앞으로 제기될 이슈의 이해관계국들과의 협력을 모색하는 유연한 전략과 정책을 추진하는 것을 적극 고려하고 행동을 통해 확인할 필요가 있다.

한국 정부는 비핵화의 결과에 따른 동맹 조정을 모색하는 방향으로 북핵 문제에 접근해야 할 것이다. 현재 동맹 조정 과정이 안보 현실보다 앞서 나가는 경향을 보이고 있다는 국내외의 우려가 제기되고 있다. 반면 제50차 한미연례안보회의에서 현재와 동일한 연합방위지휘체계를 유지하겠다는 입장을 재확인한 것[8]은 긍정적으로 평가된다(사령관은 한국군 4성 장성, 부사령관은 미군 4성 장성이라는 변화는 기존의 틀을 유지함을 의미한다).

한국은 남북 간의 군사적 신뢰 구축 및 긴장 완화 조치가 연합방위태세를 위축 또는 약화시킬 가능성을 사전에 차단해야 한다. 따라서

---

8 제50차 한미안보협의회의(SCM) 공동성명 제9항, http://www.korea.kr/policy/pressReleaseView.do?newsId=156302190&call_from=rsslink (최종검색일자: 2019년 2월 1일).

이와 관련되거나 유사한 성격의 문제에 관하여 한미 간의 협의가 이루어지고 한반도 군비통제에 관한 행동 계획이 작성되어야 한다. 주한미군 문제를 협상의제화하는 것은 절대로 지양해야 하며 추후 주한미군 문제를 논의할 수 있다는 가능성을 열어둘 필요가 있다. 이와 관련하여 김대중 정부가 발표한 주한미군에 관한 입장[9]을 견지하는 것이 필요하다. 이에 따르면, 주한미군은 한미 양국 간의 문제이므로 제3자가 개입할 수 없지만 남북 간의 긴장 완화와 신뢰 구축이 진전되면 한반도 전체 무력의 문제로 주한미군 문제를 논의할 수 있다. 즉, 남북 간 협의의 결과에 따라 사후 주한미군 문제를 논의할 수 있는 가능성은 열어두되 이 역시 한미 간에 논의한다는 원칙을 견지함이 타당할 것이다.

한국 정부는 전시작전통제권과 관련해서 조건이냐 시기냐의 문제에서 원칙적으로 조건에 기초한 전작권 전환이라는 입장[10]이지만 차츰 조기 전환에 무게가 실리고 있다는 지적이 제기된다. 기존의 합의를 준수하는 입장에서 접근하되 조건을 보다 구체화하는 것이 우려를 해소하고 명확성을 제고하는 데 도움이 될 것이다. 이와 연동하여 한국군의 능력을 확보하는 문제에도 관심을 가져야 하며 한국 방위의 한국화를 위한 기초 전력의 확보에 노력해야 한다. 한국군의 지휘 능력에 관해 미국의 신뢰를 담보할 수 있는 운용 능력과 인적 자산의 확보에도 노력해야 할 것이다.

한미동맹 조정은 이하와 같은 단계 및 조치를 통해 모색할 수 있

---

9   "출입기자간담회 대통령 질의응답", 국정홍보처, 1999년 4월 14일, http://www.korea.kr/news/pressReleaseView.do?newsId=30016657 (최종검색일자: 2019년 2월 1일); "6.25 제50주년 기념사(통한의 6월, 희망의 6월)"(2000년 6월 25일 연설), 『김대중대통령연설문집』 제3권, http://www.pa.go.kr/research/contents/speech/index.jsp (최종검색일자: 2019년 2월 1일).

10 『2018년 국방백서』, 대한민국 국방부, pp.133-134.

다. 한국은 앞서 언급한 바와 같이 동맹 조정을 비핵화의 전제가 아닌 비핵화의 결과로 보아야 한다. 북한은 체제 안전보장과 군사적 위협의 제거를 요구하고 있으나 이를 무조건적으로 수용하는 것은 바람직하지 않다. 다만 일부 상징적인 조치와 보완 조치를 통해 연합방위태세를 유지하는 방안을 고려할 수 있을 것이다.

그러나 상기와 같은 바람직한 변환에 차질이 발생할 가능성도 고려해야 한다. 특히 트럼프 행정부가 주한미군을 철수하지 않을 것이라는 믿음은 그 반대의 결과로 나타날 수 있음에 유의해야 한다. 트럼프 대통령은 동맹에 대한 이해와 믿음이 약하므로 급격한 변화, 즉 주한미군의 감축과 철수를 요구할 수도 있다. 미북 혹은 남·북·미의 종전선언이 채택될 경우에 트럼프 대통령은 동맹에 대한 부담을 덜기 위해 한국에 더 큰 분담을 강요할 수 있으며 한국이 이를 수용하지 않을 경우에는 일방적 감축과 조정도 불사할 가능성이 있다. 이와 같은 상황이 발생하지 않기 위해서는 비핵화 절차와 별개로 확장형 전략동맹으로 한미동맹을 변환하는 노력을 기울여야 할 것이다. 가장 중요한 것은 중국에 대한 전략을 세우고 동맹의 의미를 규정하는 작업일 것이다.

한국 정부는 비핵화의 결과로서의 동맹 조정 원칙을 준수해야 한다. 기본적으로 동맹을 협상의 대상으로 의제화하는 것을 지양해야 한다. 그리고 비핵화의 결과가 동맹 조정에 영향을 미칠 것이고 이는 한반도의 안정과 비핵화를 견인하는 핵심 사항임을 지속적으로 강조해야 한다. 이러한 내용을 중심으로 대미 공공외교를 전개할 것이 요구된다. 새로운 상황 혹은 바람직한 한반도의 최종단계 이후의 동맹의 의미와 역할에 대한 한국의 입장을 설정하고 이에 대한 이해와 지지를 확보하기 위한 노력도 기울여야 한다. 지금처럼 현재 진행 중인 사항에 집중된 논의는 미래 한미관계의 관리 및 강화에 제한적인 영향만을 미

단계	북한 비핵화	북한 체제 안전보장	동맹 조정
협상	- 핵미사일 모라토리엄 - 비핵화 일정의 확정 - 초기 단계 조치 합의(핵심 시설 및 프로그램에 관한 신고와 검증 합의)	- 종전선언 논의(남북, 남·북· 미 혹은 남·북·미·중) - 미북 대화채널의 정례화 - 후반기 종전선언 - 긴장 완화 및 군비통제 방안 논의와 일부 조치 시행	- 기본 골격과 체계 유지 - 훈련 조정의 모색(전략자산 불전개, CPX 강화 등) - 미래 동맹에 대한 논의 및 합의 - 새로운 역할 분담과 지휘체계 논의 - 전작권 전환을 위한 내부적 조건 충족의 가속화 - 한반도 군비통제에 대한 한미 간 협의와 합의 - 인도-태평양 전략과 동맹의 역할에 대한 논의
이행	- 사찰 및 검증 실시(필요 시 의혹 해소를 위한 추가 사찰 방안도 논의) - NPT 복귀 준비 및 세이프가드(Safeguard) 일부 수용(모니터링 도입 및 유지) - 중·장거리 탄도미사일 및 프로그램 해체 - MTCR 규범 준수	- 종전선언 - 대북제재의 부분 완화(유엔 및 일방적 제재) - 대북 투자에 대한 탐색 및 협의 - 연락사무소의 설치 및 수교협상 진행(대표부의 설치도 가능) - 유엔을 통한 안전보장 논의 - 국제금융기구 가입을 위한 준비 작업의 지원	- 역할 및 임무 변환의 시작 - 연합훈련의 조정 및 변환 - 전작권 전환 추진 - 새로운 지휘체계 검증 - 동맹의 영역 확장 및 세계화 추진 - 확장 억제에 관한 새로운 논의의 시작 및 조정 - 남·북·미 3자 군사회담의 제도화(혹은 정전위의 복원과 중립국감독위원회 활동의 강화)
완료	- 완전 검증 및 시설 해체 - 인적 자산 문제의 해결(CTR) - 한반도 탄도미사일 협정 체결	- 미북수교 - 제재의 완전 해제(적성국 교역법과 시장경제지위의 인정은 유보) - 평화협정 체결 및 유엔사 해체(혹은 성격 재규정) - 북한의 국제금융기구 가입 - 대규모 경제지원 및 민간 투자 시행	- 주한미군의 규모 조정(해·공군력을 중심으로 재편) - 한반도를 넘어서 한국군의 역할과 기여의 확대 - 글로벌 동맹화의 적극 추진 - 한반도를 넘어선 군사훈련 참여의 확대 및 비전통안보 문제에 대한 협력 강화 및 체제 가동 - 유엔사 해체 및 대체 보장기구 도입

칠 것이다. 한국에 대한 신뢰와 가치가 재평가될 가능성이 있음을 고려해서 'post-North Korea'에 대한 비전과 전략을 세우고 공유하며 관련 기반을 조성하는 노력을 경주해야 한다.

이처럼 한미 간의 신뢰와 공조를 회복하는 것이 한국이 당면한 최우선 과제이다. 북핵 문제를 둘러싼 접근법상의 차이로 인해 미국의 한국에 대한 불신이 쌓여가고 있으며 미국이 관심을 갖고 있는 여타 범지역적·범지구적 문제에 대한 한국의 참여와 기여가 미흡하다는 미국 내의 평가는 한미관계의 전망을 어둡게 하는 요인으로 작용하고 있다. 한국이 직면한 현안을 해결하고 원만하고 안정적인 발전 및 변환을 위해서도 한미 간의 공감대를 확장하기 위한 노력이 필요하다. 이를 차후로 미루는 것은 현안 해결과 관련된 한미 간의 공조에도 부정적인 영향을 미칠 것이라는 점에 유의해야 한다.

한국 정부는 우선 남북관계와 미북관계가 병행적으로 발전해야 함을 재차 확인하고 남북관계의 발전을 통해 비핵화를 견인하거나 촉진한다는 접근을 지양해야 한다. 특히 기존의 한미공조에 기초하여 북한의 비핵화를 추진한다는 원칙에 충실한 모습을 보여야 한다. 이를 위해 남북관계의 속도를 조절하고 현재 진행 중인 남북교류협력 프로그램에 대한 미국 측의 의혹 해소에 집중해야 한다. 북한에 유화적인 정책을 취하는 것이 아니라 구조와 여건을 만들어 북한이 빠져나가지 못하도록 하는 전략임을 강조할 필요가 있다.

한국은 비핵화의 개념과 정의를 확실히 하고 단계별 추진 방안과 각각의 단계에서 무엇을 주고받을 것인지를 정해야 한다. 과거 페리 프로세스와 같이 남북, 미북, 한미의 3각 고리가 어떻게 연결되고 연동할 것인지를 확인하는 작업이 필요하다. 이번에 구성된 한미 비핵화 실무단이 이러한 작업을 진행해야 하며, 핵 문제를 넘어서 전반적인 북한 문제를 논의 및 협의의 대상으로 하는 것이 바람직할 것이다.

한편 북핵 및 북한 문제와는 별개로 미래 동맹에 관한 청사진을 마련하는 작업을 추진하고 현 단계에서 할 수 있는 것은 함으로써 미국의 동맹 및 한국에 대한 믿음과 가치를 확인하는 것도 필요하다. 한국의 전략적 가치가 지속적으로 유지·증가하고 있음을 미국에 확인시켜주어야 하는 것이다. 이를 위해 한미동맹의 미래 비전을 작성하는 작업을 실시하여 정상회담에서 채택하는 형식과 절차를 추진해야 한다. 비전의 주요 내용에는 동맹의 목표와 지향점(보편적 가치 구현을 위한 동맹, 어느 특정 위협이나 지역에 국한한 것이 아님), 책임과 이익의 공유, 향후 환경에 대한 평가와 전망, 주요 도전과 문제점(동맹이 무엇을 해야 하지에 관한 것, 즉 과업 설정에 관한 내용), 주요 협력 이슈와 방법 등이 포함되어야 하며 단순한 군사동맹이 아닌 포괄적 전략동맹을 지향하고 있음을 적시해야 할 것이다.

한국의 지역 차원의 역할이나 임무에 대한 미국의 요구도 있을 것이다. 하지만 이는 중국을 자극할 수 있기 때문에 이슈 중심의 글로벌 동맹을 지향한다는 방향에서 추진하되 이를 통해 간접적으로 지역 차원의 문제와 도전에도 기여한다는 우회적인 방식으로 접근할 수 있을 것이다. 즉, 미래를 보고 현재로 와서 미래를 준비하는 형식으로 추진하는 것이다.

한국 정부는 평화체제의 정형, 조건, 형식, 절차 등에 관한 한미 간의 협의를 통해 어떠한 경로를 거쳐 평화체제를 구축할지를 설정하는 작업을 실시해야 한다. 이는 단순히 북핵 문제만 다루는 것이 아닌, 북한의 위협 전반을 포괄하는 것이 되어야 한다. 핵 문제는 우리가 해결해야 할 여러 가지 문제 중 하나에 불과하다. 여타 대량살상무기, 미사일, 재래식 군사 위협, 인권 등의 문제와도 직간접적으로 연관지어 추진해야 한다. 이러한 부분에서 한국이 일정한 유연성이나 독립적 공간을 확보할 수 있을 것으로 판단된다. 또한 남북 간의 긴장 완화와 군비통제의 문제를 고려하여 한미관계를 조정하는 것도 생각해보아야 한다. 신뢰 구축 조치를 포함한 재래식 군비통제가 주한미군과 한미연합방위체제에 미칠 영향이 핵 문제보다 클 수 있다는 점을 고려해서 핵 문제뿐만 아니라 재래식 군비통제와의 연계성도 충분히 고려한 동맹 조정 방안을 만들어야 할 것이다.

한국은 미국과의 협력을 추진하되 여타 우방국들과도 협력을 강화하여 한국 나름의 협력 네트워크를 구축하고 이를 통해 한국의 전략적 가치를 제고하여 대미 협상력을 제고해야 한다. 한미동맹은 그 자체가 목적이 아니라 수단이라는 점을 인식하고 동맹에 너무 집착하기보다는 이를 보완할 수 있는 장치를 마련할 필요가 있다. 한국의 특화된 영역이나 이슈를 중심으로 다양한 글로벌 협력망을 구축하는 것은 동맹 내에서의 한국의 위상과 입지를 제고 및 강화하는 데 크게 기여할 것이다.

4

한반도 평화체제 구축을 위한 남북경협 방안

윤덕룡

요약 ··

- 대북 경제제재의 강화로 북한 경제의 회복되던 성장세가 재추락하여 사회경제적 충격이 커졌다. 김정은 정부가 제시한 수차례의 경제발전계획과 경제개발구정책 등은 외부 투자와 국제시장과의 연계 없이는 성공하기 어렵다.

- 한국이 제시한 한반도 신경제지도 구상, 통일경제특구 구상, 동아시아 철도공동체 구상 등은 북한의 경제개발구정책 및 경제발전계획과의 연계가 가능하다. 남북 정상이 발표한 판문점선언과 평양공동선언의 내용에서도 그 가능성이 보이고 있다.

- 현재 남북한은 기존의 질서를 새로운 평화체제로 대체하기를 원하나 국제사회의 이해관계는 기존의 질서를 유지하는 것일 수 있다. 그러므로 새로운 체제의 도입이 관련국의 이해를 해치지 않을 것이라는 보장과 새로운 편익을 제공할 필요가 있다.

- 북한에 대해서는 북한의 변화가 지속적으로 추동될 수 있도록 적어도 파일럿 프로젝트의

시행으로 평화체제의 도입이 북한에 더 나은 미래를 보장할 수 있다는 확신을 줄 필요가 있다.

- 북한 지역의 경제개발은 북한이 책임의식을 가지고 주도하도록 하되 투자나 기술 지원으로 성공을 확신할 수 있도록 국제환경의 조성 및 남북경협을 통한 지원이 요구된다.

- 현재 비핵화와 제재 해제의 연계 과정은 단계적으로 추진될 가능성이 높아 보이나 가능한 시나리오별로 제재 해제의 추진 방안이 준비되어야 한다. 빅딜의 경우 일괄 해제, 선차적 비핵화 시 중요성 중심의 제재 해제나 북한에 대한 선택권 부여, 단계적 비핵화 시 제재 도입의 역순으로 제재 해제 등의 방안을 고려할 수 있다.

- 단편적 제재 해제로는 북한 경제의 성장을 추동할 수 있는 유인이 되지 못할 수 있으므로 인프라의 건설과 같은 '프로젝트형 사업'에 대한 예외 인정 등이 촉매의 역할을 할 수 있도록 구성하는 것이 필요하다. 평화체제의 도입을 위한 남북경협의 활용 관련 구상에 한미 간의 긴밀한 공조 노력이 요구된다.

가. 북한의 경제 상황과 경제개발 전략

(1) 북한의 경제 상황

북한은 기조적인 경제성장률의 하락세가 지속되고 있다. 성장률의 하락은 국내적으로 농업 작황의 저조, 전기 생산의 감소 등 단기적 요인과 대외적으로 경제 제재에 따른 교역 위축이 주된 원인이며 장기적으로는 생산 역량이 회복되지 못하고 있기 때문이다. 가뭄이나 홍수와 같은 자연재해에 따른 피해는 그동안에도 지속되어왔으나 대북제재로 인해 그 피해를 줄이거나 방지하는 데 필요한 물자를 공급하지 못한 것이 성장률을 하락시킨 원인으로 판단된다. 그동안 북한의 경제성장을 뒷받침해온 민간서비스 분야도 위축되었다. 이는 대외교역의 감소가 국내 민간의 경제활동까지 위축시킨 것으로 추정되는 대목이다. 이는 전반적으로 대외교역의 회복이 이루어지지 않는 한 북한의 경제성장률 개선을 기대하기 어려운 상황이 지속될 것임을 시사하고 있다.

북한 경제에서 가장 두드러진 최근의 특징은 대외교역의 위축이다. 2017년의 경우에 북한의 경제성장을 추동해온 대외교역이 전년 대비 15% 축소되었다. 그중 수출은 전년 대비 37.2%가 감소했고 수입은 1.8%가 증가했으며 교역수지는 20.1억 달러의 적자를 시현했다. 교역 대상국은 여전히 중국이 1위로 북한 교역의 94.75%를 차지했으며 수출의 93.16%, 수입의 95.5%를 차지했다. 북한의 대외경제에서 중국은 압도적으로 가장 중요한 대상이며 그 외 아시아 국가들이 주요 교역 대상 10개국 중 6개국을 차지하여 아시아 지역에의 의존도가 높다. 대북 경제제재의 영향으로 급격한 수출입 변동이 나타나고 있다. 석탄이나 철광석 같은 광물 수출이 가장 많이 감소했고 그동안 지속적으로

(전년 대비 증감률, %)

'90	'95	'00	'05	'10	'11	'12	'13	'14	'15	'16	'17
-4.3	-4.4	0.4	3.8	-0.5	0.8	1.3	1.1	1.0	-1.1	3.9	-3.5
(9.8)	(9.6)	(8.9)	(3.9)	(6.5)	(3.7)	(2.3)	(2.9)	(3.3)	(2.8)	(2.9)	(3.1)

주 : ( ) 안은 우리나라의 경제성장률

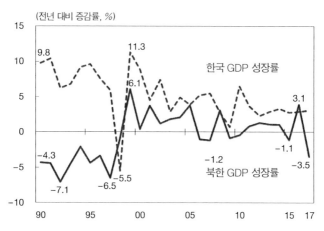

그림 3-6 북한의 경제성장률 추이

증가하던 섬유제품도 수출 증가세가 꺾였다. 대신 농림수산물 등의 수출이 증가하는 양상을 보이고 있다.

북한의 대외거래에서 중요한 비중을 차지하고 있는 인력 수출도 위축되는 현상을 피하지 못했다. 북한은 그동안 인력의 해외송출을 통해 해외소득을 증가시키고 부족한 물자를 수입하는 데 활용해왔으나 인력 송출도 대북제재의 대상으로 규정되어 소득과 물자 수입에 타격을 입었다. 최근의 인력 송출 규모는 연간 11~14만 명 정도로 추정되고 있다. 개별 근로자가 받는 임금은 중국에서는 1,000위안, 러시아에서는 200달러 수준으로 알려져 있다. 북한의 비핵화 협상 참여 이후에 북중 국경지역을 중심으로 최근 인력 송출이 다시 증가하고 있다는 보

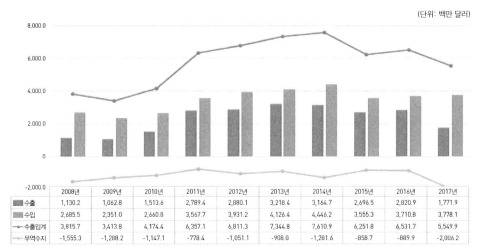

(단위: 백만 달러)

	2008년	2009년	2010년	2011년	2012년	2013년	2014년	2015년	2016년	2017년
수출	1,130.2	1,062.8	1,513.6	2,789.4	2,880.1	3,218.4	3,164.7	2,696.5	2,820.9	1,771.9
수입	2,685.5	2,351.0	2,660.8	3,567.7	3,931.2	4,126.4	4,446.2	3,555.3	3,710.8	3,778.1
수출입계	3,815.7	3,413.8	4,174.4	6,357.1	6,811.3	7,344.8	7,610.9	6,251.8	6,531.7	5,549.9
무역수지	-1,555.3	-1,288.2	-1,147.1	-778.4	-1,051.1	-908.0	-1,281.6	-858.7	-889.9	-2,006.2

그림 3-7 북한의 연도별 수출입 추이

출처: kotra

도가 있지만 제재 이전 수준으로 회복하기에는 어려움이 있을 것으로 예상된다.

　　북한의 대외거래는 2017년 기준으로 94%가 중국과의 교역으로 중국 의존도가 높아서 대북 경제제재의 실질적인 효과는 중국의 참여 정도에 의해 결정되고 있다. 북한의 핵실험과 미사일 시험 발사가 지속됨에 따라 중국이 지속적으로 대북 경제제재에의 참여를 확대하여 북중교역이 감소 추세로 전환되었다. 특히 2017년 하반기에는 이러한 제재가 강화되면서 주요 수입품인 원유에까지 확대 적용되기에 이르렀다. 북한에 대한 국제사회의 경제제재는 북한의 경제성장에 충격을 주었을 뿐만 아니라 북한 내 주민들의 생활에도 어려움을 야기했을 것으로 추정되고 있다. 남북정상회담을 시작으로 북중, 북미 정상회담의 개최와 대북 화해 분위기의 조성으로 북중 국경지역에는 대북경협의 준비가 진행되고 있다. 하지만 아직은 대북제재가 유지되고 있어 결정적인 변화는 이루어지지 못하고 있는 실정이다.

(2) 김정은 정부의 경제개발정책

김정은 정부는 전통적인 '경제·핵무력 건설 병진노선'을 기본 방향으로 추진했지만, 핵개발이 완성 단계에 들어간 것으로 판단한 최근에는 '경제우선'정책으로 전환하고 있다. 북한은 2017년까지 투자 재원을 군수공업 및 연관 기간산업 분야에 집중 투입하고 민생경제는 자력갱생에 맡기는 방식으로 운용했다. 북한은 2018년에 대외적으로 유화정책을 선택하면서 병진노선을 경제우선정책으로 전환할 것과 경제개발에 집중할 것을 선언했다. 하지만 실제적 성과는 아직 확인되지 않고 있다.

김정은 위원장은 후계자로 지정되면서 2011년 초에 10개년 경제개발계획을 수립하여 발표했다. 경제개발의 방향은 자원개발 및 산업단지 조성 등 산업 측면, 철도·도로·항만 등 인프라(SOC) 개발 측면, 금융 및 외자 유치 등의 투자 측면 등 3대 분야 중심으로 구성되었다.

그림 3-8 북한의 경제개발 방향

구체적으로는 자원개발, 하부구조, 기초산업단지, 농수축산, 토지 개발 등에 1천억 달러를 투자하는 10개년 경제건설계획을 확정[1]했다. 그리고 농업, 산업단지, 에너지 개발, 지하자원 개발 등 크게 12대 개발 분야를 선정하여 제시했다. 12대 개발 분야는 다음과 같다. 전반적인 농업 개발, 8대 공업지구 조성,[2] 국가개발은행 설립, 석유에너지 개발, 2 천만 톤의 원유 가공, 3천만 kw의 전력 확보, 2천만 톤의 제철 생산, 지 하자원 개발, 3,000km의 고속도로 건설, 2,600km의 철도 현대화, 공 항·항만 건설, 토지개발 및 도시건설 등이다.

그림 3-9 북한의 경제건설 분야

출처: 조선대풍국제투자그룹

　　10개년 경제개발계획을 실현하기 위한 조직도 정비했다. 비상설 기구로 국가경제발전특별위원회를 구성하고 실제적인 외자유치 업무는 합영투자위원회와 조선대풍국제그룹[3]이 맡았다. 그러나 이후 대풍그룹은 실적이 저조해서 합영투자위원회 산하조직으로 흡수되었고 10개년 경제개발계획은 점차 사장되는 경로를 걸었다. 이후 추진 조직마저 사라지거나 흡수 통합되었으며 합영투자위원회도 대외경제성으로 통합되었다.

　　외부세계의 투자와 개방이 전제되었던 10개년 경제개발계획이 무산되자 주민들의 경제적 생활여건의 개선을 위해 시장을 기반으로 한 부분적인 경제개혁 조치를 시도하여 내부의 생산역량을 확대하는 방향의 정책을 시행하기에 이른다. 그 대표적인 정책이 2014년에 발표된 소위 '5·30 조치'이다. 이 조치는 "우리식 경제관리 방법 확립을 위한 2014년 5·30 조치(김정은 노작)—현실 발전의 요구에 맞게 우리식 경제관리 방법을 확립할 데 대하여"라는 내용으로 발표되었다. 기본적인 방향은 '자기책임과 성과보수'를 기반으로 한 제도 개혁이 근간이다. 이를 통해 내부의 비효율을 제거하고 생산역량의 확대와 자발성을 제고하려는 의도를 가진 것으로 보이며 상당한 성과와 주민들의 지지를 획득한 것으로 추정된다.

　　북한은 2016년 5월 6~9일에 개최된 제7차 노동당대회에서 경제강국의 건설을 위한 경제정책 방향을 새롭게 제시했고 이어서 경제발

3　조선대풍국제투자그룹(이사장 전일춘, 총재 박철수)은 대외경제협력기관과 국가개발은행에 대한 투자 유치 및 자금 원천을 보장하는 경제연합체로 활동하고 있다. 총재 아래에 전략기획실·재정융자부·자원산업부·대외법률사업부·종합관리부·수출입부 등 6개 부서가 있으며, 이 중 재정융자부는 은행 융자와 국제 금융을, 자원산업부는 지하자원 개발과 철도·도로·항만·공항 등 SOC 투자를, 대외법률부는 각종 입찰 업무를 각각 맡았고, 수출입부는 세관·보세·통관 검사 등을 전담하고 있다.

표 3-10 '5·30 조치'의 주요 내용

과학기술과 생산경영관리 결합	- 생산과 기업관리의 모든 공정과 요소의 과학화
	- 연구개발 촉진, 기업집약형기업으로 전환
사회주의기업 책임 관리제	- 실질적인 경영권 보장
	- 창발적 기업 활동
기업 경쟁력 제고	- 제품개발권, 품질관리권, 인재관리권 행사
주인의식	- 분조 단위의 담당 책임제(농장, 기업소)
	- 설비 가동 제고 및 생산성 향상
노동 평가와 분배	- 일한 만큼, 번 만큼 보수
근로자 생활여건 보장	- 건강과 노동안전
	- 물질 문화생활 조건 충족
경제사업 지도	- 당위원회의 집체적 지도
	- 경영관리지식 습득, 지도관리 수준 제고
일꾼 책임	- 경제관리방법 혁신

전 5개년 계획을 제시했다.[4] 새로 제시한 경제정책 방향은 자립성, 주체성, 과학기술을 통한 경제발전이다. 그 핵심 내용은 아래와 같이 요약할 수 있다.

- 경제 건설, 인민생활에 필요한 물질적 수단의 자체생산 보장, 과학기술과 생산의 일체화, 경제성장에서 첨단기술산업의 주도적 역할 수행
- 자력자강의 정신 고취, 인민경제의 주체화·현대화·정보화·과학화 실현
- 경제 부분의 균형적 성장

---

4   북한은 36년 만에 노동당 당대회를 개최하여 권력의 중심을 군에서 당으로 다시 이동시키고 '노동당 위원장' 직을 신설하여 김정은이 취임함으로써 당을 통한 통치체제를 구축하는 한편 경제강국의 건설을 위한 방향을 발표했다.

표 3-11 중점 경제정책의 주요 내용

중점 정책	주요 내용
경제의 자립성과 주체성 보장	- 원료와 연료, 설비의 국산화 - 자체기술 개발
에너지 문제 해결	- 수력 중심, 화력 발전 배합 - 원자력 발전의 비중 제고 - 자연에너지의 적극 이용 - 에너지 절약형 경제로의 전환
식량 자급자족	- 식량 생산 증대 - 농업을 세계 수준으로 개선
중요 자원 개발	- 원유 개발 - 마그네사이트, 흑연, 규석, 희토류 등 풍부한 자원 개발
경제의 현대화 및 정보화로 지식경제 전환	- 생산공정의 자동화·지능화, 공장·기업소의 무인화 - 새 세기 산업혁명: 첨단기술 - 과학기술과 생산의 일체화 - 지식경제 하부구조의 구축: 과학, 기술, 지식이 생산을 주도하는 경영관리체계의 확립 - 첨단기술산업 육성: 정보산업, 나노산업, 생물산업 등
인민생활 향상 종사자 우대	- 노동생활조건 보장 - 물질적 생활조건 마련

북한 정부가 새롭게 제시한 국가경제발전 5개년 전략(2016~2020)의 전략 목표와 전략 방향은 다음과 같다.

- 전략 목표: 인민경제 전반의 활성화와 경제 부문 사이의 균형을 보장하여 나라의 경제를 지속적으로 발전시킬 수 있는 토대를 마련한다.
- 전략 방향:
  - 핵·경제 병진노선을 준수한다.
  - 에너지 문제를 해결한다.

– 인민경제 선행 부문, 기초공업 부문을 정상궤도에 올린다.

– 농업과 경공업 생산을 늘려 인민 생활을 결정적으로 향상시킨다.

표 3-12 국가경제발전 5개년 계획의 중점 전략과 주요 내용

중점 전략	주요 내용
전력 문제 해결에 역량 집중	– 발전소의 생산공정과 설비 정비 보강, 기술 재건 – 전력 생산원가 저하 – 전력 부분의 설비 및 자재와 자금을 우선적으로 보장하는 대책 마련 – 효과적인 전력 이용, 통합전력관리체계 구성 – 송배전망 보수, 발전소 조기 완공 – 자연에너지 확대: 풍력, 수력, 생물질 및 태양에너지
석탄공업·금속공업· 철도운수공업 획기적 개선	– 석탄공업: 매장량이 풍부하고 채굴 조건이 양호한 탄광에 집중 투자, 석탄 증산, 능률적인 채탄 방법 수용, 갱내 기계화, 운반의 다양화 – 금속공업 : 제철, 제강, 압연공정의 기술장비 수준 제고 – 원료, 연료, 동력 보장대책의 수립으로 철강재 생산 증대 – 철도운수: 유일사령지휘체계 수립, 수송조직의 과학화·합리화, 철도운송의 신속성·정확성·원활성·안전성, 철도수송수단의 개발, 철도망 정비, 철길의 중량화·고속도로화, 철도시설 및 장비의 현대화, 관리운영의 정보화 실현
기계공업·화학공업· 건재공업 부분의 전환	– 기계공업: 설비 성능 개선, 생산공정 현대화, 측정설비와 공구 문제 해결, 세계적 수준의 설계 제작 – 화학공업: 생산설비 정비 보수, 생산 능력 확충, 촉매의 국산화, 주체비료와 비날론·기초화학 제품의 정상화, 새로운 화학제품 생산기지 건설, 탄소하나화학공업 창설 – 건설: 주체적 건축미학 사상, 설계수단과 건설장비의 현대화, 건식공법 장려, 건재공업 공장·기업소의 현대화, 건재의 다양화·다종화·국산화
농업에서 생산 목표 달성	– 우량 품종 육종, 지방종 품종 맞춤별 종자생산계획 수립, 선진영농방법 수용, 유기농 장려, 고리형순환생산체계 확립 – 축산 사양관리의 과학화, 수의방역대책, 풀 먹는 축산 기르기의 대중화, 개인축산의 발전 – 과수업의 집약화·과학화 수준 제고 – 기계화 비중을 60~70%로 증대, 영농 공정의 기계화 – 어선 및 어구의 현대화, 기상예보·해상지휘·물고기 가공체계·설비체계· 배수리 체계의 구축, 바다양식 면적의 확대, 양식 방법 개선

중점 전략	주요 내용
경공업	- 모범공장 조성, 원료·자재의 국산화 - 생산 증대, 인민들 수요 보장 - 지방경제의 발전
국토관리	- 산림복구전투를 연차별 계획대로 이행 - 환경보호사업 개선
대외경제관리	- 대외무역 신용 준수 - 가공품 수출과 기술무역, 봉사무역 비중의 증대 - 합영·합작을 주체적으로 조직 - 경제개발구 투자환경 및 조건 보장
우리식 경제관리 방법 전면 확립	- 경제사업에 대한 국가의 통일적 지도와 전략적 관리 - 유령주의·형식주의·패배주의와의 결별 - 내각의 역량 집중: 경제사업 작전 및 지휘
사회주의 기업책임관리제	- 공장, 기업소, 협동단체에 사회주의 기업책임관리제 요구 준수: 경영전략, 창발적 생산, 경영권 활용

출처: 박철수, 조봉현, 정일영(2016) p. 82에서 인용

김정은 정부가 새롭게 제시한 국가경제발전 5개년 계획은 기본적으로 김정일 시대의 경제정책 방향과 크게 다르지 않다. 다만 대외부문의 확대 및 정책의 구체성 면에서는 개선된 것으로 평가되며 원가 개념, 비교우위 개념 등이 반영되어 시장 친화적 측면이 나타나는 특징을 보이고 있다.

그 외에 주목할 만한 정책으로는 경제개발구정책을 들 수 있다. 김정은 정부는 경제개발을 추동하기 위해 경제개발에 필요한 자본과 기술을 도입하기 위한 정책을 수립하고 22개의 경제개발구를 지정하여 발표했다. 2013년 11월 최고인민회의 상임위원회정령으로 각 도에 경제개발구를 설치하는 계획을 발표한 것이다. 김정일 시대에 설치한 기존의 경제특구는 중앙정부에서 지정하여 관리했으나 성공하지 못했다. 김정은 정부는 기존의 경제특구와 달리 지역별 비교우위를 고려하여 특성에 부합하는 경제개발구를 지정함으로써 지방 개발과 외자유

치에 유리한 환경을 조성하려는 측면에서 개선된 정책 방향을 보이고 있다.

북한은 '핵·경제 병진노선'에서 '경제우선정책'을 공식적으로 채택했다. 북한은 2018년 4월 20일에 북한노동당 중앙위원회 제7기 제3차 전원회의를 열어 "혁명발전의 새로운 높은 단계의 요구에 맞게 사회주의 경제건설에 총력을 집중할 데에 대하여"라는 결정서를 발표했다. 이 발표의 핵심 내용은 '국가의 전반 사업을 사회주의 경제건설에 지향시키고 모든 힘을 총 집중할 것'이다. 이 발표는 '핵의 병기화'에 성공했으므로 이제는 기존의 핵·경제 병진노선에서 경제 중심으로 정책을 전환하는 것을 공식화한 것으로 받아들여지고 있다.

나. 한국의 남북경협 프로그램

(1) 한반도 신경제지도 구상

한국 정부가 제시한 남북경협 프로그램은 '한반도 신경제지도 구상'으로 알려져 있다. 이 구상의 목표는 남북 간의 경협 재개 및 한반도 신경제지도 구상을 추진하여 남북한이 하나의 시장 협력을 지향함으로써 경제 활로의 개척 및 경제통일의 기반을 구축하는 것으로 요약된다. 한반도 신경제지도 구상은 남북경협의 3대 벨트 구축을 통해 한반도의 신성장동력을 확보하고 북방경제와의 연계를 추진한다는 것이다. 3대 협력 벨트의 구체적 내용은 다음과 같다.

첫째, 동해권 에너지·자원 벨트: 금강산, 원산·단천, 청진·나선을 남

178

그림 3-10 한반도 신경제지도 구상

출처: 통일부

북이 공동개발한 후 우리 동해안과 러시아를 연결한다.

둘째, 서해안 산업·물류·교통 벨트: 수도권, 개성공단, 평양·남포, 신의주를 연결하는 서해안 경협 벨트를 건설한다.

셋째, DMZ 환경·관광 벨트: 설악산, 금강산, 원산, 백두산을 잇는 관광 벨트를 구축하고 DMZ를 생태·평화안보 관광지구로 개발한다.

한반도 신경제지도 구상을 통해 기대하는 효과는 남북경협의 활성화이다. 국내적으로는 통일 여건의 조성, 고용 창출, 경제성장률의 제고를 추구하고 국제적으로는 한반도가 동북아 지역 경협의 허브로 도약할 수 있도록 추진하는 것이다.

(2) 통일경제특구 구상

한국 정부가 제시한 또 다른 남북경협 방안은 통일경제특구이다. 통일경제특구 구상은 2018년 8월 15일에 문재인 대통령이 8·15 경축사에서 제안한 것으로, 경기도와 강원도의 남북 접경지역을 통일경제특구로 지정·운영하자는 내용이다. 남북 간의 협의를 통해 '남북 접경지역 공동관리위원회'를 설치하고 서해 평화협력특별지대 추진 여건을 조성하자는 것이다.

(3) 동아시아 철도공동체 구상

동아시아 철도공동체 구상도 문재인 대통령이 8·15 경축사에서 제안한 내용이다. 유럽의 석탄철강 공동체가 유럽연합의 모체가 되었듯이 동아시아 철도공동체를 동아시아 에너지 공동체, 경제 공동체, 다자평화안보체제로 가는 출발점으로 삼자는 제안이다. 이 구상의 참가 대상국은 남북한, 일본, 중국, 러시아, 몽골, 미국의 7개국이다. 이 구상의 실현을 위해 전쟁 방지, 평화 구축, 경제 재건을 이룩한 유럽의 모델을 활용하자는 제안이다.

다. 남북정상회담의 남북경협 비전

(1) 남북정상회담 합의문의 경제 조항

남북경협은 2018년에 개최된 세 차례의 남북정상회담에서도 논의되었으며 정상 간의 합의문에 구체적으로 반영되었다. 그 내용은 다음과 같다.

한반도의 평화와 번영, 통일을 위한 판문점선언

(판문점선언, 4 · 27 선언)

⑥ 남과 북은 민족경제의 균형적 발전과 공동번영을 이룩하기 위하여 10 · 4선언에서 합의된 사업들을 적극 추진해 나가며 1차적으로 동해선 및 경의선 철도와 도로들을 연결하고 현대화하여 활용하기 위한 실천적 대책들을 취해 나가기로 하였다.

〈참고〉 10 · 4선언 제5항(2007년 제2차 정상회담)

남과 북은 민족경제의 균형적 발전과 공동의 번영을 위해 경제협력사업을 공리공영과 유무상통의 원칙에서 적극 활성화하고 지속적으로 확대 발전시켜 나가기로 하였다. 남과 북은 경제협력을 위한 투자를 장려하고 기반시설 확충과 자원개발을 적극 추진하며 민족내부협력사업의 특수성에 맞게 각종 우대조건과 특혜를 우선적으로 부여하기로 하였다. 남과 북은 해주지역과 주변해역을 포괄하는 서해평화협력특별지대를 설치하고 공동어로구역과 평화수역 설정, 경제특구 건설과 해주항 활용, 민간선박의 해주직항로 통과, 한강하구 공동이용 등을 적극 추진해 나가기로 하였다. 남과 북은 개성공업지구 1단계 건설을 빠른 시일 안에 완공하고 2단계 개발에 착수하며 문산-봉동 간 철도화물수송을 시작하고, 통행 · 통신 · 통관 문제를 비롯한 제반 제도적 보장조치들을 조속히 완비해 나가기로 하였다. 남과 북은 개성-신의주 철도와 개성-평양 고속도로를 공동으로 이용하기 위해 개보수 문제를 협의 · 추진해 가기로 하였다. 남과 북은 안변과 남포에 조선협력단지를 건설하며 농업, 보건의료, 환경보호 등 여러 분야

에서의 협력사업을 진행해 나가기로 하였다. 남과 북은 남북 경제협
력사업의 원활한 추진을 위해 현재의 '남북경제협력추진위원회'를
부총리급 '남북경제협력공동위원회'로 격상하기로 하였다.

9월 평양공동선언(2018년 9·19 선언)

남과 북은 상호호혜와 공리공영의 바탕 위에서 교류와 협력을 더욱
증대시키고 민족경제를 균형적으로 발전시키기 위한 실질적인 대책
들을 강구해 나가기로 하였다.

① 남과 북은 금년 내 동, 서해선 철도 및 도로 연결을 위한 착공식을
   갖기로 하였다.

② 남과 북은 조건이 마련되는 데 따라 개성공단과 금강산관광 사업
   을 우선 정상화하고, 서해경제공동특구 및 동해관광공동특구를
   조성하는 문제를 협의해 나가기로 하였다.

③ 남과 북은 자연생태계의 보호 및 복원을 위한 남북 환경협력을 적
   극 추진하기로 하였으며, 우선적으로 현재 진행 중인 산림분야 협
   력의 실천적 성과를 위해 노력하기로 하였다.

④ 남과 북은 전염성 질병의 유입 및 확산 방지를 위한 긴급조치를
   비롯한 방역 및 보건·의료 분야의 협력을 강화하기로 하였다.

---

(2) 남북정상회담 합의문 경제 조항의 특징

위의 남북정상회담 합의문에 나타난 남북경협 관련 조항들의 주요 특
징을 요약하면 다음과 같다.

　2018년 1차 남북정상회담에서 발표한 '판문점선언'에서는 '10·4

선언'의 주요 경협사업을 추진하되 1차적으로 철도와 도로들을 연결하고 현대화하겠다고 선언했다. 이 선언에서는 1차적으로 철도와 도로를 (남북 간) 연결하고 현대화하겠다고 밝힘으로써 '10·4 선언'에서의 '개보수'보다 더 적극적인 수준으로 개선할 것임을 시사하고 있다. '10·4 선언'에서는 철도와 고속도로의 개보수 목적을 '공동 이용'으로 규정하고 있어서 남한의 비용 지불에 대한 근거를 제공하고 있다.

'판문점선언'에서는 '10·4 선언'에서 합의된 사업들을 조속히 실천하겠다고 포괄적으로 합의했다. 남북 정부는 환경만 조성되면 '10·4 선언'에서 합의된 아래 사업들을 추진할 것으로 예상되고 있다. 다만 국제사회의 대북 경제제재하에서는 북한에 현금을 제공하거나 경제적 편익을 주지 못하므로 당분간 보건 의료, 환경 보호, 그리고 일부 인프라의 개선만 가능할 것으로 추정된다.

10·4 선언 합의의 실현 가능성

(괄호 안의 ×는 불가, ○는 가능, ?는 불명확)

- 투자 장려, 기반시설 확충, 자원 개발(×)
- '서해평화협력특별지대' 설치, 공동어로구역과 평화수역 설정, 경제특구 건설과 해주항 활용, 민간선박 해주 직항로 통과, 한강하구 공동 이용 등(×)
- 개성공업지구 1단계 건설 완공과 2단계 개발, 문산·봉동 간 철도 화물수송 시작, 통행·통신·통관 문제 및 제반 제도적 보장 조치 완비(×)
- 개성·신의주 철도와 개성·평양 고속도로의 공동 이용을 위한 개보수(?)

> - 안변과 남포에 조선협력단지를 건설, 농업, 보건 의료, 환경 보호
>   등(○)
> - '남북경제협력추진위원회'를 부총리급 '남북경제협력공동위원회'
>   로 격상(○)

남북 정상이 세 번째 만나서 발표한 '평양공동선언'에서는 '판문점 선언'에 비해 더 광범위한 경제협력 이슈들을 구체적으로 제시하고 있다. 그 구체적인 내용과 의미를 요약하면 다음과 같다.

첫째, 철도와 도로는 금년 내 착공식을 하기로 합의하여 시한을 정했다. 경제제재하에서는 착공식과 남북 각 지역에서의 개별적인 공사 진행은 가능하나 북측의 경우 기반보수만 제한적으로 가능하다.

둘째, 기존의 10·4 선언에서 더 나아가 동해관광공동특구 조성을 합의했다. 경제제재하에서는 선언적 의미만 존재한다.

셋째, 환경 협력, 산림 협력, 방역 및 보건·의료 협력은 10·4 선언에도 들어 있는 내용을 재확인했다. 이 사업들은 제재 환경에서도 시행이 가능하므로 더 적극화될 가능성이 부각된다.

라. 남북경협의 기본 방향

남북경협과 관련하여 고려할 사안들은 북한의 경제정책, 남한의 남북경협 프로그램, 그리고 남북 정상의 합의이다. 이 세 가지 사안을 서로

조화롭게 연계하는 것이 남북한이 비교적 용이하게 추진할 수 있는 남북경협의 기본 방향이 될 것이다.

(1) '경제개발구'와 '신경제지도'의 통합

북한의 경제개발구안은 이전의 경제특구안에 비해 경제개발에 더 비중을 두고 있어서 투자의 매력과 지역 개발을 고려한 것으로, 투자유치에 상대적으로 유리한 특징을 가지고 있다. 기존의 경제특구안은 내부의 변화를 원하지 않고 외부로부터 필요한 자원만 수입하려는 소위 모기장식 개방을 추구한 것이어서 경협의 잠재력 및 가능성이 제한되었다. 그러나 김정은 정부의 경제개발구안은 북중 접경지역과 남북 접경지역, 동해권 및 서해권을 망라하고 있으며 주요 도시에 인접하도록 배치하여 개발로 인한 경제적 효과가 스필 오버(spill over)되도록 구성되어 있다. 객관적으로 비교우위를 고려한 개발구 지정으로 투자자의 입장을 고려하고 있어서 남한의 신경제지도 구상을 추진할 때 동일한 지역이나 도시에 투자할 가능성이 높다.

　남한의 신경제지도 구상이 실현되기 위해서는 북한의 동참이 필수적이므로 양측의 개발 프로그램이 각자 따로 추진되기보다는 상호 중복되는 지역의 개발을 우선적으로 추진하는 것이 현실성을 제고할 수 있는 방안이 될 것이다. 북한의 경제개발구가 북중 접경지역권을 제외하면 남한의 신경제지도 구상과 동일한 권역을 대상으로 하고 있어서 상호 연계 가능성이 높다. 남한의 통일경제특구 구상도 북한의 경제개발구 대상 중 신평관광개발구와 현동공업개발구와 연계가 가능하므로 지역적으로 양측의 프로그램이 상호 중첩될 가능성이 높다. 또한 DMZ 환경·관광 벨트와 통일경제특구도 사업의 주안점이 달라질 수

그림 3-11 북한의 경제특구 및 개발구 현황

출처: 현대경제연구원

는 있으나 지역적으로 중첩될 가능성이 높으므로 연계하여 개발하는 것이 효율성을 제고할 수 있을 것으로 사료된다.

(2) '경제개발구'와 '남북정상 합의'의 연계

북한의 경제개발구는 북한이 대외적으로 접하는 4면을 모두 포괄하고 있어서 남북정상회담에서 합의한 경제사업들이 필연적으로 연계되는 특징을 보이고 있다. 9월의 평양공동선언에서 제시한 서해특별경제구역은 경제특구의 설립을 내용에 포함하고 있으며 '와우도'와 '송림개발구' 두 지역 모두 '수출가공구'로 지정되어 있어서 서해특별경제구역에 연계할 경우에 개발 효과의 확대와 남북 간 공동사업의 추진이 비교적 용이하다. 판문점선언과 평양공동선언에서 공통적으로 합의한 철도와 도로의 연결 및 현대화는 북한이 제시한 경제개발구 및 기존의 경제특구 전체를 연계하는 교통 인프라를 제공하므로 개발구의 성공 가능성을 제고할 수 있을 것으로 예상된다. 남북한 간 철도와 고속도로의 연결은 그 자체가 물류산업의 발전을 의미할 뿐만 아니라 개발구 간 및 권역 간의 자원 및 인력의 흐름을 가능하게 하고 물류 비용을 저하시키므로 경제개발구의 선도사업으로 시행하는 것이 필요하다.

마. 평화체제의 도입을 위한 남북경협 방안

(1) 평화체제와 남북경협의 의미

김정은 정부는 비핵화 협상을 통해 2017년 연말의 경제위기와 전쟁의 위협에서 벗어났으나 경제적 성과에 대한 주민들의 기대에 부응해야 하는 압박을 받고 있을 것으로 추정된다. 김정은의 등장 이후 북한 내의 경제상황은 지속적으로 개선되어왔으며 이러한 실적이 정권의 안정에 기여했다. 하지만 트럼프 정부 이후의 경제제재 강화와 중국의 대북제재 동참으로 심각한 경제적 어려움에 처했다. 이를 극복하기 위해 북한은 비핵화 협상을 제안해서 세 차례의 남북정상회담과 북중정상회담 및 북미정상회담을 가졌다. 이러한 일련의 정상회담에 관한 보도 이후에 북한 내에서 경제상황의 개선에 대한 주민들의 기대가 커지고 있는 것으로 보도되고 있다. 따라서 북한 정부로서는 정권의 안정을 위해서도 경제성과가 절실히 요구되는 상황에 처한 것으로 보인다.

북한의 지속적 경제성장은 북한 정권의 안정을 위한 조건이 될 수 있으므로 김정은 정권의 체제를 보장할 수 있는 또 다른 축이 될 것이다. 특히 북한은 공식적으로 '경제우선정책'을 선언한 바여서 이에 대한 성과를 내는 것이 현 집권세력의 역량을 판단하는 잣대가 될 수도 있다. 김정은은 집권 초기에 "고난의 행군이 끝났다"라는 선언을 한 바 있으나 주민들은 다시 경제적 어려움에 직면하게 되었다. 정상회담과 경제우선정책 선언은 북한 주민들의 경제 개선에 대한 기대를 재차 불러일으키고 있어서 김정은 정부로서는 경제적 성과를 보여야 하는 상황에 놓이게 된 것이다. 즉, 북한의 경제개발에 일차적으로 기여할 수 있는 남북경협은 이제 북한의 체제 안정을 위해서도 불가피한 사안이 된 것이다.

(2) 평화체제의 도입을 위한 남북경협 방안

남북경협이 남북 간의 평화체제 도입에 기여할 수 있으려면 다음과 같은 방안을 고려할 필요가 있다.

첫째, 북한 주도의 경제개발: 지금까지 남한 정부의 남북경협 프로그램은 대부분 공급자 중심으로 구성되어서 사업의 성과에 대한 부담이나 비용 등을 남한이 부담하고 북한의 적극적 참여를 유도하지 못하는 한계를 보였다. 따라서 향후 남북경협은 북한의 경제개발구정책이나 개발 프로그램을 지원하는 역할에 비중을 두고 북한이 사업의 주체가 되게 함으로써 성과에 대한 책임이나 자발적이고 적극적인 참여를 유도할 수 있어야 한다. 대북 투자의 경우에도 공적개발원조(ODA) 성격의 협력사업에 대해서는 정부 간 협력으로 시행하지만 민간투자의 경우에는 북한이 투자자의 이해관계를 충족시켜야 자본 유치가 가능하도록 철저한 수익성 중심으로 진행할 필요가 있다.

둘째, 한미 간의 공조 및 공동 전략: 남북경협은 유엔의 대북제재만이 아니라 미국을 비롯한 여러 국가에서 개별국 차원의 규제를 받고 있기 때문에 특히 미국과의 공조가 필수적이다. 그래서 경협의 방식과 내용을 비핵화 협상과 연계하는 방안에 대해서도 양국이 공동으로 전략을 수립하는 것이 바람직하다. 과거 햇볕정책의 추진 시에도 미국과의 공조체제 불안으로 미국 정부의 통제가 남북경협의 확대나 지속을 제약하여 북한에 대한 정책적 레버리지를 확보하는 데 실패했기 때문이다. 유엔의 대북제재가 해소되더라도 이중용도의 상품에 대한 통제와 같은 미국 상무성의 규제만으로도 남북경협의 확대를 제약할 수 있는 여지는 여전히 존재한다. 비핵화의 추구 시에 한국의 레버리지 부족을 미국이 보완할 수 있다는 점에서도 공동전략의 수립이 반드시 필요하다.

셋째, 파일럿 프로젝트 지원: 북한 정부는 현재 경제적 성과를 시급히 보여야 하는 상황이므로 적어도 북한이 원하는 개발 프로그램의 파일럿 프로젝트를 지원하여 성과를 보이게 함으로써 북한의 평화체제 참여를 유도할 필요가 있다. 비핵화의 추구 시에 한국의 레버리지 부족을 미국이 보완할 수 있다는 점에서도 공동전략의 수립이 반드시 필요하다. 북한이 하나의 경제개발 프로젝트의 성공으로 주민들에게 희망을 주게 되면 주민들은 그다음 프로젝트와 더 큰 성공을 기대하게 될 것이다. 그리고 김정은 정부도 주민들에게 추가적인 성과를 보여주려고 할 것이다. 이러한 점이 평화체제로의 편입을 선택하도록 이끌 수 있을 것이다.

넷째, 경제적 변화로 호랑이 등에 태우기: 경제적 변화가 시작되면 멈출 수 없도록 북한의 경제적 변화가 긍정적으로 지속될 수 있게 북한에 대한 경제개발 지원을 전략적으로 구성할 필요가 있다. 예를 들어, 북한의 인프라 개발과 장기 개발 프로젝트를 연결하여 한번 시작하면 다음 프로젝트를 지속해야 효과가 제고되도록 구성하는 것이다. 경제개발 프로젝트에 필요한 자재나 기계 등을 한국이나 서방 국가들에서 생산되는 것으로 구성하고 생산물의 수출 시장도 한국 등 서방 국가에 대한 의존성이 증가되도록 구성하여 지원하는 것도 유사한 효과를 기대하는 방안이 될 수 있을 것이다.

다섯째, 국제사회에의 참여에 대한 제도적 지원: 북한의 국제금융기구 가입에 대한 실사나 준비작업 등을 조기에 시작하여 북한의 성공적인 국제사회에의 참여 가능성을 가시화시킬 필요가 있다. 북한이 국제사회로부터 제도적·경제적 지원을 받을 수 있는 창구이자 국제금융계의 크레딧을 획득하기 위한 기반을 획득하기 위해서는 국제금융기구의 가입이 전제조건이므로, 이러한 기구의 가입을 위한 작업의 시작만으로도 북한에 새로운 시작에 대한 희망을 줄 수 있을 것으로 예상된다. 북한은 국제금융기구에 가입을 시도했다가 거부당한 적이 있다. 국제금융기구의 가입에는 시간이 많이 소요될 뿐만 아니라 북한이 조건을 충족시키기 전까지 가입을 지체시킬 수 있다. 북한의 국제사회 참여에 대한 준비 지원은 실질적 비용이 크게 발생하지 않으면서 북한에 인센티브로 활용될 수 있을 것이다.

바. 평화체제의 도입과 국제사회의 이해

(1) 평화체제와 남북한의 경제적 이해

한반도의 분쟁 당사국인 북한과 남한 정부로서는 기존의 분단 상황과 긴장을 유지하는 데 대한 비용이 지속적으로 상승해서 현 상황을 변화시켜야 하는 유인이 커졌다. 특히 핵개발에 따른 갈등으로 김정은 정부에게는 현재의 상황을 타개하고 새로운 상황으로 이동해야 할 압력이 증가했다. 북한 경제는 2011년 이후에 개선되던 경제성장이 다시 마이너스 성장으로 전환되는 등 불안정성을 노정하고 있다. 김정은 정부의 안정적 체제 유지를 위해서는 경제적 빈곤을 벗어나고 지속 가능한 성장을 위한 기반을 확보해야 하지만 대북 경제제재로 이를 추진할 수 없는 한계에 봉착하게 된 것이다.

북한 경제는 아직 빈곤과 기아에서 벗어나지 못하여 국제사회의 지원이 필요한 상황이며 주민의 생존과 생계의 안전을 확보하지 못한 상황이다. 세계식량계획(WFP)과 유엔식량농업기구(FAO)는 2018년에도 북한을 '외부 식량 원조가 필요한 위기국(Countries in Crisis requiring external assistance)'으로 분류된 37개국에 포함시켰다. 북한은 빈곤국 기준인 국민 1인당 연소득 1,900달러 이하이고 1인당 영양 섭취량도 최하위권이어서 저소득식량부족국가로 분류되고 있다. WFP는 북한이 2018년에도 식량 641,000톤이 부족할 것으로 추정하고 있으며 북한은 이를 수입할 외화가 없으므로 국제사회의 지원이 필요하다고 강조하고 있다.

한국은 경제성장의 한계와 인구 감소 등으로 지속 가능한 성장 기반이 훼손되고 있으며 북한과의 전쟁 가능성이 사라지지 않고 있어서 남북관계의 변화를 통한 새로운 성장 기반과 평화 안정을 필요로 하는 상황에 처해 있다. 한국 경제는 성장률이 지속적으로 하락하는 추세를 보이고 있으며 2018년의 성장률은 2.7%로 미국의 2.9%보다 낮아졌다. 한국의 여성 일인당 출산율은 2019년 0.98로 세계 최하위국 수준으로 떨어졌다. 이러한 상황은 한국도 적극적인 사회경제적 탈출구가 필요한 여건에 있음을 보이고 있다.

한반도의 평화체제는 남북한 모두에 전쟁의 리스크를 제거할 뿐 아니라 경제적으로도 새로운 가능성을 열어줄 것으로 기대된다. 그러므로 현재의 분쟁 상황에서 새로운 상황으로 이동할 유인은 매우 크다. 남북한 간 평화체제의 도래는 국제금융시장 및 투자자들에게 리스크 감소라는 이득을 제공할 뿐만 아니라 경제협력사업은 양 지역 모두에 이득이 되는 윈윈 상황을 제공할 것으로 기대되고 있다. 남북한 모두에 이득을 제공할 것으로 기대되는 대표적인 협력사업으로는 철도 및 도로 연결, 지하자원 개발, 러시아 가스관 연결 등이 거론되고 있다.

(2) 평화체제와 국제사회의 이윤 동기

한반도에 이해를 가진 국제사회의 주요국들은 한반도 평화체제의 도래로 인한 불확실성의 증가와 한국의 강대국화가 가져올 미래사회에 대한 잠재적 불안으로 기존의 질서를 변화시키는 것에 대해 적극적 지지를 하기 어려운 것으로 추정된다. 새로운 한반도를 평화적 균형상태로 전환하기 위한 과정을 관리하고 새로운 체제를 구축하기 위한 정치적 및 경제적 비용도 관련 국가들에 이전될 가능성이 존재하기 때문에 국제사회는 새로운 체제로의 이행에 대한 유인이 적은 것으로 평가된다. 비핵화의 추진 과정에서 불가피한 북한과의 게임 상황으로부터 정치적 손상을 입을 우려도 있을 뿐만 아니라 실제로 사찰을 비롯하여 검증체제의 구축과 시행에 경제적 비용이 추가로 지출될 가능성이 높기 때문이다.

　기존의 한반도 내 대치 형국은 미국과 중국 등 관련 강대국들이 국제정치적 레버리지로 활용할 수 있을 뿐만 아니라 경제적으로도 무기 판매, 군사 협력 등을 통해 이득을 창출할 수 있는 구조를 가지고 있다. 한반도의 평화체제 도래는 기존의 이익을 희생하도록 만들고 새로

운 이윤을 보장하지 못하게 하므로 기존 질서의 변화에 대한 인센티브
는 적은 상황이다.

(3) 평화체제와 국제사회를 고려한 남북경협 방향

평화체제의 도입을 통한 새로운 한반도 질서로의 이동을 위해서는 관
련된 국제사회 구성원에게 비용보다는 편익을 증가시키기 위한 방안
을 제시할 수 있어야 한다. 또한 남북경협을 통해 발생할 수 있는 이득
을 국제사회와 공유할 수 있는 방안을 제시할 필요가 있다. 예를 들어,
남북한 간의 철도 및 도로 연결 시 투자나 공사시행의 기회를 주거나
지하자원의 개발 시 주요 관련국들에 개발사업 및 가공, 판매 등의 과
정에의 참여 기회를 제공하여 잠재적 이윤을 공유하는 방안을 고려할
수 있다. 또한 새로운 질서의 형성 과정에서 요구되는 경제적 비용에
대해서는 한국이 적극적으로 부담하여 평화체제의 도입에 대한 국제
사회의 비용 부담을 축소하기 위한 노력을 기울일 필요가 있다.

　　주요 관련 국가들의 미래에 대한 불확실성을 축소하기 위한 방안도
제시할 필요가 있다. 이를 통해 새로운 질서 구축에 대한 잠재적 부담에
대한 우려를 저하시켜야 하기 때문이다. 한국이 향후 기존의 질서에 배
치되는 선택을 할 경우를 염려할 가능성이 있는 국가들에 대해서는 평
화체제의 구축 과정에 미래의 선택지를 제한하는 방안을 포함시키는 것
도 필요하다. 예를 들어, 주한미군의 주둔에 관하여 사전에 이를 제도적
으로 확정하는 것이다. 평화체제의 도래와 통일 가능성을 고려할 경우
에 한국의 강대국화로 인해 불편해질 수 있는 상황에 대해서는 그 가능
성을 제한하는 역내 질서의 제도화를 추진할 수 있다. 예를 들어, 역내
공동시장의 개설, 동북아 안보체제의 도입 등이 그 대안이 될 수 있다.

아래의 그림들은 남북한과 관련국들에 현재의 균형점이 다른 특성을 가진다는 것을 보여주고 있으므로 이를 일치시킬 방안을 모색하는 것이 필요하다. 경제협력과 제도적 협력으로 문제를 해결하는 노력도 필요하다.

P: 가격, B: 편익, C: 비용, R: 이윤

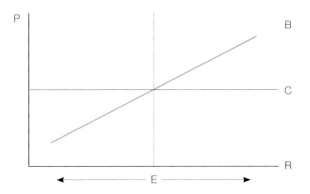

그림 3-12 남북한의 불안정적 균형상태

* 남북한의 현재 균형점은 불안정적이다. 현재의 균형에서 벗어나는 것을 선호하며 지금의 균형에서 멀어질수록 이윤이 증가하나 주변 관련국들은 현재의 균형점이 안정적이어서 벗어나면 회귀하려는 특성을 가진다.

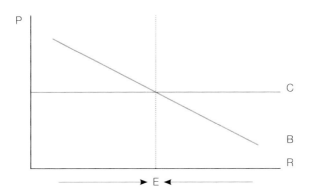

그림 3-13 주변국의 안정적 균형상태

* 주변 관련국의 현재 균형점은 안정적이다. 벗어날 경우에 회귀하려는 특성을 보인다.

194

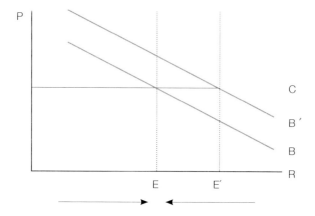

그림 3-14

* 남북한과 주변국의 이해관계가 일치하지 않는 경우에 평화를 진전시키는 데 동의하도록 편익곡선을 이동시킨다.

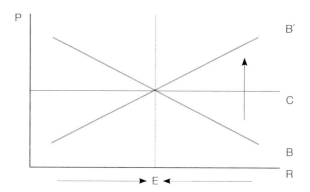

그림 3-15

* 남북한과 주변국의 이해관계를 일치시키는 경우이다. 현재의 균형점을 선호하는 주변 국가들이 새로운 균형점으로 이동하기를 원하는 남북한의 정책에 동조할 수 있으려면 위의 그림처럼 B를 B'로 이동시키기 위한 노력이 필요하다.

사. 평화체제 도입의 현실화 방향

(1) 비핵화와 대북제재 완화

국제사회의 대북 경제제재는 북한 경제에 충격을 주어 핵개발을 중단시키기 위해 시행하는 일종의 간접적 제재로, 실제로 북한 경제에 미치는 영향이 적지 않은 것으로 추정되고 있다.[5] 대북제재는 핵이나 미사일 개발을 저지하기 위한 물질이나 기술 도입에 대한 직접제재의 효력이 크지 않은 것으로 확인되면서 직접제재 중심에서 경제 전반에 대한 간접제재로 전환되었으며 그 강도가 점차 강화되어왔다. 북한은 시장화의 진전과 더불어 2011년 이후에 대외교역이 급속히 증가했다. 하

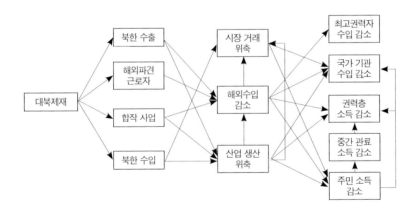

그림 3-16

출처: 김병연(2017)의 수정

---

5   대북 경제제재의 효과에 대해서 상이한 견해들이 존재한다. 하지만 한국은행의 북한 경제성장률 추계와 2018년 김정은의 신년사 내용 및 관련된 발언들은 대북 경제제재의 효과가 적지 않음을 시사한다.

지만 2017년부터 북한의 무역의존도가 가장 높은 중국의 적극적 제재 참여로 제재의 실효성이 크게 증가하는 변화를 보이고 있다. 김병연(2017)에 따르면, 제재의 효과를 무역실효성 지수, 시장실효성 지수, 외화가득성 지수 등의 지수로 분리하여 측정한 결과 최근 들어 제재의 실효성이 크게 증가했으며 특히 무역과 외화 부문에 충격이 큰 것으로 평가하고 있다.

한반도 평화체제는 북한이 원하는 경제제재 해제와 비핵화의 연계를 통해 도입하게 될 것이다. 하지만 국제사회의 대북 경제제재를 결정하는 핵심 국가인 미국은 대북 경제제재의 완화를 북한의 비핵화와 연동하여 비례성 원칙을 적용하는 방식으로 결정할 가능성이 높다. 비례성의 원칙에 따라 제재 완화가 이루어질 경우에 연속적인 선형 함수보다는 계단식 함수 형태로, 즉 비핵화의 단계별로 상응하는 조치가 연계되는 방식으로 진행될 것이 예상된다. 그러나 비례성의 원칙을 적용할 경우의 문제점은 '등가성'에 대한 판단이 서로 다를 수 있다는 것이다. 또한 '동시성'을 요구하게 되기 때문에 이로 인한 분쟁 혹은 협상이 반복될 가능성이 높다.

대북제재 완화 시나리오는 개략적으로 세 가지로 정리할 수 있다. 첫째, 빅딜 시나리오이다. 이는 북한이 단번에 완전하고 검증 가능하며 회복 불가능한 수준으로 비핵화를 단행하고 대북 경제제재도 완전히 해소하는 시나리오이다. 그러나 이 시나리오는 상상할 수는 있으나 실현 가능성은 거의 없다. 비핵화와 제재 해제가 단번에 이루어지므로 전략적 준비가 크게 필요하지 않다는 장점을 가지고 있다.

둘째, 중요한 비핵화 조치를 먼저 시행하는 선차적(front loading) 비핵화 시나리오이다. 국제사회에서 요구하는 핵심 비핵화 조치를 먼저 실행하고 제재 완화도 이에 상응하여 북한이 중요시하는 제재를 먼

표 3-13 최근 유엔 안보리의 대북제재 주요 내용

안보리 결의	2270호	2321호	2371호	2375호	2397호
제재 이유와 채택일	4차 핵실험, 2016. 3. 7.	5차 핵실험, 2016. 11. 30.	미사일(화성 14호) 발사, 2017. 8. 5.	6차 핵실험, 2017. 9. 12.	미사일(화성 15호) 발사, 2017. 12. 23.
무역	- 민생용을 제외한 석탄, 철, 철광 수입 금지 - 금, 희토류 수입 금지	- 석탄 수입 상한선 설정 (4억 달러, 750만 톤 중 적은 쪽) - 은, 동, 니켈 수입 금지	- 석탄, 철(광석), 납(광석) 전면 수입 금지 - 수산물 전면 수입 금지	- 섬유 제품 전면 수입 금지 - 원유 수출량 동결, 정유제품 수출량 상한선 설정(200만 배럴)	- 수입 금지 품목 확대 (식용품, 농산물, 기계류, 전자기기, 목재류, 선박) - 정유제품 상한 축소(50만 배럴) - 수출 금지 품목(산업용 기계, 운송 차량, 철강 제품 등)
해외 파견 근로자		- WMD 개발과 관련된 해외 노동자 파견에 대해 우려 표명	- 해외 파견노동자 규모를 현재 수준으로 동결	- 해외 파견노동자에 대한 신규 노동허가 발급 금지	- 기존의 해외 파견노동자의 24개월 이내 송환
금융 및 투자	- 북한 은행의 회원국 내 기존 지점 폐쇄, 회원국 금융기관의 WMD 관련 기존 계좌 폐쇄	- 2270호에서 WMD 연관성 삭제	- 조선무역 은행을 제재 대상에 추가 - 북한과의 신규 합작 투자 금지, 기존 투자 확대 금지	- 북한과의 합작투자 전면 금지 - 기존 사업 120일 이내 폐쇄	

출처: UN Security Council, 정형곤 외(2018), p.42.

저 해제하는 방식이다. 미국이 선호하는 방식이나 조건을 상호 합의하기가 용이하지 않다.

셋째, 단계적 비핵화와 단계적 제재 해제를 연계하는 시나리오이다. 이 방식은 북한이 선호하는 것으로 알려져 있으며 과거에 단계를 지나치게 세분화하여 시간과 지원만 낭비한 전례 때문에 미국은 선호하지 않는다.

위의 시나리오 중 둘째와 셋째 시나리오는 제재 해제에 대한 전략적 고려와 상호 간의 협상이 많이 필요한 방안이다. 선차적 비핵화는 북한이 핵심 비핵화를 먼저 단행하는 경우이며 이에 상응하는 경제제재 해제는 북한 경제에 가장 타격을 준 핵심 제재를 먼저 해제하는 것이 될 것이다. 북한에 대한 경제제재는 유형별로 볼 때 수출, 해외파견 근로자, 합작사업, 수입에 대한 제재로 분류할 수 있다. 경제적 영향이나 외화 수입 등을 고려할 때 제재 효과의 크기는 '수출-해외파견 근로자-합작사업-수입'의 순으로 추정되고 있다. 수출 제재 중에서 비중 면에서나 외화가득 측면에서의 중요도는 '광물-의류와 섬유-수산물'의 순서이며 그중 광물 수출은 북한 내 산업의 연관 효과 및 제재의 실효성 면에서 가장 중요한 대상이다. 그러므로 이에 대한 해제는 북한에 비핵화의 중요한 인센티브가 될 수 있을 것으로 예상된다.[6] 좀 더 세분화된 제재 해제가 필요할 경우에 광물 중에서도 '석탄-철광석-… '과 같이 순서를 정하거나 광물 수출량을 제재 이전의 50% 정도로 조절할 수 있다. 향후 지속적인 추진에 역행하는 경우를 대비하여 제재를 다시 도입할 수 있는 스냅백(snap back) 규정을 도입하는 것도 고려할 수

---

6 광물의 경우 북한 경제에 대한 비중이 커서 북한에 중요한 인센티브가 될 수 있다는 측면이 있다. 뿐만 아니라 그 부피 때문에 수출에 대한 모니터링도 상대적으로 용이하므로 정책적 결정의 효과적 전달이 가능하다.

있다. 선차적 비핵화는 가장 어렵고 중요한 비핵화 단계를 가장 먼저 시행하는 시나리오이므로 정치적 지도자들의 타결이 전제되어야 한다. 실무적인 측면에서는 충분한 '정치적 거래'가 가능한 수준의 제재 해제 대응을 준비해야 성사가 가능하다. 따라서 제재 해제의 순서를 북한이 선택하도록 맡기는 방안도 고려할 수 있다. 다만 그 경중이나 시행 가능성을 고려하여 동의가 가능한 수준으로 상호 조정하는 것이 전제되어야 한다.

단계적 비핵화와 제재 해제를 연계하는 경우에 제재 해제를 비교적 용이하게 시행하는 방법은 지금까지 시행된 제재를 역순으로 해제하는 것이라고 할 수 있다. 경제제재를 본격화하면서 단계적으로 마지막 남은 가능한 제재들을 추가해왔으므로 가장 나중에 도입된 2397호 조치를 먼저 해제하고 2375호, 다음은 2371호에서 도입된 제재들을 해제하는 순서로 진행하는 방안이다. 내용적으로는 기계류와 운송수단의 수입제재 해제, 농산물의 수출 해제, 그리고 원유와 정제유 관련 제재의 해제 등을 진행하고 이후 의류와 섬유류의 수출제재, 수산물 관련 수출제재, 다음은 합작 관련 제재를 해제하는 등의 순서로 추진하는 것이다. 광물 관련 제재와 해외파견 근로자 관련 제재는 북한 경제에 가장 많은 영향을 주는 사안이므로 비핵화의 핵심 사안이 시행될 때까지 유예하고 거래수단으로 활용하는 것이 바람직하다. 해제 순서는 해외파견 근로자 관련 제재를 먼저 해제하고 광물 관련 제재는 그다음에 시행하는 것이 효과적일 것으로 추정된다. 그러나 단계적 비핵화와 제재 해제 시나리오의 경우에 단계가 지나치게 세부적으로 나누어지지 않도록 함으로써 시간을 최대한 단축하는 것과 비핵화가 중단되거나 역행하는 경우에 제재 해제도 스냅백시킬 수 있도록 관리하는 방안의 고려가 함께 이루어져야 한다.

표 3-14 미국의 대북제재와 관련 주체

조치	요건	법률기반	조치주체	해제주체
물품·서비스의 수출 제한	일반대외정책	수출관리법	대통령	대통령
	공산주의	수출관리법	대통령	대통령
국제기구의 비례적 지원 제한	일반대외정책	대외원조법	법	의회
	공산주의	대외원조법	법	의회
양자 지원 금지	일반대외정책	2016 수권법	법	의회
경제지원기금 금지	일반대외정책	2016 수권법	법	의회
국방부 기금 사용 지원 금지	일반대외정책	2016 수권법	법	의회
대외지원 및 농산물 판매 금지	외교관계 단절	대외원조법	법	의회
원조 금지	공산주의	대외원조법	법	대통령
수출입은행 기금 지원 금지	공산주의	수출입은행법	법	대통령
	WMD 확산	수출입은행법	법	대통령
	WMD 확산	2016년 수권법	법	의회
국제금융기구의 지원 금지	공산주의	브레튼우즈협정법	법	재무장관
무역 특혜조항 적용 금지	공산주의	무역법	법	대통령
	비시장경제	무역법	대통령	대통령
	시장 교란	무역법	대통령	대통령
미국 내 외교 목적 자산취득 금지	공산주의	국무부기본권한법	국무장관	국무장관
국방 물품·서비스 거래 금지	테러리즘	무기수출통제법	대통령	대통령
부채 감면 금지	인권 침해	2000년 수권법	법	대통령
개인·기관 자산 동결	WMD 확산	대외경제비상조치법 국가비상법	대통령	대통령
	국가비상	대외경제비상조치법 국가비상법, 유엔참여법	대통령	대통령
교통 관련 수출입·거래 금지	국가비상	대외경제비상조치법 국가비상법	대통령	대통령
수입 제한	유엔안보리조치	대외경제비상조치법 국가비상법, 유엔참여법	대통령	대통령
북한 당국 거래 금지, 자산 동결	사이버테러	대외경제비상조치법 국가비상법, 이민국적법	대통령	대통령

조치	요건	법률기반	조치주체	해제주체
거래 금지	WMD 확산	무기수출통제법	대통령	대통령
	WMD 확산	수출관리법	대통령	대통령
	WMD 확산	이란·북한·시리아 비확산법	대통령	대통령
지원 및 군사 원조 금지	WMD 확산	무기수출통제법	대통령	대통령
지원, 군사 원조, 신용 제공 금지	WMD 확산	무기수출통제법	대통령	대통령
문화교류, 국제금융기구 지원 금지	인신매매	인신매매피해자보호법	대통령	대통령
상업은행 거래 금지	위조·돈세탁	애국법	재무장관	재무장관
재화·기술·서비스 제공 금지 금융거래 금지	WMD 확산	북한제재·정책강화법	법	의회 대통령

출처: D.E. Rennack(2016), "North Korea: Legislative Basis for US Economic Sanction", CRS. 정형곤 외(2018), p.108에서 인용

(2) 평화체제와 남북경협

비핵화와 제재 해제 이전에는 남북경협의 확대를 최대한 자제함으로써 미국과의 갈등 가능성을 최소화하는 것이 바람직하다. 남북경협으로 미국과의 갈등을 유발하게 되는 경우에 관련된 한국 기업들에 대한 불이익이 발생할 우려가 있고, 그렇지 않더라도 미국의 협력이 없으면 남북경협의 진전이 불가능하므로 미국과의 공조를 최대한 유지하는 것이 중요하다. 남북경협의 추진은 제재 해제 수준에 상응하도록 진행하되 제재의 대상이 되지 않는 인프라 건설 등의 준비는 최대한 빨리 추진하는 것이 좋다. 미국 기업들을 참여시켜서 민·관의 모든 면에서 한미 간 공조 여건의 개선을 추진할 필요가 있다.

비핵화와 대북제재 해제에 대한 결정은 사실상 미국의 정치적 의사에 달려 있다. 그러므로 한국이 직접적으로 수행할 수 있는 역할은 많지 않으나 북한이 비핵화를 결단하고 미국이 평화체제로의 전환에

적극적인 자세를 가질 수 있도록 관련국의 인센티브를 강화하는 방안의 모색이 필요하다. 비핵화로 대북제재의 해제 시에 북한이 경제발전에 대한 성공을 확신할 수 있도록 물류 연결, 전력 발전, 투자 보장 등 북한의 경제발전에 필요한 조건들을 해결할 수 있는 협력 방안을 사전에 구체적으로 제시하거나 가시화하는 것을 추진할 수 있다. 미국에 대해서는 평화체제로 전환되더라도 기존의 역내에서 누리던 정치, 군사 및 경제적 이득의 변화가 없거나 손실이 최소화되도록 보장하고 오히려 새로운 이윤을 창출할 수 있도록 경협 과정에서 경제적 이득을 확대할 수 있는 기회를 보장하는 등의 노력이 필요하다.

남북경협이 평화체제의 도입에 기여하는 방안으로 북한의 비핵화 결단을 지속적으로 유지할 수 있도록 비핵화 결단에 대한 충분한 경제적 보상이 지속되는 환경을 조성할 필요도 있다. 예를 들어, 북한의 가장 중요한 수출상품인 광물자원의 개발이 지속될 수 있으려면 원활한 수송망 구축, 충분한 전력 공급, 광산개발 관련 기술 및 투자 등이 필요하므로 이러한 사업에 대한 남북경협을 사전적으로 준비하는 것을 고려할 수 있다. 현재 북한의 수출시장에서는 중국이 수요의 독과점상태를 유지하고 있으나 가격이나 수요 측면에서 더 유리할 수 있는 한국과 서방시장으로 수출시장이 확대되고 다양화될 수 있도록 최혜국 대우를 비롯한 유리한 제도적 조건을 제공하는 것도 상정 가능한 방안이 될 것이다.

아. 소결

현재 남북한은 기존의 질서를 새로운 평화체제로 대체하기를 원하나 국제사회의 이해관계는 기존의 질서를 유지하는 것일 수 있다. 그러므로 새로운 체제의 도입이 관련국의 이해를 해치지 않을 것이라는 보장을 해주고 새로운 편익을 제공할 필요가 있다.

북한에 대해서는 북한의 변화가 지속적으로 추동될 수 있도록 적어도 파일럿 프로젝트의 시행으로 평화체제의 도입이 북한에 더 나은 미래를 보장할 수 있다는 확신을 줄 필요가 있다.

북한 지역의 경제개발은 북한이 책임의식을 가지고 주도하도록 하되 투자나 기술 지원으로 성공을 확신할 수 있도록 국제환경의 조성 및 남북경협을 통한 지원이 요구된다.

남북경협이 퍼주기와 북한의 모럴해저드를 유발하는 이벤트로 끝날 수 있다는 국내외 여론의 우려를 불식시키는 노력과 비핵화 속도보다 앞서 나가는 것에 대한 미국의 경계를 안심시키기 위한 제도적 노력도 필요하다.

현재 비핵화와 제재 해제의 연계 과정은 단계적으로 추진될 가능성이 높아 보인다. 단편적 제재 해제로는 북한의 경제성장을 추동할 수 있는 유인이 되지 못할 수 있으므로 인프라의 건설과 같은 '프로젝트형 사업'에 대한 예외 인정 등으로 촉매의 역할을 할 수 있도록 한미 간의 긴밀한 공조 노력이 요구된다.

참고문헌

박칠수, 조봉현, 정일영(2016), "통일 후 남북한경제 한시분리운영방안: 국유자산 분야",
    대외경제정책연구원, 연구보고서 16-26.
이부형 외(2018), "북한의 경제개발구와 통일경제특구 구상의 연계 가능성", 『경제주평』, 18-
    34(통권 809호), 현대경제연구원.
정형곤, 김병연, 이석, 조남훈, 이정균, 김범환(2018), "비핵화에 따른 대북경제제재 해제:
    분석과 시사점", 대외경제정책연구원, 연구보고서 18-12.
조봉현(2014), "북한의 경제특구 개발 동향과 남북협력 연계방안", 『KDI 북한경제리뷰』,
    한국개발연구원, 2014.09.05. pp.41-63.
World Food Programme(2018), "DPRK ICSP(Interim Countru strategic Plan)", Rome,
    Italy.
FAO(2018), "Early Warning Early Action report on food security and agriculture
    January–March 2018", Food and Agriculture Organization of the United Nations.
Kim, Byung-Yeon(2017), *Unveiling the North Korean Economy*, Cambridge University
    Press.
Rennack, Dianne E.(2018), "North Korea: Legislative Basis for U.S. Economic Sanctions",
    Congressional Reearch Service, June 11.

5

중국의 역할과 한중관계

김흥규

요약 ....

- **한반도 평화체제의 수립 문제에 중국의 참여는 불가피하다.**
  - 중국은 정전협정의 당사국일 뿐만 아니라 남북한이나 미국 모두 중국의 당사국 지위를 인정하고 있다.
  - 평화협정 문제가 가시화되면 될수록 이 문제와 관련한 중국과의 전략적 소통을 강화할 필요가 있다.
  - 당국이 권위를 부여한 1.5 혹은 1.7 트랙 차원의 전략대화를 활성화할 것을 권고한다.
  - 중국은 신뢰 구축을 강조하면서 대북제재 완화나 북미 및 북일 양자수교 문제에 대해 미국의 입장보다 더 전향적일 개연성이 존재한다. 이에 대한 우리의 입장을 정리할 필요가 있다.

- **유엔사 해체 문제에 주목할 필요가 있다.**
  - 한미동맹의 문제는 평화체제의 수립 여부 문제와 관계없이 한미 양자 간의 문제라는 것이 한미 양측의 입장이며 이는 중국도 논리적으로 인정하고 있다.
  - 그러나 유엔사 해체 문제는 평화체제의 구축 과정에서 주요 쟁점이 될 개연성이 다대하다. 이미 유엔 결의가 존재하고 미국 역시 유엔사의 해체 조건으로 평화체제의 구축을 제시한 바 있어 반드시 제기될 것이다.
  - 더구나 이 사안은 한반도 후방기지로서 주일미군의 지위와도 긴밀히 연관되어 있어 중국의 입장에서는 반드시 관철시키려고 할 것이다.

- **동아시아 다자안보체제의 구축 노력은 지속되어야 한다.**
  - 북한의 비핵화에 따른 평화체제의 구축 노력은 미국의 역내 영향력 약화 혹은 감축으로 귀결될 개연성이 다대한 만큼 그 공백을 완화할 기제에 대한 구상이 필요하다. 가장 중요한 것은 '내적 균형'을 확보하기 위한 노력인바 국내의 공감대를 강화할 필요가 있다.
  - 한미동맹을 최대한 활용하면서 동시에 역내 다자안보협력체제를 구축하려는 노력이 필요하다.
  - 공동안보, 협력안보, 포괄안보의 원칙을 바탕으로 어떻게 실행 가능한 체제를 구축하는가가 관건일 것이다.
  - 북한의 비핵화가 완전히 진행될 때까지는 적어도 한미동맹을 중심으로 한 동아시아 다자안보협력체제의 구축을 병행하고 점차 후자를 강화하는 방향으로 설정해야 한다.

- **플랜 B도 준비해야 한다.**
  - 미중 전략경쟁의 결과로 미국의 역내 군비경쟁 강화 가능성이 주목된다. 미국의 중거리 탄도미사일 배치 시도 가능성과 그 영향도 주시할 필요가 있다. 이는 동북아 전략지형을 완전히 바꿔놓을 수 있는 사안으로 그 향배를 지속적으로 관찰하고 대비책을 강구할 필요가 있다.
  - 이 이슈는 북한의 비핵화 및 한반도 평화체제 구축의 진행을 다 중단시킬 수 있을 만큼 파괴력을 지녔고 남북한은 다시 그 갈등의 영향권으로 편입될 수 있다.
  - 이러한 상황에 대비한 플랜 B의 준비가 필요한 시점이다. 그 핵심은 북한과 '공포의 균형'을 이룩하여 이에 기반해서 남북 간의 긴장 완화와 평화를 추진하는 것이다. 이는 현 정부가 추진하고 있는 국방 개혁의 방향과 우선순위를 재점검하라는 제안이다.

- **중국과 대립 지향보다는 전략적 소통과 협력을 강화하는 방향으로 정책을 설정할 필요가 있다.**
  - 국내 일각에는 냉전의 유산, 미중 전략경쟁의 승패를 예단하고 체제의 차이로 인한 불편함 때문에 중국과의 관계에서 갈등을 강조하는 시각이 존재한다.
  - 중국은 한반도 평화체제 형성의 주요한 당사자이고, 북한의 비핵화에 대한 입장이 우리와 유사하며, 중국과의 경제협력에 대한 강화 없이 한국의 경제발전은 상상하기 어려운 것이 현실이다.
  - 추후 미중 전략경쟁의 결과를 예단하기보다는 신중한 입장을 견지하고, 중국과의 관계에서 '이익공동체'의 형성을 통한 경제협력과 외교안보 협력을 강화하는 방안이 지속적으로 추진되어야 한다.
  - 대중관계의 3원칙은 다음과 같다. 첫째, 상호 존중하고 소통과 협상을 통해 갈등을 해결한다, 둘째, 공동 번영을 추구한다, 셋째, 북핵·북한 문제에 대한 협력을 강화한다.

가. 문재인-시진핑 시기 한중관계의 전개

2016년 초에 사드 문제가 불거지기까지 한중관계는 1992년의 수교 이후에 국제관계사상 거의 전무후무할 정도로 급속도로 발전했다. '기적의 양자관계'라고 불릴 정도였다. 그 결과 한국과 중국은 1992년 우호협력관계, 2003년 전면적 협력동반자관계, 2008년 전략적 협력동반자관계, 2013년 전략적 협력동반자관계의 내실화 수립에 합의한 바 있다.

2015년에 한국은 중국 내 시장 점유율에서 10.4%를 차지하여 일본과 미국을 제치고 세계 1위를 차지했다. 중국이 세계에서 가장 많은 수입을 한 국가가 한국이었으며, 한국은 미국과 일본에 이어 3위의 수출 대상국이었다. 한국에 있어서 중국은 수출과 수입 모든 면에 있어서 가장 중요한 국가가 되었다. 한국의 총 교역에서 중국이 차지하는 비중은 23.6%로 미국의 11.8%나 일본의 7.4%를 합한 비중보다 더 높았다.[1] 이러한 한중 간의 긴밀한 경제적 의존성이 형성된 것은 지리적인 인접성과 세계 부가가치 사슬에서 한국과 중국이 상호 보완적인 관계라는 점이 중요한 이유였지만, 한중 양국의 노력과 2010년 중일 간의 영토 갈등으로 인한 어부지리적인 성격도 컸다.

그러나 한중 양국은 한국의 2016년 7월 사드의 배치 결정 이후에 최악의 갈등 상황을 경험했다. 문재인 정부가 들어선 지 2년이 지난 현 시점에도 그 영향을 완전히 극복했다고 말하기는 어렵고 여전히 잠재적인 갈등 사안으로 남아 있다. 문재인 정부의 출범 직후에 시진핑 정부의 한국에 대한 호감과 기대치가 크게 높아졌다. 이러한 기대치는 문재인 정부의 출범과 동시에 파견한 특사들에 의해 더욱 증폭되었다.

---

[1]　이 통계 자료와 관련해서는 외교부(2018), 『2018 중국 관련 주요통계』, pp.66-71을 참조하라.

당시 한중 양국은 사드의 한국 배치 결정 이후 16개월 만인 2017년 6월에 베이징에서 한중 외교차관 전략회의를 개최하기도 했다. 그러나 2017년 6월 말에 문재인 대통령이 한미정상회담에서 '한·미·일 안보협력'을 강화하기로 서명함으로써 중국의 기대치는 한국에 대한 실망과 불신으로 전환되었다. 중국은 북핵 관련 한·미·일 안보협력의 강화를 대중국 견제의 세력화 혹은 한미동맹의 지역동맹화로 인식하면서 민감하게 받아들였다. 이에 따라 2017년 7월 6일에 개최된 한중정상회담에서 시진핑 주석은 사드 문제는 중국의 핵심 이익이라고 공개적으로 규정하고 한국을 압박했다.

그럼에도 불구하고 문재인 정부는 중국 측이 배치 연기를 예상하던 바와 달리 2017년 8월에 사드 배치를 강행하여 한중 간 갈등의 골은 더욱 깊어졌다. 북핵 문제로 인해 한반도에 위기가 고조되는 가운데 한중 양국은 사드 문제로 인해 풀리지 않는 관계를 개선하는 데 대해 공감대를 형성하고 2017년 10월 31일에 사드 문제를 일단 봉합하는 데 의견의 일치를 보았다. 당시 한중 간에 일치된 공감대는 다음 세 가지였다. 첫째, 사드를 추가 배치하지 않는다. 둘째, 미국의 미사일방어(MD)체제에 편입하지 않는다. 셋째, 한·미·일 안보협력을 군사동맹으로 발전시키지 않는다. 한국은 이를 계기로 한국과 중국이 오랜 시간 갈등한 사드 문제의 완전한 해소를 기대했다. 그러나 중국 측은 사드가 여전히 한국에 배치되어 있는 상황에서 이 이슈를 해소되었다기보다는 잠재되어 있는 분쟁 사안으로 인식했다. 이런 상황에서 한중 간에 추가적인 갈등을 야기하는 사안이 발생했다. 중국은 2018년 4월에 개최된 1차 남북정상회담에서 한국 측이 주도적으로 (중국을 배제할 수 있는) 3자 혹은 4자 간의 종전회담을 주장했다고 이해했다. 추후에 정의용 국가안보실장과 양제츠(杨洁篪) 외사영도위원회 판공실 주

임 간의 소통으로 이 문제로 인한 갈등을 해소하기는 했지만 당시 한
중 간의 신뢰도는 급속히 추락했다. 중국 측의 '차이나 패싱(China-
Passing)'에 대한 우려도 상응하여 상승했다.

문재인 정부의 출범 이후에 한중관계는 크게 드러나지는 않았지
만 그간 상당한 진폭의 곡절을 겪었다. 현재는 외안내빈(外安內貧)의
상황이라고 정의할 수 있다. 이러한 한중 간의 상황은 국내 일부에서
문재인 정부가 친중 정부라는 비난을 하는 것이 현실과는 부합하지 않
다는 것을 말해준다. 오히려 문재인 정부의 출범 이후에 형성된 양국
간의 불신을 여전히 해소하지 못하고 있다. 현재 한중 간에 표면화된
새로운 갈등은 존재하지 않고 상호 소통을 강화하기 위해 노력하고 있
으며 협력 지표도 어느 정도 상승하고 있다. 하지만 전략적 협력의 깊
이와 폭을 나누기에는 여전히 신뢰와 소통이 부족한 상황이다. 이러한
상황은 2017년 12월 14일에 개최된 한중정상회담에서 이미 그 일면이
엿보였다.[2] 2018년 11월 말에 아르헨티나에서 개최된 G20 정상회담에
서 여러 형식의 양자 정상회담 가운데 한중정상회담이 불발된 것도 그
소원함을 말해준다.

한국과 중국은 관계 개선과 협력 강화의 필요성에 대해서는 상호
공감하고 있다. 2017년 말에 한반도에서 무력 충돌의 가능성이 고조되
었는데, 이때 중국은 한반도의 안정을 위해 한국은 물론 북한과의 상호
소통과 협력의 필요성을 크게 인식했다. 중국은 한·미·일의 대중국 군
사안보 협력 강화로 이어지는 것을 억지하려고 하며, 동시에 북중관계
가 냉전적인 특수협력관계로 인식(프레이밍)되는 상황을 회피하려고

[2] 중국이 시진핑 주석이 핵심 이익이라고 규정한 사안을 해소하지 못한 상황에서 성대한
정상회담을 개최하는 것을 곤혹스러워 하는 가운데, 당시 한국과 중국은 상호 기대치와
격식을 낮추는 로키(Low Key)로 정상회담을 진행하기로 합의했다.

노력하고 있다. 또한 2018년에 본격화된 미중 전략경쟁은 북한은 물론이고 한국의 지정학적·지전략적 가치도 증대시키고 있다. 신흥 강대국으로서의 역할을 하고자 하는 중국에게 북한이 수성해야 할 공간이라면 한국은 타개해야 할 전략적 공간이다.

  문재인과 시진핑 시기의 한국과 중국 간에는 이견과 불신이 여전히 강하지만 북핵·북한 문제에 대해서는 그 어느 때보다도 서로의 입장이 접근하고 있다. 중국은 현재 북한의 상황을 '생존-번영'의 틀에서 분투하는 것으로 인식하고 있다. 북한에 대해서 "번영하기 위해서는 (북한 정권의 안전을 담보한 상황에서) 핵개발을 포기해야 한다"는 논리로 설득 중이고, 김정은은 2018년에 이에 일면 호응하는 양태를 보여주었다. 2018년과 2019년 1월 사이에 북중은 무려 네 차례나 정상회담을 개최하였고 북중관계가 회복 국면에 있다고 평가할 수 있게 되었다. 문재인 정부가 추진하는 대북정책은 우선 공존 원칙에 입각하여 공영 발전을 추진하고 점진적으로 평화적인 방식의 통일을 지향하겠다는 것이다. 한국의 어떤 역대 정부보다도 시진핑 시기의 대한반도 정책은 상호 흡사한 측면이 존재한다. 북한의 비핵화와 한반도 평화체제의 구축을 놓고도 양국 간의 인식 차이가 근접할 개연성은 다대하다. 양국은 이제 실행 방안을 같이 고민하면서 기존에 존재하는 인식 차이를 줄여나가고 북핵·대북 관련 공동의 로드맵을 만들기 위해 소통해야 하는 과제를 안고 있다.

나. 시진핑 시기의 대한반도 정책의 이해

(1) 시진핑 1기의 한반도 정책

시진핑 시기의 중국은 스스로 '강대국'이라는 국가정체성의 변화에 따라 한반도에서 영향력을 제고시키기 위한 방안으로 기존의 대북 편향 외교에서 탈피하여 남북한과 정상적인 국가관계를 수립하는 것을 추구했다. 국가 전략적 이익의 틀, 즉 정상적인 국가관계의 관점을 중심으로 한반도를 바라보는 시각이 강해졌다. 당시 중국 내부의 대한반도 전략사고의 변화를 보면, 기존의 지정학적인 사고를 넘어 점차 지경학적인 사고를 확대하고 세계 전략적인 차원에서 지역 중견국인 한국의 전략적 가치를 재발견하기 시작했다.[3]

중국은 미중 전략경쟁의 관점에서 한반도를 인식하는 경향을 강화했다. 그러나 주목할 점은 기존의 북중관계를 중심으로 한반도 문제에 접근하던 시각에서 점차 벗어나 한중관계를 보다 독립적인 시각으로 인식하려는 사고도 진전되었다는 것이다. 2014년에 시진핑 주석이 북한을 방문하기 이전에 한국을 방문한 것은 분명히 북한 중심으로 한반도를 이해하던 사고에서 벗어나고 있는 것을 드러내었다. 남북한에 대해 보다 균형 있게 접근하고 남북 상호 간의 소통과 교류를 강화하는 긍정적인 역할을 하는 균형자 역할을 통해서 한반도 전체에 대한 영향력을 강화하는 접근법으로 전환한 것이다. 중국은 이러한 접근법을 통해 미국과의 전략적 경쟁이 격화되고 있는 동아시아에서 한미동맹의 약화를 추동하려고 노력했다.

---

3   이러한 변화를 잘 정리한 글로는 김흥규·과숙한(2016), "시진핑 시기 북중관계", 『국방정책연구』, 32(4)(통권 114호).

중국은 시진핑 1기에 한국이 지니는 전략적 가치에 더 주목하게 되었다. 중국 외교에 있어서 일종의 한국 재발견이다. 한국은 첫째, 중국의 동아시아 주도권 확보를 위한 전진기지이자 점혈(點穴)외교의 대상이 되었다. 둘째, 중국의 대일 압박을 위한 전략적 협력의 대상으로 인식되었다. 셋째, 미국이 주도하는 대중국 압박에 대한 이완을 고무하고 '이미종중(離美從中)'의 전략을 추진하는 대상이 되었다. 넷째, 중국의 경제발전을 위한 전략적 동반자 역할이 여전히 남아 있다. 다섯째, 중국을 저울질하면서 미국과의 관계 개선을 추구하는 북한에 대한 견제카드 및 '북한의 변화' 및 '비핵화'를 위한 공동 협력의 추진 대상이다. 여섯째, 한반도의 잠재적 유사사태에 대한 이해상관자 역할로 중요하다.

그 결과 중국은 시진핑 시기에 '전략적 선택'이라는 표현까지 사용하면서 한국을 적극 포용하려는 정책을 채택했다.[4] 중국은 이에 따라 첫째, 한국과 자유무역협정(FTA)을 적극 추진했다. 둘째, 시진핑 주석이 중점을 둔 일대일로 구상과 박근혜 정부의 유라시아 구상의 접목을 제의하면서 경제협력을 강화하고자 추진했다. 셋째, 외교적으로 한중관계를 '전략적 협력동반자 관계'에서 '전면적 전략협력동반자 관계'로 기존의 관계를 격상하려고 시도했다. 넷째, 중국은 미국 및 일본의 대중 견제, 한·미·일 협력의 강화를 억제하면서 미일과 중국의 대립 국면에서 북한과의 관계를 일정 정도 희생해가면서까지 한국과의 관계 강화를 모색했다. 다섯째, 이러한 당시의 분위기에 기반하여 2015년에 한때 '한중동맹론' 주장이 유행했다. 칭화대의 옌쉐퉁(閻学通), 쑨쉐펑(孫学峰), 런민대의 왕이웨이(王义桅)를 비롯한 신흥강대국론자들

---

4   필자의 베이징 인터뷰.

중 일부는 한중동맹을 추진할 것을 제안하기도 했다.

한중 간의 전략적 비전의 공유나 외교안보적 기반은 여전히 취약한 상황이다. 미중 전략경쟁의 시기에 들어선 이상 한국과 중국 모두 전략적 소통과 상호 이해의 조정이 더욱 중요해졌다. 한중관계는 사드 도입 문제, 한일관계, 북한 문제, 이어도 갈등과 같이 민감한 사안이나 미중관계 등 다양한 변수의 영향을 받을 수 있어서 여전히 미래의 불안정성이 다대하다. 양국 간의 갈등이나 충돌 시에 이를 수습할 위기관리체제 역시 부재한 상황이다. 한국과 중국이 그간 수립한 고위급 전략대화도 잘 작동되지 않고 있다. 한중 간 위기관리체제의 문제점은 2016년부터 사드 문제가 불거졌을 때 이미 잘 드러난 바 있지만, 문재인 정부에 들어서도 아직 이를 보완하지 못하고 있다.

시진핑 시기 중국의 대북정책은 중국 외교의 DNA 변화와 북중 정상국가관계의 추진에 큰 영향을 받고 있다. 김정은의 북한이 중국의 이해를 전혀 고려하지 않고 세 차례에 걸친 핵실험을 단행하면서 그 갈등이 극적으로 악화되었다. 북한은 전략적 동업자라기보다는 강대국의 핵심 이익을 침해할 수 있는 약소국이라는 인식이 중국 내에서 더 강화되었다. 시진핑 시기에 약소국인 북한의 외교에 강대국인 중국이 이용되거나 불필요하게 연루되지 않겠다는 태도를 명시적으로 취했고, 중국의 이익을 위배하는 북한의 행태에 대해서는 상응하는 비용을 증가시키겠다는 의지를 분명히 보여주었다.

중국은 시진핑 시기에 북한의 핵무장 수준에 대한 재평가 및 핵무장이 가져오는 부정적 결과에 대해 새로이 인식했고 한반도(북한) 비핵화에 대한 의지가 전례 없이 강화되었다. 북핵에 대한 북한의 전향적 조치는 중국이 제시하는 북중정상회담의 전제조건이 되었다. 북한으로의 에너지 공급에 대한 압박을 강화했고, 북핵 관련 대북 제재조치 목록을 점차 확대하여 2017년에는 네 차례에 걸친 유엔 안보리의 제재에 찬성했으며, 양자 차원의 제재 및 국경관리도 강화했다. 이번 2019년 1월에 개최된 4차 북중정상회담에서도 중국은 북한에 핵 문제와 관련하여 보다 전향적인 조치를 취하도록 촉구한 것으로 알려지고 있다.

중국은 '북핵 문제 해결'이나 '북한 비핵화'라는 표현을 공식적으로 쓰지 않으려고 하고, 한미동맹을 약화시키고, 한반도 주변에서 미국의 핵전략자산 전개를 억제하려고 한다. 그러면서도 간접적인 방식이나 전략대화에서 '한반도 비핵화'가 실제 북한의 핵 문제라는 것에 대해 긍정적으로 답하고 있다. 중국은 한때 종전의 '3불(不)1무(無) 원칙: 부전(不戰), 불란(不亂), 불통(不統), 무핵(無核)'과 별도로 한반도 문제 해결의 3대 원칙으로 한반도 비핵화 실현, 평화와 안정 유지, 대화와 협상을 통한 문제해결을 제시했다. 이는 후진타오(胡錦濤) 시절에 '평화와 안정'을 우선시 하던 입장에서 '한반도 비핵화'를 전면에 내세운 변화이다. 중국은 동시에 '표본겸치(標本兼治)', 즉 한반도의 평화와 안정을 유지하기 위한 본질적인 문제의 치유(평화체제 구축)와 당면한 비핵화 문제를 동시에 다뤄나가겠다는 입장을 확립했다.

시진핑 시기의 흥미로운 변화는 중국 내 군부의 대북 인식에 변화가 가시화되었다는 점을 들 수 있다. 중국군 지도부는 한국 측과 북한 문제를 놓고 위기관리대화를 해야겠다는 생각을 점차 노출시켰다. 2014년에 진행된 전 난징군구 부사령관 왕훙광(王洪光) 장군(국가 이익 중시)과 전 국무원발전연구중심 한반도센터 리둔치우(李敦球) 주임(전통관계 중시) 사이의 대북정책 논쟁은 이를 극적으로 표현하고 있다.[5] 아울러 2014년 2월에 현역 공군 중교 왕샹(王翔)의 제등계획(조선반도 전략보고서) 내용이 일부 외부에 공개되면서 이러한 경향이 재확인하고 있다. 이 보고서에 따르면, 한반도 상태의 최종 목표를 통일, 번영, 민주, 비핵, 중국에 우호적인 한반도로 설정하고 있다. 그리고 대한반도 정책을 구체화하려는 노력이 진행되고 있다는 것도 알려졌다.

한반도의 통일에 대한 중국 측의 긍정적인 태도도 점차 강화되었다. 후진타오 시기에는 한반도의 통일이 양안의 통일에 불리한 영향을 가져오고 양안의 통일이 전제되어야 한반도의 통일이 가능하다는 입장이 일반적이었다. 그러나 시진핑 시기의 내부 담론을 보면 한반도의 통일이 오히려 양안의 통일을 촉진할 수 있을 것이라는 사고로 전환하는 경향이 드러났다. 한국 주도 통일의 경우라도 미일 대 중국의 대결 구도에서 적어도 한국이 중립을 지킬 수 있을 것이라는 기대도 상승했다. 왕상의 보고서에서는 '한반도 통일 관련 6대 선결조건'을 제시하고 있다. 보고서에서는 첫째, 구속력 있고 높은 수준의 영구 평화협정 체결, 둘째, 영토 및 영해 분쟁의 철저한 해결로 향후의 불안정성 제거, 셋째, 한반도 비핵화, 넷째, 외국 군대 철수 시간표 제시, 다섯째, 한반도 재건사업에서 경제적 이익 확보, 여섯째, 미국의 보증, 미중 및 한·미·중 간의 한반도 관련 3자 협정 체결을 제시했다. 중국이 이처럼 한반도의 통일과 관련하여 구체적으로 자신들의 입장을 드러내놓고 정리한 적은 없었다.

필자의 평가로는 시진핑 초기에 미중 간의 전략적 협력의 필요성과 북한의 핵미사일 개발로 인해 북한의 지정학적 중요성이 중국의 국익에서 차지하는 가치가 하강했다. 다만 불확실한 국제정세 속에서 중

---

5   李敦球(2014), "不能'放弃'朝鲜这65年的伙伴", 『环球时报』, http://opinion.huanqiu.com/opinion_world/2014-11/5217365.html; 王洪光(2014), "中国不存在'放弃朝鲜的问题", 『人民网』, http://www.warchina.com/news/china/2014-12-01/143327.html

국의 국익 차원에서 북한의 전략적 가치가 여전히 존재한다는 점은 잘 인식하고 있다. 중국이 시진핑 시기에 북한의 지정학적 중요성과 북핵 문제를 별개의 트랙으로 다뤄왔다고 주장해도 크게 본질에서 벗어난 주장은 아닐 것이다. 중국은 시진핑 시기에도 일관되게 북한 정권의 안정성 유지 및 공고화, 북한 급변사태의 방지를 지지했다. 그리고 2017년 9월 북한의 6차 핵실험 직후에 이 기조의 변화 가능성을 내비치기는 했지만 한반도의 현상유지 정책을 시진핑 1기 동안 선호했고 동시에 남북한에 대한 균형외교를 모색해왔다.

(2) 시진핑 2기의 한반도 정책

중국의 북핵 문제에 대한 전통적인 인식은 북핵 문제의 근본적 원인이 북한의 안보 우려와 미국의 공세적 대북정책에 있으므로 북핵 문제는 북미관계를 통해 해결되어야 할 사항이라는 것이었다[위샤오화(虞少華), 후지핑(胡繼平), 쑤하오(蘇浩)]. 그러나 중국은 점차 북핵 문제의 해결에 적극적으로 대응해나갈 때가 되었다는 입장을 강화했다. 중국은 북핵 문제에 대해 1990년대의 1차 북핵 위기 시에는 소극적인 태도를 유지했고 2000년대의 2차 북핵 위기 시에는 6자회담을 개최하는 등 중재자적 입장을 취했다. 그러나 2017년 수소탄이라고 불리는 6차 핵실험의 성공으로 북한의 핵 능력이 거의 최고도 수준에 도달한 상황에서 중국이 19차 당대회 이후에 북핵 문제의 '적극적 해결자 입장'으로 인식을 전환 중이라는 주장이 나왔다[공커위(龔克瑜), 우신보(吳心伯) 등].

　시진핑 2기 중국의 대한반도 정책의 주류 정향은 2017년 11월 23일 아주대 중국정책연구소가 개최한 한중 정책학술회의에서 중국 국제전략연구기금회 학술부 장퉈성(張沱生) 주임이 한 발표에 잘 요약되어 있다. 그가 요약한 바에 따르면, 첫째, 중국은 반드시 한반도 비핵화를 실현하려고 할 것이며 북한을 핵보유국으로 인정하지 않을 것이다. 둘째, 북한의 추가적인 핵실험이나 대륙간탄도미사일 실험을 멈추려고 할 것이다. 우선적으로 북한의 핵 동결이 가장 시급한 임무이다. 셋째, 9·19에서 6자가 합의한 입장을 기초로 다양한 대화 방식을 통해 북핵 관련 대화를 재개하도록 한다. 넷째, 유엔 안보리의 대북제재를 엄격히 이행할 것이며 새로운 핵실험과 도발에 대해서는 더 강한 제재를 시행한다. 다섯째, 한반도 냉전구도의 출현을 저지하고 북핵 처리를 적절히 하기 위해 북한과 정상적인 국가관계로 전환한다. 여섯째, 한반도에서 전쟁과 혼란이 발생하는 것을 결사반대하며 북핵 위협을 틈타 일부 국가가 전략적 이익을 추구하는 것 역시 반대한다. 일곱째, 한반도의 급변사태에 대한 준비를 강화해야 한다. 여덟째, 한반도의 평화와 안정을 지키기 위해 미국과의 협력을 유지할 것이다.

2017년 4월에 부르킹스 연구소에서 발표한 푸잉(傅瑩)의 보고서에서는 북핵과 관련해서 아래의 세 가지 시나리오를 제시했다. 푸잉은 시진핑 주석의 지시에 따라 중국의 기존 한반도 정책을 검토해온 것으로 알려져 있어서 주목을 받았다. 첫째, 제재-실험-재제재-실험의 임계점까지 악순환이 지속되는 시나리오이다. 이 경우에 비핵화를 실현할 수 없으며 극단적인 상황이 초래된다. 만약 북미 간에 북핵 문제가 타협이 되지 않는다면 결국 미국이 한반도에서 군사 옵션을 사용함으로써 전쟁이 발생할 것이다. 이는 한반도 정세의 불안정과 국민의 막대한 피해를 초래한다. 둘째, 북한 정권의 붕괴를 추진하는 시나리오이다. 미국은 대북제재의 강도를 강화해서 제재로 북한 내부를 변화시키려고 시도할 것이다. 그러나 제재로 북한 내부가 변화할 가능성은 단기적으로는 쉽지 않은 상황이다. 셋째, 대화로 북핵 문제를 해결하는 시나리오이다. 6자회담 등을 통해 각국이 최대한 공감할 수 있는 로드맵을 제공할 수 있다는 장점이 존재한다. 그러나 현재 각국의 대화 전제조건이 상이한 상황에 놓여 있어 실현하기가 쉽지 않다.

이 보고서에서 푸잉이 북핵 위기를 미국의 책임으로 돌리기보다는 북한과 미국의 공동책임이라고 주장하고 있다는 점이 흥미롭다. 물론 북핵 위기를 북미관계를 통해 해결해야 한다는 전통적인 방식에 동조하고 있다. 푸잉은 이러한 북미관계 해법을 촉진시킬 수 있는 중국의 역할을 강조했다. 또한 왕이(王毅)가 주장한 북미 간 '쌍잠정(双暂停·북한의 핵·미사일 도발 중단과 한미연합군사훈련의 중단)'에 기초한 '쌍궤병행(비핵화 프로세스와 북미 평화협정의 동시 추진)'안을 재차 강조했다.

시진핑 2기의 한반도 정책이 어디로 귀결될지는 아직 아무도 알수 없다. 2018년 이후에 중국의 예상을 뛰어넘어 남북관계가 급속하게 화해 무드로 전환되었고, 북미정상회담의 개최는 물론이고 북중정상회담도 다섯 차례나 개최되었다. 이 과정은 중국이 그간 주장했던 두가지 안이 모두 현실화된 것과 진배없다. 그러나 그 이후의 상황에 대해 중국 측은 왕이 외교부장이 제시한 '쌍잠정'안과 '쌍궤병행'안을 넘어서는 새로운 방안이나 로드맵을 아직 제시하지 못했다. 2018년부터 미중 전략경쟁이 가속화하면서 중국의 모든 에너지는 이에 대한 대처에 집중되었다. 북핵 문제는 종속변수여서 중국이 주도적인 역할을 할공간이나 여력이 없었다. 그러나 중국은 향후 이 문제를 어떻게 미중전략경쟁에 자리매김하면서 한반도에서의 영향력을 확대할 것인지에대한 전략적 고민을 강화해나갈 것으로 보인다.

다. 한반도 비핵화와 평화체제에 대한 중국의 입장

(1) 중국의 원칙적 입장

중국은 아직 한반도 비핵화와 평화체제의 구성에 대한 구체적인 로드맵을 제시한 바가 없다. 이와 관련하여 러시아 측은 중국 측과 이미 상당한 의견 교환을 하고 있는 것으로 『스푸트니크 뉴스』(2017. 6. 28.)가 주장한 바 있기는 하다. 그러나 중국 외교부는 정례 브리핑(2017. 6. 28.)을 통해 러시아 측과 미리 협의한 바가 없다고 신속히 부인했다. 다만 러시아 측과 긴밀한 소통과 입장의 일치를 유지하고 있다고 언급했을 뿐이다. 중국은 시진핑 시기에 한반도 관련 3대 원칙(비핵화, 안정과 평화 추구, 대화를 통한 문제해결)을 이미 제시한 바 있다.[6] 중국은 스스로 정한 원칙을 견지하려고 하면서도 종종 구체적인 로드맵에 따라 정책을 집행하기보다는 가변적인 상황에 따라 유연성을 가지고 대응한다는 실용적 태도를 지닌 것으로 평가된다.

    2017년 6월 21일자 중국 외교부 정례 브리핑에서 중국은 한반도 핵 문제의 본질은 안보 문제라고 정의한 바 있다. 한반도 문제의 해결을 위해서는 종합적인 접근이 필요하다는 입장이다. 근본적인 문제와 지엽적인 문제를 함께 해결하면서(표본겸치) 각 측의 합리적인 우려를 균형적으로 해결해야 한다는 것이다. 중국은 한반도에서의 긴장 대립의 완화, 소통과 신뢰 증진, 근본적인 문제해결에 도움이 되는 '모든 구상과 이니셔티브를 환영하고 독려'한다고 주장하여 입장이 유연해질 수 있음을 시사했다.

---

6   후진타오 시기에는 '안정과 평화 추구, 비핵화, 대화를 통한 문제해결'의 수순이었다.

중국은 북한이 보다 적극적으로 핵·미사일 실험과 개발에 박차를 가하기 시작한 2016년부터 '한반도 비핵화와 평화체제에 대한 방안'을 제시하기 시작했다. 2016년에 국가안전위원회 내에 전 중국 외교부 부부장이자 당시 전국인민대표대회 외사위원회 위원장이었던 푸잉을 팀장으로 하는 '한반도 태스크 포스(Task Force)'를 구성하여 본격적인 대한반도 정책에 대한 연구에 들어간 것으로 알려졌다. 중국은 2016년에 비핵화와 평화체제 구축을 동시에 병행하여 협상한다는 '쌍궤병행'안을 제시했다. 2017년에는 한반도 안정과 신뢰 구축, 핵 협상의 분위기를 조성하기 위해 북한의 핵·미사일 도발, 한미연합군의 합동군사연습을 동시에 잠정 중단하자는 '두 개의 모라토리엄(쌍점정)'안을 제시했다. 아울러 '핵의 비확산 노력'과 '화해 권고 및 대화 촉진'을 강화하자는 '두개의 강화[쌍가강(雙加强)]'안을 제시했다.

중국은 지속적으로 한반도 안보 문제의 주요 이해관계자임을 강조해오고 있다. 그 근거는 법리적인 측면에서 중국이 1953년 7월 27일에 서명한 정전협정의 체결국이라는 것이다. 정전협정 제61항에는 본 정전협정에 대한 수정과 증보는 반드시 적대 쌍방 사령관들의 상호 합의를 거쳐야 한다고 명시되어 있다. 제62항에는 본 정전협정의 각 조항은 쌍방이 공동으로 접수하는 수정 및 증보 또는 쌍방이 정치적 수준에서의 평화적 해결을 위한 적당한 협정 규정에 의해서 명확히 교체될 때까지는 계속 효력을 가진다고 명시되어 있다. 여기서 정치적 수준에서의 평화적 해결을 위한 적당한 협정이란 평화협정으로 이해할 수 있다.[7] 그러니 정치적인 측면에서 협정의 이행을 위해서는 중국의 참여가 필수적이라는 것이다.

---

7   이에 대해서는 우징징(2019), "종전선언과 한반도 정전체제의 평화체제 전환", 『성균차이나 브리프』, 7(1), pp.80-81에서 재인용했다.

중국은 2018년 4월 27일에 1차 남북정상회담의 결과로 합의된 '한반도의 평화와 번영, 통일을 위한 판문점선언' 제3항 3절의 "정전협정을 평화협정으로 전환하며 항구적이고 공고한 평화체제 구축을 위한 남·북·미 3자 혹은 남·북·미·중 4자 회담의 개최를 적극 추진해나가기로 하였다."라는 내용에 대해 중국을 배제하려는 의도로 보고 강한 반발을 보였다. 중국의 반관영매체인『환치우스바오(環球時報)』는 2018년 5월 29일에 "가소로운 것은 중국의 역할을 배제해야 한다는 식의 논조가 다시 출현한 것이다. (중략) 중국은 한반도 정전협정의 당사자이다."라는 사설을 실어 불편한 속내를 내비쳤다. 5월 31일에는 외교부 대변인 화춘잉(華春瑩)이 정례 간담회에서 "비핵화 목표의 실현에 따라 장기적이고 효율적인 한반도 평화체제의 구축이 필요하다. 중국은 지속적으로 이에 대해 적극적이고 건설적인 역할을 하기를 희망한다."라고 공식 입장을 밝힌 바 있다.

중국은 북한의 전략적 가치를 인정하면서도 북한의 핵 프로그램 및 핵실험은 중국에 대한 위협임을 분명히 하고 있다(한 예로『차이나데일리』2017년 6월 5일자). 그 이유로는 첫째, 북한과 북한의 핵 문제는 중국의 핵심 이익 사안은 아니지만 핵심 이익에 영향을 줄 수 있는 중대 이익 사안으로 해석할 수 있다. 둘째, 북한의 핵·미사일은 중국의 주요 도시와 동부 경제발달지역을 사정권에 넣고 있다. 셋째, 중국 내 분리주의자로의 핵 확산 가능성은 중국의 핵심 이익에 막대한 타격을 준다. 넷째, 미국과 그 동맹국들에 동북아 내 군사 배치의 조정·강화의 빌미를 준다. 다섯째, 한미 및 미일 연합군사훈련을 확대하게 한다. 여섯째, 미국으로 하여금 탄도미사일 방어체계를 역내에 배치하도록 촉진한다. 일곱째, 역내의 군사 균형 및 미중 간의 전략적 안정성 체계를 파괴하는 데 일조한다. 여덟째, 한반도에 점증하는 군사 분쟁 가능성은

중국에 연루 문제를 야기하면서 중국의 안보와 경제발전에 큰 위협이
된다. 아홉째, 한반도 유사사태는 수많은 난민 문제를 야기하여 중국
동북지역의 불안정성을 크게 강화시킬 것이다.

(2) 점진적인 북한의 핵 능력 해체와 한미동맹 이완의 연동

북핵 문제의 원인에 대한 중국 내 견해는 크게 '북한 자체의 전략 이
익', '지정학적 원인', '국력 열세', '정전체제의 문제', '냉전적 인식의
문제' 등 다양하며 이에 따라 다른 처방들이 존재한다. 그러나 중국 주
류는 북핵 문제를 여전히 냉전의 구조적인 유산으로 판단하고 냉전체
제의 해소 과정 속에서 해결한다는 원칙을 유지하는 것으로 판단된다.
이는 주한미군의 역할 약화, 한미동맹의 이완, 유엔사의 해체와 동북아
미군 역량의 축소 등 중국의 전략적 이해에 부합하기 때문이다.
　북핵 문제의 해법에는 협상을 통한 해결 방안, 제재를 통한 해결
방안, 무력에 의한 해결 방안이 존재한다. 중국의 입장에서는 협상을
통안 해결 방안이 최선이고 무력을 통한 해결 방안이 가장 피해야 할
것이다. 다만 현실적으로 협상과 제재를 결합하는 방안이 국제사회가
채택한 것이며 중국 역시 원칙적으로 이를 지지하고 있다. 중국 내에서
도 대북재제의 효과에 대해 다양하게 의견이 나뉘고 있으나, 단기적으
로는 제재로 인해 북한이 굴복할 것으로 평가하지는 않는 것이 일반적
이다. 북한의 핵 능력은 기폭장치, 장거리 탄도미사일 발사 능력, 핵탄
두의 소형화 및 경량화를 이미 달성했다고 평가된다. 다만 대기권 재진
입 능력은 미정인 상태로, 이는 미국의 일반적인 평가와 대동소이하다.
필자의 인터뷰에 따르면, 중국 측은 북한이 이미 우라늄과 플루토늄을
결합해 16kg 정도의 재료만으로 핵탄을 만들 수 있는 능력을 확보했

다고 믿고 있다. 이를 통해 북한의 핵탄이 노동급 미사일에만 장착 가
능하다는 기존의 설을 넘어 스커드 미사일에도 장착이 가능한 단계로
간 것이 아닌가 하는 판단이 가능하다. 이 경우라면 실제 북한의 핵·미
사일에 대한 방어가 거의 불가능에 가까운 상황이 되었다는 것을 의미
한다.[8]

북핵 문제에 대한 중국 내 입장은 다양하지만 각종 회의에서 나온
중국 측 참여자들의 입장을 정리해보면 다음과 같이 추론할 수 있다.
중국 측은 북핵 문제가 남북한만의 문제가 아닌 동북아와 세계적 차원
의 국제질서의 안정성에 영향을 주는 사안으로 국제화되었으며, 따라
서 유엔을 포함한 국제기구, 세계 주요 강대국들이 행위자로 참여하여
복잡하게 되었다고 인식한다. 또한 북핵 문제는 단숨에 해결하기 어려
운 장기적인 이슈가 되었으며 오판과 갈등으로 인해 언제든지 위기화
할 수 있는 사안이라는 인식을 지니고 있다. 첫째, 북핵 문제는 비핵화
가 점차 어려워지는 상황에 봉착하고 있다. 둘째, 북한의 기술은 플루
토늄에서 우라늄탄으로 그리고 수소폭탄 제조가 가능한 단계로 진전
되었다. 셋째, 북핵의 실전배치 역량은 점차 증대되고 있다. 북한은 그
공개적인 언명에도 불구하고 핵 선제 불사용 입장에서 선제사용[先發
制시] 가능의 입장으로 전환할 수 있다. 넷째, 미국이 북한에 대한 군사
적 공격 가능성을 점차 높이고 있다. 다섯째, 중국은 북핵 문제 해결의
참여자 입장에서 한반도 문제로 인한 비용이 증가함에 따라 점차 주체
로서의 행동을 요청받고 있는 상황이다. 여섯째, 6자회담 중심구조에
서 점차 양자, 3자, 4자 혹은 5자 협력 등이 요청되는 다변협력의 필요
성이 증대하고 있다. 일곱째, 각 측은 한반도의 안정 유지에 집중하던

8   이러한 문제점은 최근 북한이 실험발사한 이스칸데르급의 KN-23, 그리고 KN-02 미사일
     로 더욱 확실해졌다.

정책을 넘어서 이미 한반도의 위기상황에 대한 대비책 마련에 노력하고 있다.

중국의 입장에서도 북한의 완전한 핵 능력 해체가 국가 이익에 가장 부합하는 것으로 볼 수 있다. 2018년과 2019년 1월에 김정은 위원장이 네 차례에 걸친 방중과 정상회담으로 북한과 중국의 전통적 우호관계의 복원을 천명하기는 했지만, 10여 년 이상의 사실상 독자행보에 대한 중국 측의 대북 불신은 여전히 강하게 남아 있다. 지정학적·전략적으로 북한 카드의 유용성이 존재하기는 하지만, 미중 전략경쟁의 와중에 중국이 북핵 문제로 인해 미중의 전략경쟁이 한반도에서의 군사적 갈등으로 연루되는 것을 저지해야 한다는 동기가 더 강하다고 평가할 수 있다. 북한이 노동 계열의 단·중거리 미사일에 핵탄두를 장착할 경우에 한국 및 주한미군뿐만 아니라 유사시에 주요한 중국 영토에 대한 위협이 되고 악용될 수 있다는 의구심이 존재한다. 다만 향후 북중 관계의 전개와 북핵·평화체제 건립에 대한 협상 내용에 따라 중국이 통제 가능한 제한된 수준의 핵 능력을 북한이 보유하는 것에 대해서 어느 정도 묵인할 개연성도 배제할 수 없다. 물론 이 경우에도 중국은 한반도 비핵화의 원칙과 북한에 대한 핵보유국 불인정 원칙을 유지할 것이다.

중국은 정전협정과 체제와 관련하여 '정전체제의 유지'와 '중국의 당사자 지위'를 분명히 한 바 있다. 북한 측은 1994년 4월에 군사정전위원회를 무력화하기 위한 수단으로 자신의 군사정전위원회 대표를 소환한 바 있다. 당시 중국 역시 북한의 요구를 수용하여 1994년 9월에 중국인민지원군 대표를 군사정전위원회에서 물러나게 한 뒤 본국으로 소환했다. 그러나 중국은 북한의 의사와는 달리 1994년 당시에도 군사정전위원회가 무력화되었다고 해서 정전협정과 정전체제가 무력화된 것은 아니라는 입장을 분명히 했다.[9] 1994년 9월 1일에 중국 국무원 첸지천(錢其琛) 부총리 겸 외교부장은 북한 정부의 특사이자 외교부 부부장인 송호경과의 접견에서 "새로운 평화체제를 구축하기 전까지 정전협정은 유효하며 각국은 이를 준수해야 한다."라고 중국의 입장을 분명히 했다.[10]

　　2018년 초반에 북중관계가 급속히 가까워진 배경으로는 중국의 '차이나 패싱'에 대한 불안감, 한중 간의 신뢰 하강, 북미관계의 개선에 따른 북한 김정은 위원장의 위험관리 노력 등이 있다. 그 결과 중국은 한반도 문제에서의 당사자 지위 문제를 확고히 확인했다. 북한으로부터 북미관계의 개선이 최소한 중국의 전략적 이익을 손상시키지 않을 것이라는 보증을 받았고 한중 고위층 간의 비공식 소통을 통해 이를 확인받았다. 미국 역시 이러한 중국의 입장을 수용하고 있다. 2018년 하반기에 들어 중국이 북중관계에 대한 속도 조정에 나선 이유는 현재의 구도가 중국의 이익에 반하지 않기 때문인 것으로 판단된다. 2018년에 들어 남북정상회담, 북미정상회담 등을 통해 사실상 중국이 주장해온 '쌍중단(雙中斷)·쌍궤병행'안이 수용된 상황이다. 중국은 북한과의 관계 개선을 지속하면서도 굳이 이것이 북중동맹의 강화로 인식되거나 북한 제재의 해제 책임을 뒤집어쓰거나 미중 전략경쟁의 빌미로 활용되는 것을 원하지 않고 있다. 그 한 예로 2018년 9월에 시진핑 주석은 북한의 강력한 요청에도 불구하고 방북하지 않았다. 중국이 2018년 하반기에 들어 기존의 남북정상회담 이후에 표출하던 '종전선언'에의 적극적 참여 입장을 보다 유연하게 가져간 것도(시진핑의 블라디보

9　　"中國外交部發言人沈國放 1994年9月2日答記者問",『人民日報』, 1994년 9월 3일.
10　　한셴둥(2019), "중국의 시각에서 본 한반도 평화체제 구축",『성균차이나 브리프』, 7(1), p.76에서 재인용했다.

스토크 선언) 위의 고려를 반영한 것으로 보인다. 남북한이 모두 '정전 선언'을 법적인 기제가 아닌 정치적 선언으로 인정한 상황에서 한반도의 안정과 평화체제의 구축을 희망하는 중국이 비핵화와 평화체제 논의의 장애로 부각되는 상황은 바람직하지 않다는 판단일 것이다. 이는 한반도 평화체제의 수립에 있어서는 중국의 당사자적 지위를 부인할 수 없다는 자신감에 기인한 것이기도 하다. 다만 '정전선언'이 법적인 구속성을 지닌 평화체제 구축의 입구로 기능하는 상황이라면 중국은 반드시 당사자로 참여하려고 할 것이다. 중국은 향후 한반도의 미래가 중국의 전략적 이익에 막대한 영향을 미칠 것으로 인식하고 있기 때문에 이에 반드시 중국의 전략적 이해를 반영하려고 할 것이다.

(3) 중국의 예상되는 단계적 조치

중국은 북한의 비핵화를 달성하기 위해 제재, 안전보장과 경제적 인센티브를 결합한 단계적이고 종합적인 처방의 필요성을 강조하고 있다. '행동 대 행동', '단계 대 단계'와 같은 매칭 전략이 효과적이라는 것이다. 중국은 북한의 안보 불안 문제를 해소해주기 위해 '신뢰 구축' 조치의 필요성을 지속적으로 강조하고 있다. 북한의 핵·미사일 모라토리엄 유지는 중국의 주장과도 일치한다는 점에서 지속 지지하는 한편이에 상응하여 한미연합훈련의 지속적인 유예나 축소에 대해서도 강조할 것이다. 북한의 풍계리·동창리, 영변 핵원자로 등 핵·미사일 시설의 폐쇄와 관련해서는 이를 지지하되 유엔 대북제재의 단계적인 완화와 같은 추가적 조치가 필요하다는 북한의 입장도 지지하고 있다. 중국은 북한의 비핵화가 북한 정권과 체제의 안전을 보장해주는 동북아 다자안보협력체제의 구축과 동시에 진행되어야 한다는 입장이다.

이 과정에서 중국은 당연히 동북아에서 미국의 영향력을 약화하려고 시도하고 한반도에서 중국의 영향력과 주도권을 인정받으려고 할 것이다.

북한 비핵화와 평화체제 구축 협상과 관련해서 향후 중국이 추진할 전략은 다음과 같을 것으로 전망된다. 단기 전략으로 북핵 문제를 미중 전략경쟁에도 불구하고 여전히 미중 간의 협력 사안으로 분리하려고 할 것이다. 북한의 핵·미사일 능력에 대한 동결 및 추가적인 해체·검증 시 북미관계의 개선을 지지하되 북중 우호관계를 역시 강화하고 한국과는 남북관계의 개선을 지지하면서 전략적 소통 역시 강화하려고 할 것이다. 미국의 동북아 영향력과 관련된 문제는 이 단계에서 크게 문제화하지 않을 개연성이 크다. 우선적으로 북한의 비핵화 협상을 정상궤도에 올려놓는 것이 중국의 이익에 부합한다고 판단하기 때문이다. 중국은 북한의 비핵화 노력에 상응하게 유엔 제재의 완화를 주장하고 있다. 그러나 북중관계의 개선에도 불구하고 북중 양자 차원의 제재나 편의 제공은 있을 수 있어도 유엔 제재를 중국 스스로 미국과의 합의 없이 먼저 폐기하지는 않을 것이다. 중국은 유엔 대북제재의 주요 이해 당사자이고 자국의 전략 이익이 여기에 상응하게 결부되어 있기 때문이다.

중기 전략으로는 북한의 핵 리스트 제출, 시설 및 무기체계의 해체·이전 과정에서 이에 상응하는 한미동맹상의 변화에 대한 요구를 시작할 것이다. 북한 역시 북중정상회담을 통해 이러한 북중 양국의 이해에 대한 조율을 마쳤을 가능성이 크다. 평화체제 구축은 사드 철수, 한미동맹의 새로운 성격 규정, 유엔사의 해체 문제 등과 연관되기 때문에 중국 측이 이 문제들을 적극적으로 제기할 개연성이 다대하다. 완전한 비핵화가 달성되지 않은 상황에서도 북한과의 신뢰 구축 차원에서 조기 북미수교 및 북일수교의 추진에 중국은 호의적일 개연성이 크다. 아마도 미국이나 일본이 상정하고 있는 로드맵보다 더 빠른 단계에서 이행을 주장할 것으로 판단된다. 동아시아(혹은 동북아) 다자안보체제의 설립에도 적극적인 태도로 나올 것이다. 중기적으로 불안 요인은 미중 전략경쟁의 향배가 될 것이다. 다만 중국의 입장에서는 미국이 북핵 이슈를 적극적으로 미중 전략경쟁에 활용하거나 대만 이슈로 상황을 악화시키기 전까지는 북핵 문제에 대해서는 미국과의 협력 사안으로 유지하려고 할 것이다.

장기 전략으로는 북한의 완전한 비핵화 혹은 일부 제한된 능력 보유 모두를 받아들일 수 있는 입장을 유연하게 가질 것이다. 다만 이 과정에서 한미동맹의 완연한 이완을 유도하려고 할 것이다. 한반도에서 미국의 영향력을 축소하려는 것은 중국의 일관된 목표가 될 것이다. 동북아의 안보 지형을 동맹체제에서 다자안보협력체제로 전환하는 데도 큰 관심과 노력을 보일 것이다. 새로운 경제이익 공동체의 창출을 통해 역내에서의 영향력을 확대하려는 전략도 본격적으로 추진할 것으로 예상된다. 중국이 주도하는 '역내포괄적경제동반자협정(Regional Comprehensive Economic Partnership Agreement: RCEP)'을 활용하려고 할 개연성이 크다.[11]

중국의 입장에서 유엔사령부 폐지는 반드시 관철시키려고 할 것이다. 이는 동북아에서 미군이 주둔하는 주요한 근거가 되고 있기 때문이다. 특히 주일미군의 유지에 중요하다. 중국 등 43개 국가는 1974년

---

11   아시아-태평양 지역의 16개 나라가 참여해서 지역경제의 통합을 꾀하는 다자간 자유무역협정이다. 2012년 11월에 협상이 시작되었다. RCEP은 2010년에 미국 주도로 협상이 개시된 '환태평양경제동반자협정(TPP)'에 대한 대항마 성격을 지니고 있으며 중국이 지역경제의 통합을 꾀하는 자유무역협정으로 인식되었다. http://100.daum.net/encyclopedia/view/47XXXXXXX180

표 3-15 중국의 한반도 관련 주요 입장 및 연계 조치들

	단기(2020년까지)	중기(2022년까지)	장기(2022년 이후)
단계	북핵 동결과 평화체제 논의의 시작	북핵 검증 및 감축 평화체제 구축안 이행	한반도 비핵화와 평화체제 구축
비핵화	모라토리엄 유지 핵·미사일 동결 핵물질 생산활동 중단 핵활동 신고(핵탄두 수량 신고는 불포함) 검증 추진	핵무기 신고와 검증 비군사적 핵활동과 위성 발사역량 신고 핵시설 해체 시작 ICBMs 해체	핵물질과 핵무기 제거 시작 최종적인 비핵화 추진 핵국가 인정에 대한 불용 입장 확인
경제적 유인책과 제재 해제	인적·문화적·인도적 교류 허용 관련국들과 북한 경제개발 협력 계획 수립 북한 에너지의 수입 관련 제재 일부 완화	추가적인 제재 완화 및 대북한 에너지 제공 (유엔 제재 해제는 최근 것부터 적용)	포괄적으로 위협과 제재의 감소 추진
안보보장	연합군사훈련 중단·축소 상태 유지 4 Nos 재확인[12] 종전선언 북미 평화선언(조약) 군사적 신뢰 구축 조치 해외 군사협력활동 초청	제3국에 의한 군사활동 모니터링과 검증체계 구축 6자 간에 연쇄·양자적 안보협정을 체결하고 이를 제도화	검증 체제를 갖추고 북한 안보를 담보해주는 6자회담 기반의 동아시아 안보협력체 수립 단, 필요 시 몽골, 호주, 뉴질랜드, 아세안 등을 초대 가능
관계 정상화	여행 금지 완화 인도적 활동 허용 북미관계의 개선 및 연락사무소 설치 지지	북미수교 추진 북일수교 추진	관계 정상화 단계
미국의 동북아 영향력	한미동맹은 한미 양자의 사안으로 인정 단, 지역동맹화는 방지 유엔사에 대한 문제제기 자제	한미동맹과 동아시아 안보협력체제의 공존 유엔사 문제를 적극 제기	한미동맹 약화·해체 유엔사 해체 동아시아 안보협력체제가 중심
한중관계	남북관계 개선에 대한 지속적 지지 한중 상호 협력과 소통 강화 노력 한국의 대미·대일 경사 방지	북한 문제에 대한 협력 강화 대북 신경제협력 공동 추진 사드 문제의 해소	남·북·중 경제이익 공동체 형성 한중 군사협력 강화

12   4 Nos는 체제 전복 불원(No Regime Change), 적대 정책 불원(No Hostle Policies), 현
남북 분단선 유지(No Crossing 38th Parallel), 인위적 통일추진 불원(No Accelerated

12월 17일에 유엔 총회에서 통과된 3333호 "유엔사 해체 및 적합한 조치를 취할 것"에 대한 결의, 그리고 이를 수행하기 위한 전제로 미국이 정전협정 유지를 수락할 대안적 조치에 대한 합의를 요구한 데 대한 후속 조치로 1975년 10월에 유엔 총회에서 북한 문제에 대한 안건을 상정했다. 그 내용으로는 "유엔군 사령부의 해체, 유엔군 명의로 한국에 주재하는 모든 외국 군대의 철수, 정전협정의 실제 당사국이 체결한 평화협정으로 정전협정의 대체"를 제시했다.[13] 그 결과 1975년 11월에 3390호 결의안이 통과되었는데, 여기에는 "유엔군 사령부를 해체하고 유엔군 명의로 한국에 주둔하는 모든 외국 군대의 철수가 필요하다고 간주한다.", "정전협정을 평화협정으로 대체할 것을 촉구한다.", "정전협정의 실제적인 당사자들에게 신속히 협상에 착수하고 그 첫걸음으로 정전협정을 유지하기 위한 조치에 합의하는 동시에 유엔군 사령부를 해체할 것을 촉구한다." 등의 내용이 담겨 있다. 그러나 평화협정의 체결을 위한 당사자 협상이 불발되면서 이 문제는 역사 속에 묻혔다. 만일 평화협정의 체결 문제가 다시 진행된다면 유엔사 해체 문제가 본격적으로 제기될 개연성이 크다.

라. 대중정책 제안

북한의 비핵화는 북미 간의 대화와 한국의 중재자 역할을 통해 진행되고 있지만 한반도 평화체제의 수립 문제에는 중국의 참여가 불가피하다. 이는 중국이 정전협정의 당사국일 뿐만 아니라 남북한이나 미국 모

Unification)이다.
13   "解決朝鮮問題的合理主張", 『人民日報』 1975년 11월 2일.

두 중국의 당사국 지위를 인정하고 있기 때문이다. 따라서 평화협정 문제가 가시화되면 될수록 이 문제와 관련한 중국과의 전략적 소통 강화는 불가피하다. 새로운 국제정치와 한반도 맥락에서 중국 측의 입장과 진의를 파악하려는 노력은 시급히 추진되어야 한다. 이를 위해서 공식적인 라인에서 추진하기 이전에 비공식에 가까운 라인을 활용하여 보다 유연하게 전략대화를 통해 상호 이해를 증진시키고 옵션들의 폭을 좁히려는 노력이 필요하다. 당국이 권위를 부여한 1.5 혹은 1.7 트랙차원의 전략대화를 활성화할 필요가 있다. 대화 주제로 그간 중국 측이 금기시했던 한반도 위기관리에 관한 대화도 시작할 필요가 존재한다. 중국 측과 북한의 비핵화와 평화체제 관련 로드맵 구성을 공동으로 추진하고 이에 입각해 보다 과감한 행동 계획을 추진해야 한다. 중국과의 향후 갈등 영역은 한반도 비핵화의 수준에 대한 이견과 갈등, 평화체제 구축 시 한미동맹과 미국의 역내 영향력에 대한 이견, 유엔사 해체 관련 논쟁, 대북제제 완화 및 대북 양자관계 정상화에서의 속도 조절 문제 등이 존재한다. 어느 것 하나 쉬운 주제가 없으므로 중국 측과의 전략적 소통을 통해 충분한 대화를 할 필요가 있다. 중국은 신뢰 구축을 강조하면서 미국의 입장보다 대북제재 완화나 북미 및 북일 양자수교 문제에 대해 보다 전향적일 개연성이 존재한다. 이에 대한 우리의 입장을 정리할 필요가 있다.

한미동맹의 문제는 평화체제의 수립 여부 문제와 관계없이 한미 양자 간의 문제라는 것이 한미 양측의 입장이다. 중국 역시 그 논리적 타당성에 대해서는 인정하고 있다. 물론 조건은 한미동맹이 중국을 겨냥해서는 안 된다는 것이다. 그러나 우리가 주목해야 할 것은 유엔사의 문제이다. 이미 유엔 결의가 존재하고 미국 역시 유엔사의 해체 조건으로 평화체제의 구축을 제시한 바 있어서 이 문제는 반드시 제기될 것이다. 더구나 이 사안은 한반도의 후방기지로서 주일미군의 지위와도 긴밀히 연관되어 있어 대단히 중요하다. 유엔사의 해체 문제는 미군의 동북아 주둔에 대단히 큰 영향을 미칠 수 있다. 특히 트럼프 행정부가 연임에 성공한다면 그 파장은 예측하기 어렵다. 이에 대한 우리 및 한미동맹 차원의 입장 정리가 필요한 시점이다.

동아시아 다자안보체제의 구축 노력은 지속되어야 한다. 북한의 비핵화에 따른 평화체제의 구축 노력은 미국의 역내 영향력의 약화 혹은 감축으로 귀결될 개연성이 다대한 만큼 그 공백을 완화할 기제에 대한 구상이 필요하다. 가장 중요한 것은 '내적 균형'을 확보하기 위한 노력이어서 국내에서의 공감대 강화, 외교안보 영역에서의 전문성 존중 등이 필요하다. 외적으로는 한미동맹을 최대한 활용하면서 동시에 역내 다자안보협력체제를 구축하려는 노력이 필요하다. 6자를 중심으로 몽골, 호주, 아세안 등을 추가하는 것을 고려할 수 있을 것이다. 다만 공동안보, 협력안보, 포괄안보의 원칙을 바탕으로 어떻게 실행 가능한 체제를 구축하는가가 관건일 것이다. 북한의 비핵화가 완전히 진행될 때까지는 적어도 한미동맹을 중심으로 한 동아시아 다자안보협력체제 구축을 병행하고 점차 후자를 강화하는 방향이 설정될 것이다.

미중 전략경쟁의 결과로 역내 군비경쟁이 가속화되는 상황도 고려해야 한다. 특히 미국의 역내 중거리 탄도미사일 배치 시도 가능성과 그 영향을 주시할 필요가 있다. 향후 미국이 동아시아 지역에 중거리 탄도미사일을 배치하는 문제는 동북아의 전략 지형을 완전히 바꿔놓을 수 있는 사안으로 그 향배를 지속적으로 관찰하고 대비책을 강구할 필요가 있다. 이 이슈는 북한의 비핵화 및 한반도 평화체제 구축의 이슈를 다 중단시킬 수 있을 만큼 파괴력을 지녔고 남북한은 다시 그 갈등의 영향권으로 편입될 수 있다. 이에 대비한 플랜 B의 준비도 필요한 시점이다. 그 핵심은 북한과 '공포의 균형'을 이룩하고 이에 기반해서 남북 간의 긴장 완화와 평화를 추진하는 것이다. 이는 현 정부가 추진하고 있는 국방 개혁의 방향과 정책 우선순위를 재점검하라는 제안이다. 스스로 최소한의 자위 의지와 역량을 갖춰야 향후 전개될 미중 전략경쟁과 일본의 정상국가화 과정에서 우리 스스로 운신의 영역을 가질 수 있다.

중국과는 이어도 분쟁의 조기 해결을 추진해야 한다. 미·중·일은 이미 이어도 지역에서의 전략 공간 쟁탈을 둘러싼 갈등을 전개하고 있다. 특히 중국은 이 지역 내에서의 군사력 전개에 적극적이다. 이는 과거 러일전쟁이나 한국전쟁에서 독도의 전략적 중요성이 부각된 만큼이나 한중 간의 갈등, 중·미·일 간의 갈등이 확대될 위험성이 큰 사안이다. 중국은 이 이슈를 추후로 미루려고 할 테지만 이 공간이 국제분쟁화하기 이전에 한중 간에 조속히 그 경계를 타결하는 것이 바람직하다.

국내 일각에서는 냉전의 유산, 미중 전략경쟁의 승패를 예단하고 체제의 차이로 인한 불편함으로 인해 중국과의 관계에서 갈등을 강조하는 시각이 존재한다. 그러나 중국은 한반도 평화체제 형성의 주요한 당사자이고 중국과의 경제협력 없이 한국의 경제발전은 상상하기 어려운 것이 현실이다. 추후 미중 전략경쟁의 결과를 예단하기보다는 신중한 입장을 견지하고, 중국과의 관계에서 '이익공동체'의 형성을 통한 경제협력과 외교안보 협력의 강화 방안이 지속적으로 추진되어야 한다. 중국이 현재 적극적으로 추진하고 있는 일대일로 전략과 한국의 다양한 지역전략 구상을 접목하여 협력을 확대해나가는 새로운 단계의 협력을 추진해야 한다. 환황해 지역협력 구상과 같은 지역협력을 추진하는 것도 필요하다. 국가 간의 협력을 넘는 '지역민의 생존 이익'에 기초한 지역 이익공동체의 추진은 향후 새로운 경제협력의 대안이 될 수 있다. 미중 전략경쟁 속에서도 우리의 국익을 실현하기 위해 다음과 같은 대중관계의 3원칙을 제안한다. 첫째, 상호 존중하고 소통과 협상을 통해 갈등을 해결한다. 둘째, 공동 번영을 추구한다. 셋째, 북핵·북한 문제에 대한 협력을 강화한다.

참고문헌

그레이엄 엘리슨(2018), 『예정된 전쟁』, 장혜윤 역, *Destined for War*, 세종서적.

김흥규 편(2015), 『시진핑 시기 중국 외교안보 그 패러다임의 변화』, 동아시아재단.

김흥규·과숙한(2016), "시진핑 시기 북중국 관계", 『국방정책연구』, 32(4)(통권 114호).

윤영관(2016), 『외교의 시대』, 미지북스.

이교덕·김병로·박병광(2014), 『북중간 인적 교류 및 네트워크 연구』, 통일연구원 연구총서 14-1.

최명해(2009), 『중국·북한 동맹관계』, 오름.

헨리 키신저(2012), 『중국 이야기』, 권기대 역, *On China*, 민음사.

王宜勝(2013), 『朝鮮半島 衝突管理研究』, 北京: 軍事科學出版社.

龔克瑜(2018), 『朝鮮半島局勢與中國』, 高揚: 新星出版社.

Heungkyu Kim(2010), "From a Buffer Zone to a Strategic Burden: Evolving Sino-North Korea Relations during the Hu Jintao Era", *The Korean Journal of Defense Analysis*, Vol. 22, No. March 2010.

Michael D. Swaine and Tuosheng Zhang(2006), *Managing Sino-American Crisis: Case Studies and Analysis*, Washington DC: Carnegie Endowment for International Peace.

IV 기존의 로드맵 vs. 대안적 로드맵

이근

우리가 피해야 할 최종 단계(End State)

- 비핵화 협상에서 우리가 피해야 할 최종 단계는 북한이 최소한의 핵 능력을 보유하고 (검증을 피한 핵물질, 핵탄두, 핵 지식 등) 경제제재가 해소되어 중국식 권위주의 발전국가가 되는 것이다.
  - 이 가능성은 완벽한 비핵화 이전에 제재가 풀리고 협상 피로가 이어지면서 "이 정도면 북한도 정상국가의 궤도로 들어왔기 때문에 위협이 사라졌고 오히려 북한을 개혁개방의 길로 끌고 나가는 것이 중요하다."라는 인식이 다수의 인식일 될 때 실현 가능하다.
  - 북한이 핵 능력을 보유한 채 중국식 권위주의 발전국가가 되면 후일 체제경쟁과 흡수통일의 위협이 될 수 있다.

우리가 지향해야 할 최종 목표: 북한의 싱가포르화 + 비핵화

- 북한을 최소한 싱가포르 수준으로 다원화시키고 외부의 안보 불안을 해소해주어야 한다.
  - 북한의 발전 모델을 가족 집권의 싱가포르 모델로 상정하고 김정은 일가의 장기집권을 용인하되 다원화와 인권 개선, 사법제도 및 사회의 투명성을 높이는 방향으로 경제제재의 해제를 연동시켜야 한다.
  - 북한의 안보 불안을 해소하기 위해서 미국과의 안보협력 메커니즘을 구축한다. 직접적인 북미 안보 메커니즘의 구축이 어려우면 남북 군사협력을 통해 미국과 연계되는 시스템을 구축한다.

관련된 중·장기 로드맵 B

- 북한을 싱가포르 모델 + 비핵화의 길로 유도하기 위한 중·장기 로드맵은 통상적 로드맵의 한반도 평화체제의 구축 과정과 미국의 독자제재 해제 과정에서부터 시작해야 한다.
  - 한반도 평화체제의 구축에서 실질적으로는 북한을 남·북·미 군사협력의 방향으로 끌고 가는 협상을 해야 한다.
  - 한편 북미수교의 교섭 과정에서 북한의 인권 문제와 투명성 문제를 수교 및 미국의 독자제재 해제와 연동시켜야 하며 우리의 남북경협도 그것에 맞추어 속도 조절을 해야 한다.

관련된 단기 빅뱅(Big Bang) 로드맵

- 북한이 싱가포르식 개혁개방과 함께 비핵화로 가는 길이 워낙 오래 걸리고 인권 문제와 투명성 문제를 제재 해제에 연동시키면 다시금 긴장과 갈등 수위가 고조될 수 있다는 점을 고려할 때, 최단 시간 안에 이 프로세스를 종결하는 빅뱅식 접근을 생각할 수도 있다.

- 북한이 헌법 개정과 통치기구의 개편, 그리고 다양한 부문의 제도적 개편을 싱가포르의 발전 경로와 유사하게 맞추어 공표하고 미국이 스냅백의 조건을 걸어 경제제재 해제를 연동시키는 협정을 맺을 수 있다.
- 한편 북미 군사동맹을 맺어서 최단 시간에 미국이 북한의 핵 프로그램을 접수하고 북한에 미군이 주둔하지 않고 잠정적으로 북한에 투입되어 비핵화를 추진한다.

로드맵 C: 북중 경제의 일체화 로드맵

- **북한이 비핵화 과정에서 북·중·러 경제협력을 모색하는 순간부터 이 로드맵이 시작될 것이다.**
  - 4차 산업혁명에 대한 단번 도약을 모색하는 북한이 만약 중국 플랫폼에 표준을 공유하면서 접속하게 되면, 네트워크 외부성(network externality)과 빅데이터, 인공지능(AI), 그리고 사이버 안보에 대한 중국 의존이 심화되면서 궁극적으로는 북한 경제와 중국 경제가 일체화되는 현상이 발생한다.
  - 이 경우에 북한의 핵은 중국이 통제하게 될 가능성이 커진다. 우리는 중국 경제에 예속된 북한과 어떠한 관계를 설정해야 할지 국가적으로 고민해야 한다. 북한이 우리에게 가하는 위협은 감소하지만 장기적으로 통일을 포기해야 하는 상황이 올지도 모른다.

가. 한반도 비핵화: 현재의 방향과 로드맵

(1) 지향해야 할 최종 목표

한반도 비핵화를 위한 로드맵을 만드는 데 있어서 가장 우선적으로 합의를 이루어야 할 사항은 한반도 비핵화에 대한 정의이다. 이 정의가 협상 당사국들 사이에서 공유되지 않으면 어떠한 목표를 향해 가는지를 모르기 때문에 의미 있는 로드맵이 만들어질 수 없다. 모호한 정의를 공유한 채 로드맵을 만들어서 비핵화를 진행하게 되면 중요한 단계에서 협상이 좌초될 가능성이 크다. 왜냐하면 줄 마음이 없는 것을 달라고 하는 협상이 될 수 있기 때문이다. 따라서 가장 우선적으로 필요한 것은 바로 한반도 비핵화에 대한 정의이며 이에 대한 합의이다. 이 절에서는 '한반도 비핵화'를 매우 명확하게 다음과 같이 정의한다. "북한의 핵무기, 핵물질, 핵시설의 완전하고 검증 가능한 폐기".

이 정의에는 기존의 CVID와 달리 '비가역적인'이라는 단어가 빠져 있는데, 그 이유는 비가역적인 비핵화가 의미하듯이 핵개발을 다시 못하게 하기 위해서는 이미 있는 핵 지식과 핵 인력까지 완벽하게 제거해야 하는데 이는 현실적으로 가능하지 않기 때문이다. 설사 핵 지식과 핵 인력을 보유하고 있다고 하더라도 만약 북한이 핵개발을 재개한다면 이에 대한 탐지가 비교적 용이하기도 하지만 이는 북한이 다시 한국 및 미국에 대해서 적대적인 의도를 보이는 것이라고 할 수 있다. 그렇기 때문에 국제사회에 정상국가로 편입한 북한이 다시 고립을 의미하는 핵개발을 재개한다는 것은 비상한 상황을 제외하고는 가능하지 않을 것이라고 본다.

북한은 한반도 비핵화에 대한 정의를 명확하게 공표한 적이 없으나 그들의 기존 주장 중에는 몇 가지 우려사항이 존재한다. 기존의 북한의 한반도 비핵화 요구로 한반도에서 미국이 전략자산의 전개를 하지 않을 것과 남한의 핵무기에 대한 공개 검증이 언급되었다. 최악의 경우에는 핵우산 철거와 주한미군 철수 및 한미동맹 폐기까지 요구할 수 있다. 만약 핵우산 철거와 한미동맹 폐기까지 한반도 비핵화의 정의에 포함된다면, 이는 비핵화를 넘어서 미국의 동아시아 전략, 핵전략, 동맹전략 전반을 수정·해체하라는 요구이기 때문에 어떤 의미에서는 북미 간 협상의 판을 깨자는 요구와 동일한 것이 될 수 있다. 이는 미국이 받아들이기 어려운 한반도 비핵화의 정의이며, 이러한 요구가 나오는 순간 미국은 북한의 협상 의지에 대해서 전면적인 불신을 갖게 될 것이다. 어떠한 의미에서는 북한이 한반도 비핵화에 대한 정의를 모호하게 유지하는 이유 중 하나가 협상이 뜻한 대로 진행되지 않을 경우에 협상 파국의 책임을 미국이 북한이 정의한 비핵화 조치를 성실히 이행할 의지가 없는 것으로 돌리기 위한 것이 아닌가 하는 의심이 든다. 그렇기 때문에 한반도 비핵화에 대한 정의는 명확히 할 필요가 있으며, 최소한 한국과 미국, 국제사회는 한반도 비핵화의 정의에 대한 합의와 공유를 이루어야 한다.

한편 북한의 비핵화가 북한의 일방적인 항복으로 비추어지지 않도록 '북한'이 아닌 '한반도'의 비핵화라는 용어를 사용할 수 있다. 이미 공식문서에서 '한반도 비핵화'라는 용어가 사용되고 있고, 북한의 체면을 살려주기 위해서 이 용어 자체를 받아들일 수는 있다. 다만 나중에 북한이 미국이 받아들일 수 없는 조건을 걸지 못하도록 실질적으로는 북한의 완전하고 검증 가능한 비핵화라는 개념 정의를 국제사회가 공유해야 한다는 점을 강조하고자 한다. 사실 북미 적대관계가 청산되고 정상화되면 북한이 한미동맹과 핵우산에 대해 특별히 문제제기

를 할 이유는 없을 것이다. 북한이 북미관계가 정상화된 이후에도 한미
동맹과 핵우산에 대해 계속 문제제기를 한다면, 이는 북한의 의도에 대
해 의구심을 가져야 할 사안이라고 볼 수밖에 없다. 가장 큰 의구심은
북한이 현 정치체제를 지속시키면서 중국식으로 첨단과학 권위주의
국가를 도모한 후에 한반도를 북한으로 흡수통일한다는 국가 비전을
가진 것이 아닌가 하는 점이다. 이는 국가자본주의 경제발전을 이룩하
고 첨단과학으로 무장한 권위주의 국가인 중국이 대만에 대한 통일 비
전을 버리지 않는 것과 일맥상통하는 논리라고 할 수 있다.

(2) 각국의 접근 방식

① 미국: 협상 프로세스는 유지하되 검증과 제재 카드를 최종 단계까지 유지

미국, 특히 가시적인 성과를 국민에게 보여주고자 하는 트럼프 행정부
는 단기적으로 미국 본토에 위협이 되는 핵 위협을 제거하고 핵·미사
일 모라토리엄을 유지하려고 할 수 있다. 하지만 미국은 최종적으로 검
증 가능하고 완전한 비핵화를 위해서 북한의 핵 신고에 이은 사찰, 검
증, 해체의 과정을 선호할 것으로 보인다. 즉, 트럼프 행정부가 아니라
'핵 관련 미국의 기관과 전문가 공동체'는 이러한 로드맵을 관철할 것
으로 보인다.

물론 트럼프 행정부가 북한의 이탈, 즉 도발을 재개하는 것을 막기
위해서 북한의 핵 신고를 조기에 확보하지 못하더라도 핵·미사일 모
라토리엄이 유지되고 북한이 영변과 같은 핵심 핵시설을 검증 가능하
게 파괴할 때 방문단, 사절단, 스포츠·문화 교류, 인도적 지원, 연락사
무소 개설 등과 같은 경제 이외의 분야에 상응하는 조치를 취할 가능
성은 있다. 왜냐하면 트럼프 대통령은 다음 대선 때까지 자신의 북미정

상회담으로 인해 북한이 미국에 더 이상의 위협을 가하지 못하고 있다는 것을 보여주어야 하기 때문이다.

하지만 이러한 트럼프 행정부의 북한 비핵화 전략이 북한에 유화적인 전략으로 전면적으로 바뀌기는 어려울 것으로 보인다. 미국이 아무리 북한의 핵·미사일 모라토리엄을 유지하고 협상 프로세스에 남아있도록 하기 위해서 북한에 희망적인 메시지를 계속 던진다고 하더라도, 핵 능력에 대한 전모 파악과 검증 가능한 핵심적 핵 능력의 폐기가 보이기 전까지는 경제제재를 유지할 수밖에 없다. 왜냐하면 미국과 국제사회는 북한이 경제제재 때문에 여기까지 왔고 경제제재를 성급하게 풀면 비핵화의 의지가 사라질 것을 우려하기 때문이다. 그래서 미국의 대북협상팀은 북한이 경제제재를 빨리 풀고 싶으면 비핵화를 빨리 검증 가능하도록 하는 방법밖에 없다고 반복적으로 주장하고 있다. 또한 미국이 독자적으로 조치한 경제제재는 비핵화뿐만 아니라 인권, 사이버 범죄 등의 문제까지 다루고 있어서 북한이 비핵화뿐만 아니라 국내 개혁까지 과감하게 하지 않는다면 경제제재의 해제를 위해 미국 의회의 동의를 받아내기는 어렵다.

이러한 미국의 전략을 고려할 때 향후 북미 비핵화 협상에서 북한의 과감한 결단이 필요한 상황이 되었다. 북한의 과감한 결단에는 핵 리스트 신고, 사찰 및 검증에의 합의, 영변 핵시설에 대한 검증 가능한 폐기, 혹은 헌법에 핵 포기를 넣거나 사법제도의 투명성을 높이는 것과 같은 과감한 국내 개혁 조치 등이 포함될 수 있다.

② 북한: 경제제재의 완화와 경제발전을 목표로 비핵화 협상 진행
북한이 핵·미사일 모라토리엄을 한 것은 2017년 말에 핵무력의 완성을 선언한 것과 같은 맥락이다. 일단 미국 본토까지 타격할 수 있는 핵

능력을 미국과 국제사회에 과시해서 어느 정도 억지력을 확보했기 때문에 더 이상 미국과 대치상황을 만들지 않고 경제발전에 집중하고자 한 것으로 보인다. 여기에 더해서 1차 북미정상회담 이후에 한미연합 군사훈련이 잠정적으로 중지되었기 때문에 더 이상의 대응적 도발도 필요 없게 되었다.

한편 2018년에 북한이 미국과의 협상에 임하게 된 것은 완성된 핵무력을 바로 포기하기 위해서라고 볼 수는 없다. 바로 포기하기 위해서 핵무력을 완성한다는 것은 안보적으로나 경제적으로 지극히 비상식적인 일이다. 진실은 북한이 이제 핵 능력을 확보했기 때문에 폐기하더라도 언제든지 다시 만들 수 있다는 자신감이 생겼고 단계적으로 보상을 받을 수 있다면 핵을 단계적으로 폐기할 수 있다는 쪽에 더욱 가까울 것이다. 그리고 그 보상은 안보적인 보상에 더해서 경제제재를 완화하거나 해제하는 것이다. 결국 이를 통해 병진의 다른 한 축인 경제발전의 성과를 내겠다는 목적으로 협상에 임하고 있는 것으로 보인다.

북한은 억류 미국인 3인의 석방 및 인도, 풍계리 핵실험장 폭파, 유해 송환, 남북 간의 운용적 군비통제 시작 등의 조치를 통해 미국이 어느 정도의 반응을 보이는지 테스트해보았으나 현재 경제제재의 해제는커녕 종전선언도 받아내지 못한 상황이다. 하지만 2019년 북한의 신년사에서 알 수 있듯이 북한은 경제제재의 해제가 2019년의 매우 중요한 목표이다. 특히 2020년에 북한 경제발전 5개년 전략이 끝나기 때문에 그전에 경제적인 성과를 내야 하는 숙제를 안고 있다. 따라서 향후 북미정상회담에서는 단계적 경제제재의 해제가 반드시 의제로 들어갈 것이다.

경제제재의 해제와 관련해서 현재 북한이 취할 수 있는 조치는 남한을 통한 미국 설득, 독자적인 남북공조, 중국·러시아와의 협력을 통한 경제제재 우회로 찾기, 그리고 통 큰 결단(핵 신고 및 영변 사찰·폐기 등) 등이 있다. 이번 신년사에서도 밝혔듯이 북미정상회담을 통해 최소한 개성공단과 금강산 관광의 재개는 얻어내려고 할 공산이 크다. 만약 정상회담에서 단계적 경제제재 해제를 얻어내지 못한다면 독자적인 남북공조와 중국과의 경제협력을 강하게 추진할 가능성도 있다. 물론 이러한 옵션들이 다 유엔의 경제제재를 위반하는 것이고 미국과의 관계 악화를 무릅쓰는 것이기 때문에 쉽게 이루어질 가능성은 높지 않다.

현재 북한은 미중관계와 미러관계의 악화를 이용하여 미국을 넘어서 중국, 러시아와의 경제협력을 모색할 수 있다. 하지만 북한의 비핵화와 책임 있는 강대국을 지향하고 미중관계의 개선을 모색하는 시진핑 정부가 미국 및 국제사회와 각을 세우면서 북한에 우회로를 열어줄 가능성은 높아 보이지 않는다. 만약 북한이 붕괴의 조짐을 보인다면 긴급구호 성격의 경제협력이 가능할 수도 있지만, 현재는 붕괴의 조짐이 보이지 않는 상황이다.

따라서 북한은 통 큰 결단으로 비핵화 프로세스를 빨리 진전시키거나 아니면 트럼프 대통령의 임기 말까지 그럭저럭 버티는 쪽으로 선택의 방향을 잡을 것으로 보이며, 이러한 한계 내에서 경제발전을 모색하는 전략을 수립할 것이다.

③ 중국: 평화협정 단계에서부터 적극적으로 개입

중국은 기존에 제시한 비핵화 해법인 '쌍중단·쌍궤병행'의 논리에서 알 수 있듯이 비핵화 협상은 기본적으로 북미 간의 사안이고 초기 프로세스는 남·북·미가 주요 플레이어로서 끌고 가는 것으로 입장을 정리했다. 하지만 북미 간의 협상이 평화협정·체제 협상 단계로 들어가게 되면 반드시 당사국으로서 협상에 참여하려 하고 있기 때문에 비핵화 협상이 다자협상으로 변화하게 될 것으로 보인다.

현재 중국은 국제사회의 책임 있는 강대국으로 위치한다는 목표, 그리고 자국에도 위협이 되는 북한의 핵보유를 막는다는 목표, 이웃의 친선국가 관리라는 목표를 동시에 추구하는 모양새이다. 그러한 이유로 국제사회의 대북제재에 협력적이지만 북한과의 우호적 관계는 계속적으로 관리하고 있다. 북미정상회담 전후로 계속 행해진 북중정상회담이 이러한 중국의 북한 관리를 증명하는 것이고 대북제재의 유지가 북한의 핵보유에 대한 중국의 입장을 보여주는 것이라고 할 수 있다.

한편 평화협정의 협상 단계에서는 북한과 함께 공조하는 관계를 선택할 것으로 보인다. 또한 평화체제 수립에 있어서 한미동맹과 주한미군의 성격 및 필요성에 대해 강한 주장을 할 것이다. 원하는 최대치는 한미동맹의 해체이고 타협안은 아마도 중국을 겨냥하지 않는 한미동맹과 주한미군을 명확히 하는 것이 될 수 있다.

중국은 북한과 미국 간의 비핵화 협상으로 북한이 비핵화되는 것을 원할 것이다. 하지만 중국의 많은 전문가들은 북한의 비핵화 가능성에 대해 의구심 및 부정적 시각을 가지고 있어서 북미 간의 협상이 지지부진하게 되면 북한의 제한된 핵 능력을 용인하는 입장으로 방향 전환을 할 수도 있다. 중국의 고민은 비핵화 프로세스에 매우 오랜 시간이 소요될 것이고 실패할 가능성도 높은 만큼 그동안 북한의 경제협력 요구에 어떻게 대응해야 할지일 것이다. 북한이 핵을 가진 채 고난의 행군으로 다시 돌아가면 상당한 안보적 불안이 야기될 수 있으며, 북한을 경제협력 없이 관리하는 것에도 한계가 있을 것이다.

④ 한국: 북한 핵의 완전한 폐기와 북한의 개혁개방이 목표

한국은 북한의 비핵화와 개혁개방이라는 두 개의 목표를 동시에 고려해야 한다. 즉, 북핵 문제와 개혁개방 문제를 모두 고려해야만 우리가 원하는 완전한 비핵화와 협력이 가능한 남북관계가 수립될 수 있다. 북한은 이미 핵을 개발한 경험을 가지고 있기 때문에 핵무기가 전량 폐기된다고 하더라도 그 노하우 자체가 이미 위협이 되었다. 따라서 향후 북한이 남한에 대한 적대적 의도를 갖지 못하도록 하는 북한의 정치·경제적 개혁개방은 향후 남북관계의 설정에 있어서 매우 중요한 요인이다.

단기적으로는 비핵화 협상 프로세스가 깨지지 않도록 유지하는 것이 우리의 목표가 될 것이다. 이 점에 대해서는 현재 남·북·미가 공통의 이해를 갖고 있다. 비핵화 협상의 목표는 북한 핵, 즉 핵무기, 핵시설, 핵물질의 검증 가능한 폐기인데, 이러한 면에서는 미국의 폼페이오 국무장관이 표현한 FFVD가 우리의 목표로 공유될 수 있다. 비가역적인 비핵화는 위에서 언급한 북한의 노하우 자체를 제거해야 가능한데 현실적으로 거의 불가능하다고 보아야 한다.

지금까지 한국은 북한의 비핵화를 촉진시키는 인센티브로 단계적 경제제재 해제를 미국에 설득해왔으나 이러한 협상 전략은 미국과 국제사회의 벽에 부딪혀 현재로서는 추진하기 어렵다. 또한 우리만 너무 무리하게 추진하다 보면 국제사회에서의 한국 정부에 대한 신뢰성이 훼손될 수 있다. 최악의 경우에는 남한과 북한을 동일시해서 보는 국제사회의 시각도 생길 수 있다. 그래서 당분간 북한의 통 큰 결단과 미국의 경제제재 이외 분야의 상응 조치를 끌어내는 데에 외교력을 집중해야 할 것이다.

한국의 또 다른 동시적 목표는 북한의 개혁개방이다. 북한의 비핵

화에 상응하여 개혁개방이 이루어지지 않으면 북한 체제에 대한 불신과 불안감이 지속되어 앞으로 상당한 갈등 요인으로 남을 것이다. 특히 북한 사회가 다원화되고 투명해져서 비핵화 이후의 핵 재개발 가능성에 대한 북한 내부의 견제 세력과 제도가 생겨나야 하며 인권 및 사법제도에 대한 개선도 충분히 이루어져야 한다. 그렇지 않으면 북한에 대한 불안과 불신이 사라지지 않을 것이다. 따라서 북한의 체제보장이 이러한 개혁개방에 반하는 형태로 이루어지는 것은 바람직하지 않다.

한국과 미국, 국제사회의 북한 불신을 고려할 때 임기 내 비핵화에 집착하여 불완전한 비핵화 및 개혁개방에 타협하기보다는 남·북·미·중이 동의하는 확실한 비핵화 로드맵을 만들어놓는 것이 급선무이다. 현재 1차 북미정상회담의 결과인 싱가포르 센토사 합의문이 매우 모호하게 작성되어 있기 때문에 한반도 비핵화, 완전한 비핵화, 한반도 평화체제, 종전선언, 경제제재 완화 및 해제 등에 대해 명확한 정의를 관련국이 공유하지 못하고 있다. 앞으로의 과제는 우리가 외교력과 지혜를 발휘하여 용어의 정확한 정의에 합의하고 어떤 요소를 어느 순서에 배치할 것인지, 즉 로드맵을 합의하여 관련국이 공유할 수 있도록 하는 것이다. 진정한 촉진자의 역할은 북미가 서로 만나게만 하는 것을 넘어서 상호 거부하기 어려운 제안을 만들어내는 일이다.

(3) 북한의 비핵화와 가능한 로드맵

북한은 완전한 비핵화의 상응 조치로 경제제재의 해제와 관계 개선을 통한 체제 안전보장을 원하고 있다. 김정은 위원장은 경제발전으로 자신의 시대를 열기 위해 안보를 완성한 후에 경제적 성과를 북한 주민들에게 빨리 보여 주어야 하기 때문이다. 반면 미국은 북한 비핵화의

250

진정성을 확인하고 핵심적인 비핵화가 이루어지기 전에는 경제제재의
해제나 완화를 하지 않는다는 입장이다. 현재 양국 간의 힘의 관계나
시급성으로 볼 때 현 단계에서 비핵화의 로드맵은 비핵화의 진정성을
보여주는 북한의 조치에서부터 시작되고 상당한 수준의 비핵화가 진
전되면 그때 경제적 상응 조치를 논할 수 있을 것이다. 무엇보다도 북
한의 진정성을 확인할 수 있는 초기 핵 신고가 없는 비핵화의 로드맵
은 그리기가 매우 어렵다.

　이러한 맥락에서 가장 이상적인 추후 비핵화 로드맵은 북한의 진
정성을 보여주는 조치, 이에 상응하는 미국의 비경제적 조치, 그리고
북한의 핵심적 비핵화와 검증, 이에 상응하는 '가역적' 경제제재 해제,
그리고 최종적인 비가역적 비핵화와 검증, 그리고 이에 상응하는 평화
체제 수립, 추후 추가적 경제제재 해제 협상으로 이어지는 순서가 바람
직할 것으로 보인다.

① 북한 비핵화의 단기 로드맵(2020년까지)

표 4-1

	북한의 조치	미국의 상응 조치
2019년 상반기	핵 신고[지리적 정보가 빠진 전체 개요 목록 + 영변 핵시설 및 과거와 현재 활동에 대한 상세한(detailed) 목록 신고]	상징적인 종전선언과 연락사무소 개설 논의 시작
2019년 하반기	영변 핵시설 폐기 및 사찰, 검증	미국의 평양 연락사무소 개설, 방문사절단(문화, 체육 등), 대북 인도적 지원 개시
2020년 상반기	북한 ICBM 시설, 생산, 배치에 대한 신고	가역적 대북 유엔 경제제재 일부 완화 및 한반도 평화체제 협상 시작
2020년 하반기 (미국 대선 전)	북한 ICBM 전량 반출 폐기, 동창리 및 신고된 ICBM 시설 폐쇄, 사찰, 검증	트럼프 대통령 재선 시 추가적 가역적인 경제제재 해제 및 관계정상화 공약

북한 비핵화의 단기 로드맵의 특징은 단계적 핵 신고에 있다. 즉, 북한의 모든 핵 프로그램을 다 신고하는 것이 아니라 단계적으로 사찰, 폐기, 검증을 받을 프로그램을 먼저 신고하고 이에 상응하는 단계적 조치를 취해나가는 것이다. 그래서 단기 로드맵은 트럼프 대통령의 임기 말인 2020년까지를 시한으로 한다. 2019년 상반기에 북한의 핵 프로그램에 대한 전체적인 개요(지리정보 제외) 및 영변 핵시설과 핵 프로그램에 대한 자세한 신고를 함으로써 북한이 비핵화의 진정성을 보여주는 것으로 비핵화 프로세스의 동력을 이어가야 한다. 미국은 이에 상응하여 적대관계의 종식을 위한 상징적인 종전선언을 하고 연락사무소의 개설을 위한 협의에 들어간다.

2019년 하반기에는 영변 핵 신고 내용에 따라 영변 핵시설(농축 우라늄 시설 포함) 및 핵 프로그램에 대한 사찰과 폐기, 검증을 시작한다. 그리고 이에 상응하여 미국은 대북 인도적 지원을 개시하고 연락사무소의 개설을 완료하며 대규모 사절단(예술, 체육 분야)을 북한에 보낸다.

2020년 상반기에는 북한의 ICBM과 관련된 모든 리스트를 신고하여 미국에 대한 공격 의사가 없다는 진정성의 증거를 보여준다. 미국은 이에 상응하여 가역적인(스냅백을 할 수 있는) 유엔 경제제재의 일부 해제에 동의하고 남·북·미·중과 함께 한반도 평화체제 구축 협상에 들어간다. 한편 2020년 하반기는 미국의 대선이 있는 시기여서 트럼프 대통령의 재선에 힘을 실어주기 위해 미국에 직접 위협이 되는 ICBM 전량의 반출 및 폐기, 그리고 동창리 및 기타 신고된 ICBM 시설 및 무기에 대한 사찰, 폐쇄, 검증을 시작한다.

트럼프 대통령은 선거운동 기간 중에 북한에 대해 재선 시 추가적 경제제재 해제와 관계정상화 공약을 할 수 있다.

② 북한 비핵화의 중기 로드맵(2022년까지)

표 4-2

	북한의 조치	미국의 상응 조치
2021년 상반기	이전의 비핵화 프로세스 지속을 보장받고 핵탄두에 대한 신고 및 사찰, 검증 시작	한미연합군사훈련의 성격 조정 협상 개시
2021년 하반기	핵탄두 반출 및 전량 폐기, 검증	유엔사 조정(혹은 철수), 한미동맹 및 주한미군의 성격 조정 협상 시작, 추가적 경제제재 해제
2022년 상반기	IRBM 및 중거리 미사일 프로그램에 대한 신고, NPT 복귀 선언	평화체제 협상 지속
2022년 하반기	IRBM 및 중거리 미사일 프로그램 사찰, 검증	평화협정 체결(남·북·미·중)

북한 비핵화의 중기 로드맵은 기존의 영변 사찰, 검증의 지속과 함께 핵탄두에 대한 신고 및 사찰, 검증으로 시작된다. 이에 상응하여 미국은 신뢰 구축 조치 차원에서 한미연합군사훈련의 성격 조정(전략자산의 도입과 관련하여) 논의를 시작한다.

2021년 하반기에는 핵탄두의 반출 및 전량 폐기, 검증을 시작하고 관계정상화 협상의 사전 조치로 유엔사, 한미동맹, 주한미군의 성격에 대한 협상을 시작한다. 핵탄두의 반출 및 폐기에 대한 상응 조치로 추가적인 '가역적' 경제제재 해제에 동의한다.

2022년 상반기에는 북한이 주변국에 대한 위협을 제거하겠다는 의지의 진정성을 보여주는 차원에서 IRBM 및 중거리 미사일 프로그램에 대한 신고, NPT 복귀를 선언한다. 2022년 하반기에는 북한의 IRBM 및 중거리 미사일 프로그램의 사찰, 검증 및 폐기를 시작한다. 이에 대한 상응 조치로 남·북·미·중이 평화협정을 체결한다. 평화협정에는 유엔사, 한미동맹, 주한미군의 성격, 역할의 변화, 다자안보체제기구의 설치에 관한 내용이 포함된다.

③ 북한 비핵화의 장기 로드맵(2023년 이후)
2023년 이후에는 북한 핵물질의 신고와 사찰, 폐기, 검증 절차, 북미관계정상화 협상, 미국의 대북 경제제재 해제 협상을 시작할 것이다. 북한에 대한 본격적인 경제제재 해제가 논의되는 시점은 이때이다. 2019년부터 시작된 사찰, 검증도 지속적으로 추진하고, 북한이 NPT로 복귀하며, 북한의 인권 문제, 사이버 범죄, 생화학무기, 테러 지원 문제 등을 연계하여 미국의 추가적인 대북 경제제재 해제 협상이 시작된다.

남북관계의 경우에는 비핵화 로드맵에 맞추어 긴장 완화, 군비통제(운용적·구조적 군비통제), 경제협력을 매칭(matching)하는 로드맵이 짜일 것이다.

나. 한반도 비핵화: 다른 경로의 가능성과 로드맵 B

(1) 피해야 할 최종 단계(End State): 북한의 최소한의 핵 능력 보유, 중국식 발전국가

여기서부터는 이 절의 본격적인 주제인, 다른 경로의 가능성과 그에 상응하는 대안적 로드맵을 논하고자 한다. 다른 경로의 가능성을 논의하게 되는 조건은 비핵화 프로세스가 지지부진하게 되면서(의도했건 의도하지 않았건) 협상 피로 및 비관적 진단이 지배하게 될 때이다. 여기서 우리가 피해야 할 최종 단계는 북한이 최소한의 핵 능력을 보유하고(검증을 피한 핵물질, 핵탄두, 운반체, 핵 지식 등) 경제제재가 해소되어 중국식 일당 권위주의 발전국가가 되는 것이다.

이 가정은 완벽한 비핵화 이전에 제재가 풀리고 협상 피로가 이어지면서 "이 정도면 북한도 정상국가의 궤도로 들어왔기 때문에 위협이 상당 수준 사라졌다. 따라서 긴장 유발 요인인 더 이상의 검증보다는 오히려 북한을 개혁개방의 길로 끌고 나가는 것이 중요하다."라는 인식이 다수의 인식일 될 때 실현 가능하다. 만약 북한이 새로운 도발을 시도하지 않고 비핵화에 상당한 성의를 보이는 모양새를 취하면서 협상 프로세스를 그럭저럭 버티기(muddling through)로 이어가면 이러한 시나리오가 실현될 가능성이 있다. 그리고 우리가 북한에 비핵화의 유인(incentive)을 주겠다는 정책으로 완벽한 비핵화 이전에 무리하게 남북경협을 추진하고 북·중·러 경협이 시작되는 동시에 검증의 시간이 오래 걸리면 이러한 시나리오가 가능할 것이다. 미국 역시 트럼프 대통령이 단기적인 정치적 목적 때문에 미국에 직접 위협이 되는 핵 능력만을 제거하고 이에 상응하여 제재를 완화해준다거나 북·중·러 경협 및 남북 경협을 묵인하는 입장을 갖게 되면 이러한 시나리오가 가능하다.

우리가 지금까지 최선의 결과라고 상정하고 있는 시나리오도 어쩌면 중·장기적으로 볼 때 우리에게 상당히 위협적인 것으로 변화할 가능성이 있다. 설사 북한의 핵 능력이 제거되었다고 하더라도 북한이 핵개발 기술(노하우와 우라늄)을 보유한 채 개혁개방의 길로 들어서고 주변국과 관계정상화가 되면서 중국식 발전국가가 되면 오히려 우리에게 위협이 되는 상황이 올 수 있다. 그 가능성은 지금의 중국과 대만 간의 관계에서 찾을 수 있다. 즉, 중국의 경제발전은 권위주의 일당체제가 민주화와 다원주의를 동반하지 않고 첨단과학 국가, 경제강국이 될 수 있다는 새로운 모델을 제시하고 있다. 그렇게 발전한 중국은 첨단과학기술로 사회를 통제하고 강력한 과학기술과 경제력 및 군사력으로 대만에 대해 흡수통일을 시도하는 중이다. 북한이 만약 현재의 중국과 같이 국가 및 노동당 주도형 발전국가의 길을 걷고 IT 기술을 통한 4차 산업혁명의 길로 급속도로 발전하게 되면 한반도에는 경제적으로 부강한 두 개의 체제가 병존하는 상황이 벌어질 것이다.

북한이 말하는 빠른 경제 추격, 즉 단번 도약은 우리가 생각하는 것보다 상당히 용이할 수 있다. 그 이유는 우리와 달리 기존의 경제와 산업이라는 장애물과 기득권을 제거하고 설득하는 노력을 비교적 할 필요 없이 새로운 패러다임의 경제모델을 바로 도입할 수 있기 때문이다. 4차 산업혁명은 국가의 대대적인 투자와 교육에 의해서 빨리 추격할 수 있는 기술과 경제 패러다임이기 때문이다. 이미 이러한 IT 과학기술 분야에서 북한이 완전한 후진국은 아니라는 것은 평양이라는 도시만을 보더라도 알 수 있다. 물론 시장의 규모는 중국과 비교되지 않겠지만 중국과의 경제협력을 통해 이를 극복할 수 있는 여지가 있다. 또한 빅데이터와 인공지능(AI) 기술을 갖게 되면 경제 분야에는 자유를 주더라도 정치나 문화 면에서 권위주의적 사회통제를 해나가는 데에 큰 문제가 없을 것이다.

만약 북한이 중국과 같이 '4차 산업혁명 권위주의 국가'가 된다면, 동맹을 갖고 있지 않기 때문에 과학기술 및 잠재적 핵 능력으로 자주국방정책을 채택할 가능성이 크고 김정은 위원장은 자신의 또 다른 대업으로 통일을 기도할 수 있다. 북한은 계속 사회주의 강국, 사회주의 문명강국, 강성대국과 같은 강대국의 국가 비전을 선포해왔으며 통일에 대한 비전도 고수하고 있다. 북한이 다원화되지 않은 상태에서는 (통제가 가능한 상태에서는) 당 주도로 흡수통일 여론 형성 및 정책 추진이 가능할 것이다. 청년실업 문제가 해소되지 않고 기득권의 장벽을 못 넘어서 4차 산업혁명이 부진한 한국의 청년이나 대중이 북한에서 기회를 찾으려고 북한의 정치체제를 받아들이는 경향마저 생길 수 있다. 따라서 북한의 통제체제의 가능성을 남겨준 채 무작정 북한이 경제발전의 길로 들어서는 것을 도와주는 것만이 능사는 아니다.

(2) 우리가 지향해야 할 대안적 최종 목표: 북한의 싱가포르화

비교적 권위주의 국가이면서 개방체제이고 시장경제를 가진 선진국으로서 우리가 받아들일 수 있는 국가는 싱가포르가 될 것이다. 북한도 김정은 정권이 유지되면서 경제발전을 할 수 있다는 면에서 싱가포르 모델을 받아들일 가능성이 없지 않다. 따라서 우리의 대안적 최종 목표는 북한을 최소한 싱가포르 수준으로 다원화시키고 인권과 사법제도의 투명성을 확보하며 정권을 보장해주면서 미국 및 중국으로부터의 안보적 불안을 해소해주는 것이다. 미국과의 관계 개선뿐만 아니라 중국으로부터의 안보적 불안을 해소해주어야 하는 이유는 북한이 중국으로부터의 안보를 확보한다는 명분으로(동맹이 없기 때문에, 그리고 미국도 묵인할 가능성이 있기 때문에) 핵개발을 재개할 가능성을 사전에 차단하기 위해서이다.

지금의 비핵화 프로세스는 비핵화와 관계 개선 및 경제제재가 단계적으로 연동되는 모양새이지만, 궁극적으로는 완전한 비핵화 이후에 인권, 투명성, 다원화 등과 비례하여 미국의 독자제재가 풀리는 미국의 정책을 지지하는 입장을 취해야 한다. 현재 미국의 해법은 완전한 비핵화가 이루어지면 경제제재를 푸는 것으로 단순하게 알려져 있다. 하지만 미국 독자제재의 성격상 완전한 비핵화가 이루어지더라도 미국의 독자제재 해제는 인권, 사이버 범죄 등의 이슈와 맞물려서 새로운 협상을 필요로 한다. 이러한 미국 독자제재의 해제 메커니즘은 어떤 의미에서는 북한이 중국식 개혁개방이 아니라 보다 투명하고 다원화된 싱가포르식 개혁개방으로 나아가게 하는 데에 도움을 줄 수 있는 것이므로 우리는 이를 잘 활용해야 한다. 즉, 미국의 제재 해제와 북한의 싱가포르식 발전모델 채택을 연동하는 전략을 강구하는 것이 필요하다.

중국에 대한 북한의 안보 불안을 해소하기 위해서는 북한과 미국 간의 안보협력 메커니즘을 구축하고, 만약 직접적인 북미 안보 메커니즘의 구축이 어려우면 남북 군사협력을 통해 미국과 연계되는 시스템을 구축해야 한다. 북한이 미국으로부터 직접 안전보장을 받는 메커니즘을 구축하는 것이 북한의 입장에서는 가장 바람직하겠지만, 중국의 반발과 북한 내부의 비판을 고려할 때 남북 군사협력을 통해 간접적으로 북한의 안보와 미국의 안전보장을 연계하는 방안이 더욱 현실적일 수 있다. 그리고 북한의 핵 재개발 우려에 대한 투명성은 남북 군사협력과 남·북·미 군사협력을 통해 지속적으로 확보해나가야 한다.

(3) 북한의 싱가포르 모델인 개혁개방 + 비핵화 로드맵: 로드맵 B

① 중·장기 로드맵

북한을 싱가포르 모델 + 비핵화의 길로 유도하기 위한 중·장기 로드맵은 기본적으로 앞의 전통적인 로드맵과 유사하지만 한반도 평화체제의 구축 과정과 미국의 독자제재 해제 과정에서 내용이 달라질 것이다. 한반도 평화체제의 구축에서 실제로 기능이 가능한 다자안보체제의 구축은 현실적으로 어려울 것으로 판단하고, 다자안보체제를 형식적인 기구로서 대화의 장으로만 기능하게 하되 실질적으로는 북한을

남북 군사협력으로 묶고 궁극적으로 간접적인 남·북·미 군사협력의
방향으로 끌고 가는 협상을 해야 한다. 이 과정에서 한미동맹과 주한
미군의 성격을 조정하고 북한이 대중국 위협이 아닌 일종의 완충지대
(buffer)로 기능하는(가능하다면) 구도를 만들어야 한다. 그러기 위해
서는 북한이 중국과 우호적인 관계를 유지하면서 간접적으로 남·북·
미 군사협력에 참여하는 방안을 강구해야 하는데, 이를 북한이 외교력
으로 풀 수 있을지는 미지수이다.

한편 북미수교의 교섭 과정에서 북한의 인권 문제와 투명성 문제
를 수교 및 미국의 독자제재 해제에 연동시켜야 하며 우리의 남북경
협도 거기에 맞추어 속도 조절을 해야 한다. 만약 김정은 위원장이 인
권 문제와 사회개혁에 의지를 보이지 않는다면 향후 남북통일에 있어
서 그들이 어떠한 의도를 가지고 있는지 알 수 없을 것이다. 북한을 이
용한 제2의 경제도약이라는 경제중심주의적인 구상만으로 남북 경제
협력을 추진하는 것은 지양해야 한다. 사실 북한을 이용한 제2의 경제
도약이라는 것이 인프라나 토목 사업에 치중된 것이라면 우리 과거의
경제 패러다임을 연명시키는 일이다. 오히려 4차 산업혁명으로 바뀌는
우리의 새로운 패러다임에 대한 적응은 그만큼 늦어질 수 있다. 또한
북한도 경제발전을 자신이 주도하고자 할 것이기 때문에 기술 이전이
나 투자에 더욱 관심을 보일 것이고 자국의 시장을 남한에 쉽게 열어
줄 것을 기대하기는 어려울 것이다.

이 로드맵에서는 전술한 로드맵의 중기 단계 후반부터 북한의 인
권 문제, 투명성 문제 등에 대한 조치와 제재 해제 및 관계정상화를 연
동시키는 것이 요점이다. 특히 북한에 스마트 시티를 수출한다거나 4
차 산업혁명 관련 기술 이전 등의 문제는 성급하게 결론을 내리기보다
는 싱가포르식 개혁개방이 비가역적으로 이루어진다는 판단하에 시도

해야 한다. 성급하게 기술 이전이 이루어지면 우리가 지향하는 로드맵이 완결되지 않고 북한이 중국과 같이 4차 산업혁명 강국이 되어 사회를 통제하면서 일당이 장기집권하는 체제가 가능할 수 있기 때문이다. 만약 이러한 상황이 도래하면 다시 한 번 한반도에 체제경쟁이 시작될 것이며, 중국과 대만 간의 관계와 같은 한반도의 신냉전이 가능할 수도 있다.

② 빅뱅(Big Bang) 로드맵

북한의 싱가포르식 개혁개방과 함께 비핵화로 가는 길이 워낙 오래 걸리고 인권 문제와 투명성 문제를 제재 해제에 연동시키면 다시금 긴장과 갈등 수위가 고조될 수 있다는 점을 고려할 때, 최단 시간에 이 프로세스를 종결하는 빅뱅식 접근이 더욱 바람직할 수도 있다. 이 빅뱅식 접근의 가장 핵심적인 전제는 미중 갈등이 앞으로 장기화될 것이라는 국제정세, 북한의 대중국 안보 불안으로 인해 김정은 위원장이 리스크가 있지만 또 다른 안보적인 결단을 할 수 있다는 것, 그리고 김정은 위원장이 최대한 빠른 속도의 경제발전을 원한다는 것이다.

　　이러한 전제가 성립한다면 북한에 싱가포르식 경제발전 모델을 약속받고 북미 군사동맹을 체결하면서 최대한 빠른 속도로 비핵화를 하는 빅뱅 로드맵을 선택할 수 있다. 우선 북한은 헌법 개정과 통치기구의 개편, 그리고 다양한 부문의 제도적 개편을 싱가포르의 발전 경로와 유사하게 맞추어 공표하고, 미국은 스냅백의 조건을 걸어 경제제재 해제를 연동시키는 협정을 맺을 수 있다. 한편 북미 군사동맹을 맺어서 최단 시간에 미국이 북한의 핵 프로그램을 접수하고 북한에 미군 주둔 없이 주한미군이나 핵 전문 미군이 잠정적으로 투입되어 비핵화를 추진한다. 북미 군사동맹은 최소한의 수준에서 출발하여 북한의 비핵화와 북한에 대한 미국의 기술적인 핵우산을 교환하는 차원에서 체결되는 것이 바람직하다. 남·북·미 연합군사훈련은 중국의 반발을 고려하여 자제가 요망된다.

가능하다면 트럼프 대통령의 현 임기 중에(트럼프 대통령의 치적으로), 아니면 오래 끈다고 하더라도 미국의 다음 정권 임기 중에 빅뱅을 하는 것이 바람직하다. 자칫 타이밍을 놓치면 그 사이에 북중관계가 가까워지고 영원히 이 옵션을 잃을 가능성이 있다.

다. 로드맵 C: 북한의 중국 경제 편입 및 중국의 북한 핵 관리

(1) 북미협상 교착의 장기화와 북한의 새로운 미래

이 경로는 북한이 미국과의 완전한 협상 타결에 대한 가능성이 희박하다는 판단을 내릴 경우, 즉 북한이 상당한 비핵화를 했으나 미국의 독자제재를 포함한 경제제재가 풀리지 않고 관계정상화에 큰 진전이 없을 때, 중국과 경제협력을 통하여 경제발전을 모색하는 경로이다.

만약 북한이 상당한 비핵화 조치를 취했음에도 불구하고 미국과 국제사회가 경제제재 완화 조치를 하지 않거나 미미할 경우에 중국과 러시아가 북한에 경제협력 의사를 표명할 수 있다. 특히 미중관계의 악화, 미러관계의 악화가 지속되고 북한의 비핵화가 상당히 진전되었다는 구체적인 증거들이 있을 경우에 북·중·러 관계가 경제협력관계로 발전할 가능성을 배제할 수 없다. 북한이 IT 산업을 중심으로 4차 산업혁명으로의 경제 도약을 계획한다면 중국식 모델로 가는 것이 불가피할 것이다. 그리고 중국 시장에 대한 접근 매력 때문에 북한 경제가 중국 경제와 매우 긴밀하게 접속되는 결과가 발생할 것이다.

이 경로의 매력은 북한이 중국과 같이 권위주의적 발전국가로의 가능성에 기대를 걸고 있고 이를 북한식 모델로 발전시키고 싶어 한다는 점과 중국도 북한이 상당한 수준으로 비핵화되었다는 것에 현실적인 타협점을 찾고 경제적인 방법으로 북한을 통제하는 길을 모색할 수 있다는 점이다.

(2) 4차 산업혁명과 북중 경제의 일체화

4차 산업혁명은 기본적으로 디지털 데이터 플랫폼 중심의 경제이며, 빅데이터와 인공지능, 그리고 사물인터넷(IoT)이 산업을 선도하는 경제이다. 북한은 초기에는 관련 제조업을 중심으로 성장할 수 있으나, 북한에서도 점점 디지털 데이터 플랫폼이 중요해지고 중국 경제에 대한 의존도가 커지면 결국 중국의 디지털 플랫폼과 표준을 공유하는 체제로 전환할 수밖에 없을 것이다. 그런데 북한이 중국 플랫폼에 표준을 공유하면서 접속하게 되면 네트워크 외부성(network externality)과 빅데이터, 인공지능, 사이버 안보에 대한 중국 의존이 심화되면서 궁극적으로는 북한 경제와 중국 경제가 상당 수준으로 일체화되는 현상이 발생하게 된다. 최악의 경우에는 북한의 데이터가 중국으로 넘어가서 북한에 대한 중국의 통제가 훨씬 용이해질 수도 있다. 그리고 플랫폼 표준뿐만 아니라 다른 많은 중국식 표준이 북한으로 퍼지면서 중국과 북한의 일체화 현상은 경제 영역을 넘어 생활 영역으로도 확대될 수 있다.

결과적으로 북한은 중국에 대한 의존을 피하기 위해 김일성 시대부터 부단히 노력해왔지만, 미국과의 협상에 묶이면서 중국 경제에 예속되는 아이러니가 생기게 되고 핵 능력과 안보 역시 중국에 의해 통제되는 상황으로 갈지도 모른다.

(3) 북중 경제의 일체화 로드맵

북미협상이 지지부진해지고 북한이 상당 수준의 비핵화를 한 상태에서 북·중·러 경제협력을 모색하는 순간 이 로드맵이 시작된다.

　우리는 북한이 장기적으로 중국 경제에 예속되는 것에 대한 국가적 판단을 해야 한다. 그 과정에서 우리도 중국의 디지털 플랫폼 경제와 표준을 공유하는 방향으로 갈 것인가, 아니면 미국과 경제동맹의 형태로 미국 플랫폼과 표준을 공유하는 방향으로 갈 것인가, 혹은 제3의 플랫폼을 구축하는가 하는 국가 전략적 결정을 해야 한다. 만약 우리도 중국과 플랫폼 표준을 공유하는 것으로 결정을 할 경우에 남·북·중 경제가 통합되면서 남한에 대한 북한 핵의 위협보다는 한반도 전체가 중국 경제에 예속되는 또 다른 차원의 안보 문제가 발생할 가능성이 높다. 북중 경제만 일체화되는 것이 아니라 한중 경제도 일체화의 방향으로 가게 될 것이고, 우리의 데이터도 중국이 탈취해서 정치·경제·사회·문화적인 리스크가 상당히 커질 것으로 예상된다.

　반면 우리가 미국과 경제동맹의 형태로 미국의 플랫폼 표준을 공유하게 되면 중국과의 관계는, 특히 경제관계는 소원해진다. 만약 미중 갈등이 깊어진다면 한국이 미국 경제에 깊이 예속되는 결과가 생길 수도 있다. 미국의 디지털 플랫폼의 네트워크 효과로 한국 경제가 미국 플랫폼에 급속도로 빨려 들어가게 되고, 표준 불일치 문제로 인해 어쩌면 상당 부분의 중국 사업을 접거나 거래비용이 상당히 높아지는 상황이 도래할지도 모른다.

따라서 이 로드맵에서는 북한의 핵 위협에 못지않게 중국 혹은 미국의 표준이라는 새로운 정치·경제적 위협이 등장하며, 그 차원이 비핵화 로드맵과 완전히 다르게 바뀌게 된다. 즉, 대한민국의 국가 전략 전반에 대한 로드맵이 필요하게 되는 것이다. 지금은 제3의 플랫폼 전략을 포함하여 이러한 국가 전략을 심각하게 고민해야 할 때이다.

(4) 북중 경제의 일체화와 통일 문제

북중 경제가 중국의 플랫폼으로 일체화되면 북한 핵에 대한 중국의 영향력이 결정적으로 커지면서 북한의 핵 프로그램이 강대국 정치의 종속변수가 될 가능성이 커진다. 예를 들어, 미중 간의 갈등에서 북한 핵이 중국의 카드가 될 수 있고 북한의 비핵화가 미국의 다양한 카드가 될 수 있다.

그리고 북중 경제의 일체화가 이루어지는 상황에서 남북 경제협력을 하기 위해서는 북한이 우리의 표준을 이중으로 채택하거나 우리가 중국의 표준을 채택해야 하는 문제가 생겨난다. 우리가 거래비용을 줄이기 위해서 중국의 표준을 채택하면 통일은 가까워지나 중국에 종속될 가능성이 커지고, 반면에 그 표준을 채택하지 않으면 궁극적으로 남북통일의 가능성이 멀어진다고 보아야 한다.

이 로드맵은 북한 핵을 중국이 관리할 수 있다는 점에서 새로운 비핵화의 모델이 될 수 있으나 남북 분단의 영구화 역시 가능해서 이에 대한 새로운 국가적·국민적 논의가 필요하다. 어쩌면 북한을 다른 국가로 보는 젊은 세대가 증가하면서 이러한 옵션에 대한 거부감이 미래에는 사라질지도 모른다.

참고문헌

이근(2018), "북미 군사동맹을 제안한다", 『경향신문』, 2018년 3월 8일.

____(2018), "중국패권이 두려워지는 이유", 『경향신문』, 2018년 10월 19일.

____(2018), "북한은 우리가 희망하는 길로만 갈까?", 『경향신문』, 2018년 12월 13일.

____(2019), "한반도와 국제정세", 국민시대포럼 발표문, 2019년 1월 23일.

Low, Linda(2001), "The Singapore developmental State in the New Economy", *The Pacific Review*, Vol. 14, Issue 3, pp.411-441.

Johnson, Chalmers(1982), *MITI and the Japanese Miracle*, Stanford University Press.

Morgan, Patrick M.(2003), *Deterrence Now*, Cambridge University Press.

Jervis, Robert, Richard Ned Lebow, and Janice Gross Stein(1985), *Psychology and Deterrence*, The Johns Hopkins University Press.